Einführung in die Statistik

Anwendungsorientierte Methoden zur Datenauswertung

von

Gerhard Marinell

und

Gabriele Steckel-Berger

2., überarbeitete und erweiterte Auflage

Oldenbourg Verlag München

Bibliografische Information der Deutschen Nationalbibliothek

Die Deutsche Nationalbibliothek verzeichnet diese Publikation in der Deutschen
Nationalbibliografie; detaillierte bibliografische Daten sind im Internet über
<http://dnb.d-nb.de> abrufbar.

© 2008 Oldenbourg Wissenschaftsverlag GmbH
Rosenheimer Straße 145, D-81671 München
Telefon: (089) 45051-0
oldenbourg.de

Lektorat: Wirtschafts- und Sozialwissenschaften, wiso@oldenbourg.de
Herstellung: Anna Grosser
Coverentwurf: Kochan & Partner, München
Gedruckt auf säure- und chlorfreiem Papier
Druck: Grafik + Druck, München
Bindung: Thomas Buchbinderei GmbH, Augsburg

ISBN 978-3-486-58713-5

VORWORT zur zweiten Auflage

Die neue Auflage wurde durch zahlreiche Aufgaben ergänzt. Diese wurden nach jedem statistischen Verfahren hinzugefügt und können leicht mit der zur Verfügung stehenden Software gelöst werden. Außerdem wurden Tipp- und Rechenfehler der ersten Auflage korrigiert, soweit sie uns durch unsere Leserinnen und Leser mitgeteilt wurden. Dafür bedanken wir uns.

Innsbruck, Februar 2008.   Gerhard Marinell, Gabriele Steckel-Berger

VORWORT zur ersten Auflage

Die Anwendung statistischer Verfahren wird heute wesentlich durch die Verfügbarkeit von statistischer Software erleichtert. Das Erstellen von Häufigkeitsverteilungen, Maßzahlen, Schätzintervallen und Tests erfolgt nach Eingabe der Daten „auf Knopfdruck". Dieser Vorteil hat aber auch seine Schattenseiten. Oft fehlt das Verständnis für die Rechenverfahren, die der Computer anwendet. Die Folge sind fehlerhafte oder falsche Interpretationen der Computerergebnisse. Dieses Buch soll helfen, einfache univariate und multivariate statistische Verfahren zu verstehen, um solche Fehlinterpretationen zu vermeiden. Dazu wird jedes Verfahren an einem einfachen numerischen Beispiel durchgerechnet und erklärt.

Die Auswahl und Darstellung der statistischen Verfahren orientiert sich insbesondere an den Bedürfnissen von Personen wie z. B. Diplomanden oder Dissertanten, die empirische Erhebungen aufbereiten und auswerten müssen, um ihre Forschungshypothesen zu überprüfen. Die mathematische Herleitung der Formeln steht dabei nicht im Vordergrund, sondern die Erklärung des Rechenvorganges und damit die adäquate Interpretation der Auswertungsergebnisse.

Berücksichtigt werden Schätz- und Testverfahren für eine Stichprobe, für zwei und mehr Stichproben sowie Verfahren, die auf dem Zusammenhang von zwei Stichproben beruhen. Dabei wird nicht nur zwischen abhängigen und unabhängigen Stichproben unterschieden, sondern auch die Skalierung der empirischen Variablen beachtet. Neben diesen univariaten Verfahren werden auch multivariate Verfahren wie Varianz-, Regressions- und Faktorenanalyse behandelt.

Für die beschriebenen Verfahren haben die Autoren ein anwenderfreundliches Softwarepaket für Mathcad 13 erstellt, das von der Homepage

http://homepage.uibk.ac.at/~c40314/default.htm

zum Download zur Verfügung steht (Mathcad ist ein eingetragenes Warenzeichen von MathSoft, Inc. 101 Main Street Cambridge, MA 02142 USA). Diese Software besteht aus zwei Varianten. Wenn man eine Erhebung mit Rohdaten und zahlreichen Fragen auswerten will, dann wählt man die Datei „Statistik". Will man hingegen eine einzelne Frage auswerten, die nicht unbedingt in Form von Rohdaten vorliegen muss, sondern auch als Häufigkeits- oder Kreuztabelle, dann wählt man die Datei „Stat-Rechner".

Innsbruck, September 2006.   Gerhard Marinell, Gabriele Steckel-Berger

INHALTSVERZEICHNIS

7_0 MULTIVARIATE STICHPROBEN, NOMINAL 125

8_0 MULTIVARIATE STICHPROBEN, METRISCH 159

9_0 SONSTIGES..181

1_0 EINE STICHPROBE

Skalierung

Für die neue Spielkonsole Yoki soll der Käufermarkt untersucht werden, der circa 100.000 potentielle Kunden umfasst. Diese potentiellen Kunden sind die Grundgesamtheit und jeder Teil diese Kunden ist eine Stichprobe. Für die Anwendung statistischer Verfahren, die in diesem Buch behandelt werden, muss vorausgesetzt werden, dass die Stichproben Zufallsstichproben sind. Der einfachste Fall einer Zufallsstichprobe liegt vor, wenn jeder der 100.000 Kunden die gleiche Chance hat, in eine Stichprobe bestimmten Umfanges zu gelangen.

Bei einer Werbeveranstaltung für die neue Spielkonsole Yoki wurde den 30 (zufällig ausgewählten) potentiellen Kunden die Frage gestellt, ob sie die Spielkonsole Yoki kaufen werden. Die Zahl 30 wird als Stichprobenumfang n bezeichnet und die Gliederung der Befragten nach den Antworten "Ja", "Nein" und "Weiß nicht" als Stichprobenverteilung.

Die Antworten sind nominal skaliert. Zwischen "Ja", "Nein" und "Weiß nicht" besteht keine Rangfolge und noch weniger die Möglichkeit, eine Antwort als das Vielfache einer anderen auszudrücken. Von ordinaler Skalierung spricht man z. B. bei den Antworten sehr gut, gut, mittelmäßig, schlecht und sehr schlecht, auf die Frage "Wie beurteilen Sie die Handlichkeit der neuen Spielkonsole Yoki?". Dagegen ist die Frage "Wie alt sind Sie (in Jahren)?" ist eine metrisch skalierte Frage. Hier werden keine Antworten vorgegeben, sie sind selbsterklärend. Die Antworten sind metrisch skaliert, da zwischen ihnen sinnvolle Verhältnisse gebildet werden können. 40 Jahre alt ist doppelt so alt wie 20 Jahre.

Für die Auswertung werden die Fragen kodiert. So werden z. B. die Antworten auf die Frage "Werden Sie die Spielkonsole Yoki kaufen?" mit 1 (= Ja), 2 (= Nein) und 3 (=Weiß nicht) kodiert. Die Beurteilung der Handlichkeit wird mit 1 (= sehr gut), 2 (= gut), ..., 5 (= sehr schlecht) ausgedrückt. Nur bei einer metrisch skalierten Frage wie dem Alter, ist keine Kodierung erforderlich. Hier stimmt die Antwort mit der "Kodierung" überein.

Wozu dient diese Einteilung der Stichprobenverteilungen in nominal, ordinal oder metrisch skaliert? Die Skalierung ist für die Auswahl des geeigneten statistischen Verfahrens relevant, um von der Stichprobe auf die Grundgesamtheit zu schließen. Jedes statistisches Verfahren setzt eine bestimmte Skalierung der Antworten auf eine Frage voraus.

Schätzverfahren

Von den 10 zufällig ausgewählten potentiellen Käufern der Spielkonsole Yoki gaben 2 an, dass sie die Spielkonsole kaufen werden, das sind 20% der Befragten. Kann man auf Grund dieses Stichprobenergebnisses annehmen, dass auch in der Grundgesamtheit aller potentiellen Kunden 20% die Spielkonsole kaufen werden?

Es ist sehr unwahrscheinlich, dass in der Grundgesamtheit auch genau 20% die Spielkonsole kaufen werden. Es ist aber zu erwarten, dass der Prozentsatz der Käufer in der Nähe von 20% liegt. Was in der Nähe von 20% genau heißt, kann man mit Hilfe eines so genannten Konfidenzintervalls präzisieren. So kann man z. B. mit einem Vertrauen von 95% erwarten, dass der unbekannte Käuferanteil in der Grundgesamtheit der 100.000 potentiellen Kunden zwischen 2.5% und 55.6% liegt.

Wie kommt man zu diesem Ergebnis? Man unterscheidet zwei Arten von Verfahren: Punktschätzungen und Intervallschätzungen. Bei einer Punktschätzung wird für den zu schätzenden Anteilswert an Hand der Stichprobenergebnisse lediglich ein einziger Schätzwert (Punktschätzwert) bestimmt (hier also 0.20), oder ein Intervall, in dem der unbekannte Anteilswert der Grundgesamtheit liegt. Beide Verfahren unterscheiden sich vor allem dadurch, dass das Vertrauen Null ist, dass der Punktschätzwert aus der Stichprobe mit dem entsprechenden unbekannten Wert in der Grundgesamtheit übereinstimmt. Beim Konfidenzintervall kann man hingegen mit einem vorgegebenen Vertrauen (z. B. 95%) berechnen, innerhalb welcher Grenzen der unbekannte Anteil in der Grundgesamtheit zu erwarten ist.

Diese statistischen Verfahren nennt man Schätzverfahren: An Hand einer Stichprobe wird ein Schätzwert, sowie ein Konfidenzintervall für den unbekannten Prozentsatz in der Grundgesamtheit bestimmt. Diese Verfahren werden für verschiedene Maßzahlen und Skalierungen im Abschnitt "Eine Stichprobe" behandelt.

Bei der Berechnung von Konfidenzgrenzen kann man zwischen 3 Fällen unterscheiden: Will man nur wissen, innerhalb welcher Grenzen die unbekannte Maßzahl in der Grundgesamtheit liegt, dann berechnet man ein zweiseitiges Konfidenzintervall: Der unbekannte Prozentsatz der Käufer liegt mit einem Vertrauen von 95% zwischen 2.5% und 55.6%. Hier muss man damit rechnen, dass der unbekannte Käuferprozentsatz mit 2.5% Wahrscheinlichkeit kleiner als die Intervalluntergrenze von 2.5% ist und mit der gleichen Wahrscheinlichkeit, dass er größer als die Intervallobergrenze von 55.6% ist.

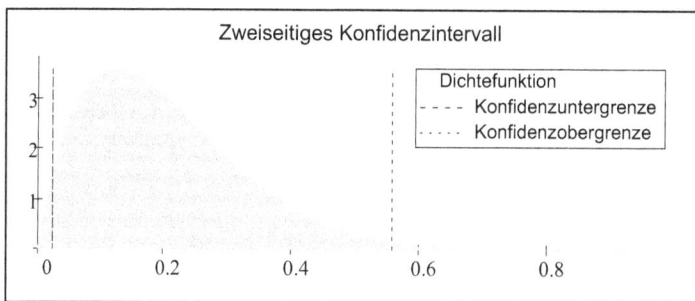

Konfidenzuntergrenze	Konfidenzobergrenze	p-Wahrscheinlichkeit
0.025	0.556	0.05

Will man nur wissen, mit welchem Käuferprozentsatz man höchstens rechnen kann beim gleichen Vertrauen von 95%, dann berechnet man kein zweiseitig begrenztes Konfidenzintervall, sondern ein einseitig begrenztes. Bei "höchstens" ist das Intervall rechtsseitig begrenzt durch den Wert 50.7%. Dieser Wert ist kleiner als die Intervallobergrenze beim zweiseitigen Intervall. Mit einem Vertrauen von 95% kann man den unbekannten Anteil der Käufer in der Grundgesamtheit höchstens zwischen 0% und 50,7% erwarten. Dass mehr als 50.7% Käufer in der Grundgesamtheit sind, hat eine Wahrscheinlichkeit von 5%.

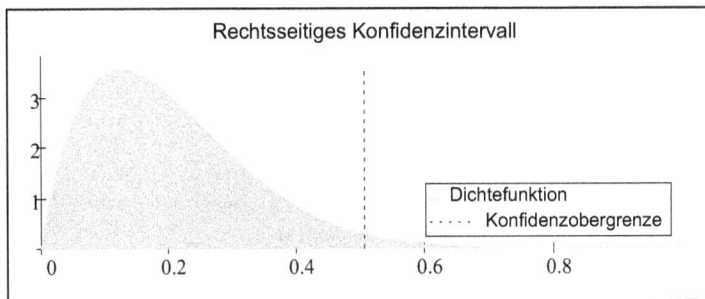

Konfidenzuntergrenze	Konfidenzobergrenze	p-Wahrscheinlichkeit
0	0.507	0.05

Neben den rechtsseitig begrenzten Konfidenzintervallen gibt es auch die linksseitig begrenzte. Sie entsprechen der Frage: Mit welchem Käuferprozentsatz kann ich in der Grundgesamtheit aller potentiellen Käufer mindestens rechnen bei einem Vertrauen von 95%? Hier ist das Konfidenzintervall linksseitig begrenzt durch 3.7%. Dass weniger als 3.7% die Spielkonsole Yoki kaufen werden, hat nur eine Wahrscheinlichkeit von 5%.

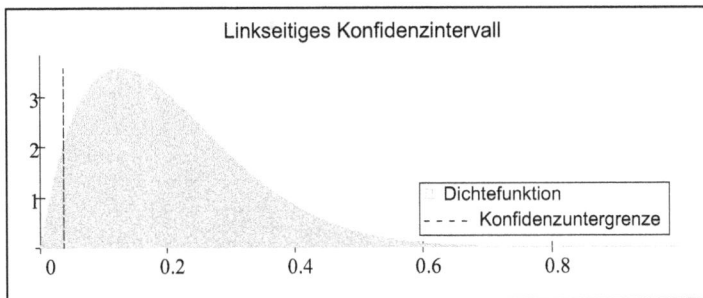

Konfidenzuntergrenze	Konfidenzobergrenze	p-Wahrscheinlichkeit
0.037	1.000	0.05

Testverfahren

Auf Grund der Kostenrechnung weiß der Produzent der Spielkonsole Yoki, dass mindestens 35% der potentiellen Käufer seine Spielkonsole kaufen müssen, damit er in die Gewinnzone gelangt. Von den zufällig ausgewählten 10 Besuchern einer Werbeveranstaltung haben 8 angegeben, dass sie die Spielkonsole kaufen werden. Kann der Produzent daraus schließen, dass mindestens 35% aller potentiellen Kunden seine Spielkonsole kaufen? Diese Frage wird mit Hilfe eines geeigneten Testverfahrens geklärt.

Zuerst werden die möglichen Annahmen über die Grundgesamtheit in Form von Hypothesen formuliert. Als Nullhypothese nimmt man z. B. an, dass der Anteil der Spielkonsolenkäufer in der Grundgesamtheit aller potentiellen Käufer höchstens 35% beträgt. Dies drückt man formal wie folgt aus:

$$H_0 : \pi \le 0.35 \,.$$

π (gelesen pi) ist der unbekannte Anteil der Spielkonsolenkäufer in der Grundgesamtheit, und 0.35 der oben erwähnte Break-even-point des Produzenten. Eine Alternative zu dieser Nullhypothese ist die Annahme, dass dieser unbekannte Anteil π größer als der Break-even-point ist:

$$H_1 : \pi > 0.35$$

An Hand der Ergebnisse obiger Stichprobe entscheidet man sich für die Annahme oder Ablehnung der Null- oder Alternativhypothese. Folgende Konsequenzen können bei dieser Entscheidung auftreten: Entscheidet man sich für die Annahme der Nullhypothese, dann kann dies die richtige Entscheidung sein. Der Käuferanteil in der Grundgesamtheit aller Käufer ist kleiner oder gleich 35%. Der Produzent wird in diesem Fall zumindest keinen Verlust mit der Produktion der Spielkonsole Yoki machen. Wenn es aber die falsche Entscheidung war, wenn also der Käuferanteil in Wirklichkeit größer als 35% ist, dann ist dies eine Fehlentscheidung, die als Fehler 2. Art oder β-Fehler bezeichnet wird. Der Unternehmer muss in diesem Fall mit einem entgangenen Gewinn rechnen.

Wird auf Grund der Stichprobenergebnisse die Alternativhypothese angenommen, dann kann auch dies die richtige Entscheidung sein, wenn der Käuferanteil in der Grundgesamtheit tatsächlich größer ist als der Break-even-point von 35%. Der Produzent wird in diesem Fall die Produktion der Spielkonsole aufnehmen und keinen Verlust machen. Liegt aber in Wirklichkeit der Käuferanteil unter 35%, dann ist dies wieder eine Fehlentscheidung, die als Fehler 1. Art oder α-Fehler bezeichnet wird. Der Unternehmer muss in diesem Fall mit einem Verlust rechnen. In folgender Übersicht sind diese vier Möglichkeiten nochmals zusammengefasst:

AKTIONEN	ZUSTAND	
	RICHTIGER ZUSTAND: H_0	RICHTIGER ZUSTAND: H_1
ANNAHME VON H_0	Richtige Entscheidung	Fehler 2. Art oder β−Fehler
ANNAHME VON H_1	Fehler 1. Art oder α−Fehler	Richtige Entscheidung

Beim Signifikanztest berücksichtigt man nur den α-Fehler (oder Fehler 1. Art) durch die Vorgabe eines Signifikanzniveaus. Wird z. B. ein Test mit einem 5% Signifikanzniveau durchgeführt, dann weiß man, dass die Wahrscheinlichkeit höchstens 5% beträgt, die richtige Nullhypothese abzulehnen. Wenn man also die Nullhypothese auf Grund der Stichprobenergebnisse ablehnt, dann kennt man die Obergrenze seines Fehlerrisikos.

Kann die Nullhypothese auf Grund der Stichprobenergebnisse nicht abgelehnt werden, dann kennt man beim Signifikanztest das Fehlerrisiko nicht. Denn in diesem Fall kann nur ein β-Fehler (oder Fehler 2.

Art) auftreten, und über seine Höhe weiß man beim Signifikanztest nicht Bescheid.

In der Regel sind zwei Signifikanzniveaus üblich, nämlich 5% und 1%. Wird die Nullhypothese auf dem Niveau von 5% abgelehnt, dann spricht man von einem signifikanten Unterschied. Bei einem 1% Signifikanzniveau sagt man, dass der Unterschied sehr signifikant ist.

So wie bei den Konfidenzintervallen kann man auch hier drei Testarten unterscheiden: Zweiseitige Tests, rechtsseitige Tests und linksseitige Tests. Da der Produzent als Nullhypothese prüfen will, ob der Käuferanteil höchstens gleich seinem Break-even-point ist

$$H_0 : \pi \leq 0.35,$$

wird er den Ablehnungsbereich seiner Nullhypothese und damit den Annahmebereich seiner Alternativhypothese so platzieren, dass er rechts von seinem Break-even-point liegt:

$$H_1 : \pi > 0.35$$

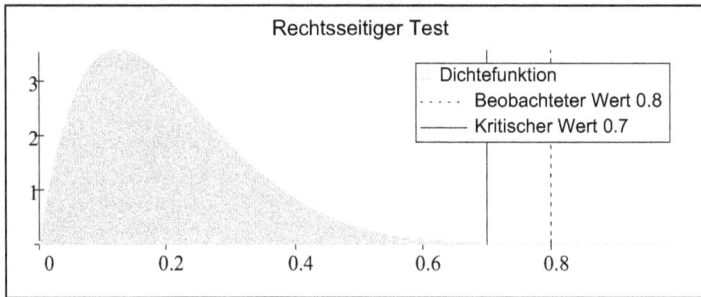

Beobachteter Wert	Kritischer Wert	p-Wahrscheinlichkeit
0.800	0.700	0.005

Wenn man bereit ist, in 5 von 100 Fällen eine richtige Nullhypothese abzulehnen (das Signifikanzniveau ist also 0.05), dann ist der kritische Wert c = 0.700. Die Fläche, die rechts von 0.700 liegt, umfasst 5% der Gesamtfläche. Wenn also der Stichprobenanteilswert größer gleich diesem kritischen Wert ist, dann kann man die Nullhypothese ablehnen. Ist er kleiner als der kritische Wert von 0.700, dann gehört er zum so genannten Nichtablehnungsbereich der Nullhypothese. Da von den 10 befragten Besuchern 8 angeben, dass sie die Spielkonsole Yoki kaufen werden, ist der Stichprobenanteil p gleich 0.800. Dieser Wert ist größer als 0.700. Die Nullhypothese kann daher abgelehnt werden. Das Risiko, dass diese Entscheidung falsch ist, ist höchstens 5% (= α-Fehler, genau 0.5%). Der Unternehmer kann jedenfalls auf Grund dieser Stichprobe annehmen, dass sich unter allen potentiellen Käufern der Grundgesamtheit mehr als 35% Personen befinden, die die neue Spielkonsole kaufen.

Von einem linksseitigen Test spricht man, wenn sich der Ablehnungsbereich der Nullhypothese links von der Nullhypothese befindet. Bezogen auf das vorangegangene Beispiel lauten Null- und Alternativhypothese

$$H_0 : \pi \geq 0.35,$$

$H_1 : \pi < 0.35$

Linksseitiger Test

	Dichtefunktion
$\cdots$	Beobachteter Wert 0.8
——	Kritischer Wert 0.0

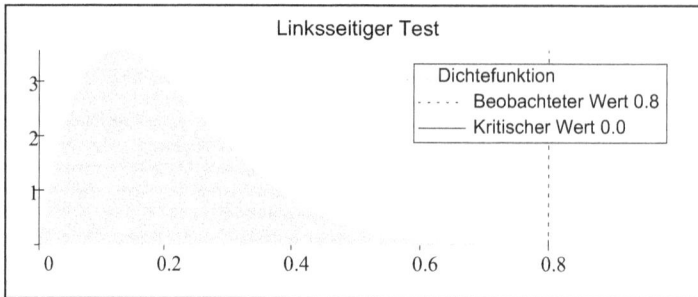

Beobachteter Wert	Kritischer Wert	p-Wahrscheinlichkeit
0.800	0.000	0.999

Zum Ablehnungsbereich der Nullhypothese zählt hier nur der Werte 0 und zum Nichtablehnungsbereich alle Werte größer 0 bis 1.

Beim zweiseitigen Test zählen zum Ablehnungsbereich der Nullhypothese sowohl Werte links als auch rechts von der Nullhypothese:

$H_0 : \pi = 0.35$

$H_1 : \pi \neq 0.35$

Zweiseitiger Test

	Dichtefunktion
$\cdots$	Beobachteter Wert 0.8
——	Unterer kritischer Wert 0.0
——	Oberer kritischer Wert 0.8

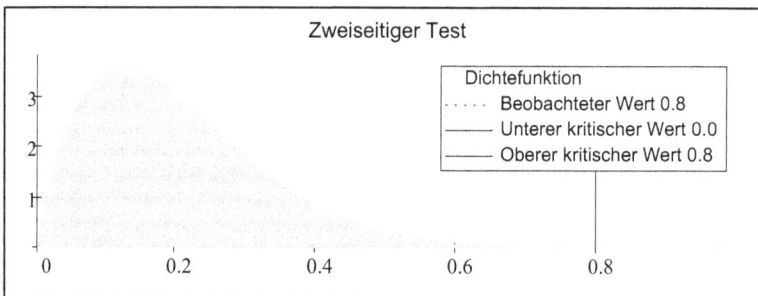

Beobachteter Wert	Kritische Werte	p-Wahrscheinlichkeit
0.800	0.000, 0.800	0.005

Hier gehören die Werte 0.000 sowie zwischen 0.800 und 1.000 zum Ablehnungsbereich der Nullhypothese und alle Werte größer 0.000 und kleiner 0.800 zum Nichtablehnungsbereich.

Vorschau

Die Frage nach dem Anteil der potentiellen Käufer der neuen Spielkonsole Yoki wird im Abschnitt "1_1 Anteilswert" untersucht. Für die Anwendung dieses Schätzverfahrens ist die Skalierung der Antworten belanglos. Selbst für metrisch skalierte Antworten wie das Alter kann beispielsweise der Anteil der 20-Jährigen in der Stichprobe bestimmt und auf den unbekannten Anteil in der entsprechenden Grundgesamtheit hochgerechnet werden.

Während im Abschnitt 1_1 Schätzverfahren für den Anteilswert gezeigt werden, sind Testverfahren für den Anteilswert einer Stichprobe der Inhalt von Abschnitt 1_2, das oben angezeigte Problem mit dem Break-even-point wird ausführlich dargestellt und berechnet.

Im Abschnitt "1_3 Zentralwert" wird die Designbeurteilung der neuen Spielkonsole Yoki mit den Urteilen sehr gut bis sehr schlecht ausgewertet und auf die Grundgesamtheit geschlossen. Voraussetzung für die Anwendung dieses Verfahrens ist zumindest ordinale Skalierung der Antworten. Fragen mit nominal skalierten Antworten wie die Frage nach der Kaufabsicht, können mit diesen Verfahren nicht ausgewertet werden.

Testverfahren für ordinal skalierte Antworten einer Frage und Stichprobe werden im Abschnitt 1_4 behandelt. Diese Verfahren können auch für Fragen mit metrisch skalierten Antworten verwendet werden.

Wie viele Stunden verbringen die potentiellen Kunden wöchentlich im Schnitt vor dem Computer? Diese metrisch skalierte Frage wird im Abschnitt "1_5 Durchschnitt" analysiert. Fragen mit nominal oder ordinal skalierten Antworten können mit den Methoden dieses Abschnittes nicht ausgewertet werden. Die entsprechenden Testverfahren für eine Frage mit metrisch skalierten Antworten findet man im Abschnitt 1_6.

1_1 Anteilswert, Schätzverfahren

Wie viele der potentiellen Kunden werden das neue Produkt, die Spielkonsole Yoki, kaufen? Bei einer Werbeveranstaltung werden Kunden befragt. Kennzeichnet man die Kunden ohne Kaufabsicht durch "1" und die mit Kaufabsicht durch "2", dann ergibt sich folgende Stichprobe:

Kaufabsicht: 1, 1, 2, 1, 1, 1, 1, 2, 1, 1

Der Stichprobenumfang ist in diesem Fall n = 10 und das untersuchte Merkmal "Kaufabsicht" (= 2) kommt x = 2-mal vor. Der Stichprobenanteil ist allgemein definiert als

$$p = \frac{x}{n}$$

und im vorliegenden Beispiel gleich p = 2/10 = 0.2. Ausgezählt nach den beiden Antworten erhält man folgende Häufigkeitstabelle:

Kaufabsicht	Häufigkeiten	In Prozent
Nein	8	80
Ja	2	20
SUMME	10	100

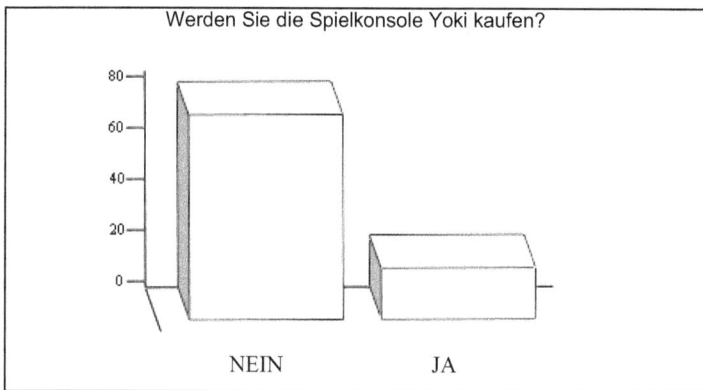

Werden Sie die Spielkonsole Yoki kaufen?

Balken	1	2
Antwort	Nein	Ja
In %	80%	20%

2 von 10 Kunden haben eine Kaufabsicht. Der Anteilswert der Kunden mit einer Kaufabsicht ist also 0.2 oder in Prozenten ausgedrückt 20%. Kann man nun annehmen, dass 20% der 100.000 potentiellen Kunden die neue Spielkonsole "Yoki" kaufen werden?

Unter der Voraussetzung, dass die Stichprobe eine Zufallsstichprobe aus der Grundgesamtheit der 100.000

potentiellen Kunden ist, kann man nur erwarten, dass der "wahre" Anteil in der Nähe von 20% liegt. Was "in der Nähe" heißt, ist mit Hilfe der Statistik präzisierbar: Mit einem Vertrauen (Konfidenz) von 95% kann man annehmen, dass der wahre Anteil der Kunden mit Kaufabsicht zwischen 2.5% und 55.6% liegt.

Wie kommt man zu diesem Ergebnis? Da die Ergebnisse einer Stichprobenerhebung zufallsabhängig sind, wird auch ein gefundener Punktschätzwert nur in den seltensten Fällen genau mit dem gesuchten Anteilswert der Grundgesamtheit übereinstimmen. Um wenigstens Aussagen über ein Intervall machen zu können, in dem der unbekannte Anteilswert zu erwarten ist, führt man eine Intervallschätzung durch. Ausgehend von den Ergebnissen einer Stichprobe wird ein Konfidenzintervall berechnet, das den unbekannten Anteilswert der Grundgesamtheit mit vorgegebener Wahrscheinlichkeit enthält. Folgende Wahrscheinlichkeitsverteilungen kann man dazu verwenden:

Binomial- und F-Verteilung

Für den unbekannten Anteilswert der Grundgesamtheit wird ein zweiseitiges Konfidenzintervall zum Niveau $1-\alpha$ und den Stichprobenergebnissen n und x mit Hilfe folgender Formeln berechnet: Die Untergrenze K_u und die Obergrenze K_o des Konfidenzintervalls werden so bestimmt, dass gilt

$$\sum_{k=0}^{x-1} \frac{n!}{k!(n-k)!} \cdot p^k \cdot (1-p)^{n-k} = 1 - \frac{\alpha}{2}$$

$$\sum_{k=x+1}^{n} \frac{n!}{k!(n-k)!} \cdot p^k \cdot (1-p)^{n-k} = 1 - \frac{\alpha}{2}$$

$1-\alpha$ ist das Konfidenzniveau des Schätzintervalls (meist 95% oder 99%) und p der gesuchte Anteilswert der möglichen Stichproben, der diese Gleichung erfüllt. Weiteres ist n der Stichprobenumfang und n! (gelesen "n Fakultät") die Abkürzung für das Produkt

$$n! = n \cdot (n-1) \cdot (n-2) \cdots 3 \cdot 2 \cdot 1$$

und

$$0! = 1.$$

3! ist z. B. das Produkt $3 \cdot 2 \cdot 1 = 6$. Der Stichprobenumfang ist im obigen Beispiel n = 10 und die Stichprobenrealisation x = 2 und α = 0.05. K_u muss so bestimmt werden, dass gilt

$$\sum_{k=0}^{2-1} \frac{10!}{k!(10-k)!} \cdot p^k \cdot (1-p)^{10-k} = 1 - \frac{0.05}{2} = 0.975$$

Von den möglichen p-Werten erfüllt p = 0.025 diese Gleichung:

$$\sum_{k=0}^{2-1} \frac{10!}{k!(10-k)!} \cdot 0.025^k \cdot (1-0.025)^{10-k} = 0.975$$

Die Untergrenze K_u des Schätzintervalls ist daher 0.025. Die Obergrenze wird auf die gleiche Art bestimmt. Es muss gelten

$$\sum_{k=2+1}^{10} \frac{10!}{k!(10-k)!} \cdot p^k \cdot (1-p)^{10-k} = 1 - \frac{0.05}{2} = 0.975$$

Von den möglichen p-Werten erfüllt p = 0.556 diese Gleichung:

$$\sum_{k=2+1}^{10} \frac{10!}{k!(10-k)!} \cdot 0.556^k \cdot (1-0.556)^{10-k} = 1 - \frac{0.05}{2} = 0.975$$

Die Obergrenze des Schätzintervalls ist daher 0.556. Mit einem Vertrauen von 95% kann man in der Grundgesamtheit aller potentiellen Kunden mit 2.5% bis 55.6% Personen mit einer Kaufabsicht rechnen.

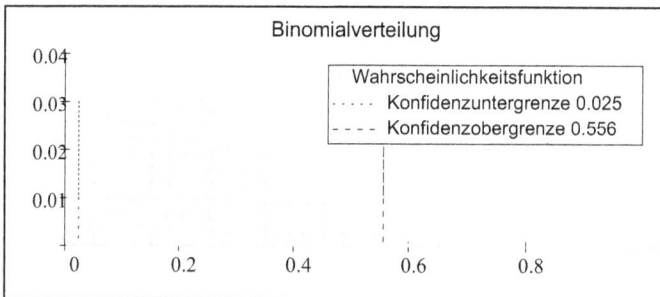

Konfidenzuntergrenze	Konfidenzobergrenze	p-Wahrscheinlichkeit
0.025	0.556	0.05

F-Verteilung

Da die Binomialverteilung durch die F-Verteilung (aber auch durch die Betaverteilung) dargestellt werden kann, berechnet man die beiden Konfidenzgrenzen auch mit Hilfe der F-Verteilung. Die Formeln für die beiden Intervallgrenzen für ein zweiseitiges Konfidenzintervall zum Niveau von 1 − α sind

$$K_u = \frac{x}{x + (n-x+1) \cdot F_1}$$

$$K_o = \frac{(x+1) \cdot F_2}{(n-x) + (x+1) \cdot F_2}$$

mit

$$F_1 = F_{1-\alpha/2, 2 \cdot (n-x+1), 2 \cdot x}$$

$$F_2 = F_{1-\alpha/2, 2 \cdot (x+1), 2 \cdot (n-x)}$$

F_1 und F_2 sind die entsprechenden Quantile der F-Verteilung. Für obiges Beispiel sind die mit Hilfe dieser Formeln berechneten Konfidenzgrenzen

$$K_u = \frac{2}{2+(10-2+1)\cdot 8.592} = 0.025$$

mit

$$F_1 = F_{1-0.05/2,2\cdot(10-2+1),2\cdot 2} = 8.592$$

sowie

$$K_o = \frac{(2+1)\cdot 3.341}{(10-2)+(2+1)\cdot 3.341} = 0.556$$

mit

$$F_2 = F_{1-0.05/2,2\cdot(2+1),2\cdot(10-2)} = 3.341$$

Der Anteil der Kunden mit Kaufabsicht liegt auch hier mit 95% Vertrauen zwischen den Grenzen 0.025 und 0.556.

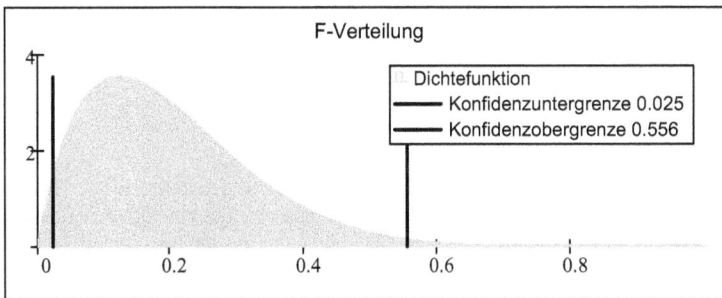

Konfidenzuntergrenze	Konfidenzobergrenze	p-Wahrscheinlichkeit
0.025	0.556	0.05

Die beiden Werte der F-Verteilung $F_{0.975,\,18,\,4} = 8.592$ und $F_{0.975,\,6,\,16} = 3.341$ bestimmt man aus geeigneten Tabellen für die F-Verteilung oder berechnet sie direkt mit Hilfe entsprechender Programme über die Dichte- und Verteilungsfunktion der F-Verteilung.

Normalverteilung

Wenn der Stichprobenumfang n so groß ist, dass die Bedingung

$$n \cdot \frac{x}{n} \cdot \left(1 - \frac{x}{n}\right) > 9$$

erfüllt ist, dann kann man die Konfidenzgrenzen mit Hilfe der Normalverteilung berechnen. Die Untergrenze des Konfidenzintervalls wird nach der Formel bestimmt

$$K_u = \frac{n}{n+z^2} \cdot \left(p + \frac{z^2}{2\cdot n} - z \cdot \sqrt{\frac{p\cdot(1-p)}{n} + \frac{z^2}{4\cdot n^2}}\right) \approx p - z \cdot \sqrt{\frac{p\cdot(1-p)}{n}}$$

mit

$$p = \frac{x}{n}.$$

z ist für ein zweiseitiges Konfidenzintervall zum Niveau von $1-\alpha$ gleich dem $(1-\alpha/2)$-ten. Quantil der Standardnormalverteilung. Für ein Konfidenzniveau von z.B. 95% ist z gleich

$$z = 1.96$$

Die Obergrenze des Intervalls wird analog bestimmt:

$$K_o = \frac{n}{n+z^2} \cdot \left(p + \frac{z^2}{2\cdot n} + z \cdot \sqrt{\frac{p\cdot(1-p)}{n} + \frac{z^2}{4\cdot n^2}}\right) \approx p + z \cdot \sqrt{\frac{p\cdot(1-p)}{n}}$$

Die zweiten Näherungsformeln für die Unter- und Obergrenze eines Konfidenzintervalls stimmen mit den ersten erst dann überein, wenn der Stichprobenumfang genügend groß ist. Für ein 95% Konfidenzintervall mit n= 100 und einem p zwischen 0.3 und 0.7 stimmen z.B. die beiden Formeln auf zwei Dezimalstellen überein. Für obiges Beispiel sind die mit Hilfe der ersten Näherungsformeln berechneten Konfidenzgrenzen

$$K_u = \frac{10}{10+1.96^2} \cdot \left(0.2 + \frac{1.96^2}{2\cdot 10} - 1.96 \cdot \sqrt{\frac{0.2\cdot(1-0.2)}{10} + \frac{1.96^2}{4\cdot 10^2}}\right) = 0.057$$

$$K_o = \frac{10}{10+1.96^2} \cdot \left(0.2 + \frac{1.96^2}{2\cdot 10} + 1.96 \cdot \sqrt{\frac{0.2\cdot(1-0.2)}{10} + \frac{1.96^2}{4\cdot 10^2}}\right) = 0.510$$

Da $10 \cdot 0.2 \cdot (1 - 0.2) = 1.6$ nicht größer als 9 ist, ist die Diskrepanz der hier berechneten Intervallgrenzen von den oben angeführten nicht überraschend. Erst wenn die Bedingung $n \cdot (x/n) \cdot (1 - x/n) > 9$ erfüllt ist, liefern die hier angeführten Formeln brauchbare Näherungen.

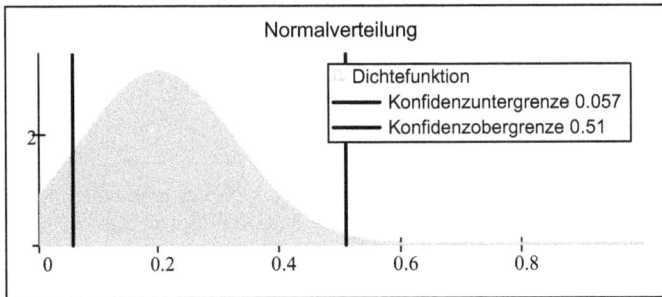

Konfidenzuntergrenze	Konfidenzobergrenze	p-Wahrscheinlichkeit
0.057	0.510	0.05

Zwei- und einseitige Konfidenzintervalle

Bisher lautete die Frage "Wie viele der potentiellen Kunden werden das neue Produkt, die Spielkonsole Yoki, kaufen?" An Hand von Stichprobenergebnissen kann man ein Intervall berechnen, in dem der unbekannte Anteil der Grundgesamtheit mit einem vorgegebenen Vertrauen liegt. Dieses Intervall hat eine Untergrenze und eine Obergrenze. Es ist ein zweiseitig (begrenztes) Intervall.

Man kann aber auch fragen: "Wie viele der potentiellen Kunden werden das neue Produkt, die Spielkonsole Yoki, mindestens kaufen?" oder auch "Wie viele der potentiellen Kunden werden das neue Produkt, die Spielkonsole Yoki, höchstens kaufen?" In beiden Fällen sucht man ein einseitig begrenztes Konfidenzintervall. Will man z. B. mit einem Vertrauen von 95% wissen, wie viele potentielle Kunden die Spielkonsole mindestens kaufen werden, dann bestimmt man die Untergrenze so, dass 5% (und nicht 2.5% wie beim zweiseitigen Intervall) links vor dieser Untergrenze liegen:

$$\sum_{k=0}^{x-1} \frac{n!}{k!(n-k)!} \cdot p^k \cdot (1-p)^{n-k} = 1 - \alpha = 0.95$$

oder

$$K_u = \frac{x}{x + (n - x + 1) \cdot F_1}$$

mit

$$F_1 = F_{1-\alpha, 2 \cdot (n-x+1), 2 \cdot x}$$

Für die Angaben obiger Stichprobe ist

$$F_1 = F_{0.95, 2 \cdot (10-2+1), 2 \cdot 2} = 5.821$$

und die Konfidenzuntergrenze gleich

$$K_u = \frac{2}{2 + (10-2+1) \cdot 5.821} = 0.037$$

Mit einem Vertrauen von 95% kann man erwarten, dass mindestens 3.7% der potentiellen Kunden die Spielkonsole Yoki kaufen werden. Auf die gleiche Art kann man eine Konfidenzobergrenze bestimmen, wenn die Frage lautet, wie viele das neue Produkt höchstens kaufen werden.

Mit Hilfe von Statistiksoftware kann die umständliche Berechnung der Konfidenzintervalle vereinfacht werden. Auf Seite 180 findet man den Output der Autorensoftware für die Berechnung von Konfidenzintervallen für Anteilswerte Für diesen Output sind nur die Rohdaten (in kodierter Form) einzugeben oder die Häufigkeitsverteilung der Stichprobenergebnisse, wie sie am Beginn dieses Kapitels stehen.

Aufgaben

1) Bei einer Befragung von 60 zufällig ausgewählten Wahlberechtigten eines Landes mit einer Million Wahlberechtigten bevorzugten 20 den Kandidaten A. Mit welchem Stimmanteil kann der Kandidat A bei den bevorstehenden Wahlen höchstens rechnen? Konfidenzniveau 95%.

2) Ein Bienenforscher untersucht aus einem Bienenvolk 15 Bienen; davon leiden 3 an einer bestimmten Milbenkrankheit. Innerhalb welcher Grenzen kann der Bienenforscher den unbekannten Anteil erkrankter Bienen in dem Bienenvolk annehmen? Konfidenzniveau 95%.

3) Einer Firma wird ein neues Produkt zur Markteinführung angeboten. Eine Umfrage auf einem Testmarkt ergab, dass 40 von 150 Befragten das neue Produkt kaufen würden. Mit welchem Anteil potentieller Kunden kann die Firma bei einer Markteinführung mindestens rechnen? Konfidenzniveau 95%.

4) Ein Wirt befragt 40 Kunden ob sie rauchen. 10 von ihnen geben an, dass sie Raucher sind. Mit welchem Raucheranteil an seiner Kundschaft muss der Wirt höchstens rechnen, wenn die 40 Befragten eine repräsentative Stichprobe seiner Kundschaft sind? Konfidenzniveau 99%.

5) Eine Tageszeitung berichtet, dass eine bestimmte Partei bei den kommenden Regionalwahlen nicht mehr mit der absoluten Mehrheit rechnen kann, da bei einer kürzlich statt gefundenen Stichprobenbefragung von 500 Wählern nur 240 diese Partei wählen werden. Nehmen Sie Stellung zu dieser Meldung.

6) Die Vereinsleitung eines Vereins mit 4000 Mitgliedern möchte wissen, wie viele der Mitglieder nur Pflichtschulabschluss haben. Von 30 Befragten geben 12 an, dass ihr höchster Schulabschluss nur die Pflichtschule ist. Mit wie vielen Personen im Verein muss die Vereinsleitung höchstens rechnen, die nur Pflichtschulabschluss haben? Konfidenzniveau 95%.

7) Nehmen Sie zu folgenden Bericht einer Tageszeitung Stellung: Mehr als die Hälfte der Tiroler stehen der EU skeptisch gegenüber! Bei einer repräsentativen Umfrage waren 260 von 500 Tirolern der Ansicht, dass der Beitritt zur EU für den Einzelnen kein Vorteil war.

1_2 Anteilswert, Testverfahren

Der Produzent der neuen Spielkonsole Yoki weiß auf Grund einer Break-even-point-Analyse, dass mehr als 35% der potentiellen Kunden die Spielkonsole Yoki kaufen müssen, damit er in die Gewinnzone gelangt. Bei einer Werbeveranstaltung werden 10 Kunden befragt. Kennzeichnet man die Kunden mit Kaufabsicht wieder durch "2" und die ohne Kaufabsicht mit "1", dann ergibt sich folgende Stichprobe:

Kaufabsicht: 2, 2, 1, 2, 2, 2, 2, 1, 2, 2

Der Stichprobenumfang ist in diesem Fall n = 10 und das untersuchte Merkmal "Kaufabsicht" kommt x = 8 Mal vor. Der Stichprobenanteil ist allgemein definiert als

$$p = \frac{x}{n}$$

und im vorliegenden Beispiel gleich p = 8/10 = 0.8. Ausgezählt nach den beiden Antworten erhält man folgende Häufigkeitstabelle und Grafik:

Kaufabsicht	Häufigkeiten	In Prozente
Nein	2	20
Ja	8	80
SUMME	10	100

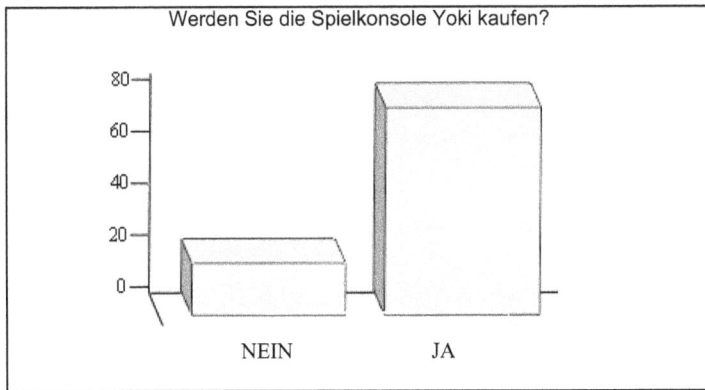

Balken	1	2
Antwort	Nein	Ja
In %	20%	80%

8 von 10 Kunden haben eine Kaufabsicht. Der Anteilswert der Kunden mit Kaufabsicht ist also 0.8 oder in Prozent ausgedrückt 80%. Kann man auf Grund dieses Ergebnisses annehmen, dass mehr als 35% der 100.000 potentiellen Kunden die neue Spielkonsole "Yoki" kaufen werden oder spricht das Stichprobenergebnis gegen diese Annahme?

Unter der Voraussetzung, dass die Stichprobe eine Zufallsstichprobe aus der Grundgesamtheit der 100.000 potentiellen Kunden ist und der "wahre" Anteil in dieser Grundgesamtheit höchstens 0.35 ist, kann man nicht erwarten, dass in einer Zufallsstichprobe von 10 potentiellen Kunden der Käuferanteil von 0.8 auftritt. Das Stichprobenergebnis von 80% spricht gegen die Annahme, dass in der Grundgesamtheit der Käuferanteil höchstens 35% ausmacht. Man kann die Nullhypothese ablehnen und annehmen, dass dieser Käuferanteil über 35% liegt.

Wie kommt man zu diesem Ergebnis? Zuerst werden Null- und Alternativhypothese formuliert. Dabei wird berücksichtigt, dass bei einem Signifikanztest nur dann ein brauchbares Ergebnis auftritt, wenn die Nullhypothese abgelehnt werden kann. Da der Unternehmer weiß, dass mehr als 35% der potentiellen Kunden die Spielkonsole kaufen müssen, um aus der Verlustzone zu kommen, will er die Nullhypothese

$$H_0: \pi \leq 0.35$$

ablehnen: Höchstens ein Anteil von 0.35 (=35%) der potentiellen Kunden kaufen die Spielkonsole Yoki. Diese Hypothese soll mit Hilfe des Stichprobenergebnisses abgelehnt werden. Die Alternativhypothese zu dieser Nullhypothese ist

$$H_1: \pi > 0.35$$

Der Käuferanteil ist größer als 0.35. Um die Hypothesen zu prüfen, berechnet man die Wahrscheinlichkeit für das Auftreten eines Anteilswertes von 0.8 oder größer in einer Stichprobe vom Umfang 10, wenn in der Grundgesamtheit der Anteilswert 0.35 ist, also die Nullhypothese zutrifft. Die allgemeine Formel für die Berechnung der Wahrscheinlichkeit für ein bestimmtes Ergebnis x ist

$$f_B\left(x, n, \pi\right) = \frac{n!}{x!\left(n-x\right)!} \cdot \pi^x \cdot \left(1-\pi\right)^{n-x}$$

n ist der Stichprobenumfang, π der Anteil in der Grundgesamtheit und x die Anzahl der Käufer in der Stichprobe. Die Wahrscheinlichkeit für genau 8 Käufer in der Stichprobe von 10 potentiellen Kunden ist daher für einen Anteil von 0.35 in der Grundgesamtheit

$$f_B\left(8, 10, 0.35\right) = \frac{10!}{8!\left(10-8\right)!} \cdot 0.35^8 \cdot \left(1-0.35\right)^{10-8} = 0.004$$

Die Wahrscheinlichkeit für die oben ausgewertete Stichprobe ist also unter Gültigkeit der Nullhypothese 0.4%. Folgende Tabelle zeigt die weiteren Wahrscheinlichkeiten für die 11 möglichen Stichprobenergebnisse für eine Stichprobe im Umfang von n = 10, wenn der Anteil in der Grundgesamtheit π = 0.35 ist:

x	0	1	2	3	4	5	6	7	8	9	10
$f_B(x)$	0.013	0.072	0.176	0.252	0.238	0.154	0.069	0.021	0.004	0.001	0.000

Die Wahrscheinlichkeit für das Auftreten eines Anteilswertes von 0.8 oder größer in einer Stichprobe vom Umfang 10, wenn in der Grundgesamtheit der Anteilswert 0.35 ist, also die Nullhypothese zutrifft, ist gleich der Summe der Wahrscheinlichkeiten für die Ergebnisse von 8 bis 10:

$$\sum_{x=8}^{10} f_B\left(x, 10, 0.35\right) = \sum_{x=8}^{10} \frac{10!}{x!\left(10-x\right)!} \cdot 0.35^x \cdot \left(1-0.35\right)^{10-x} = 0.005$$

Wenn in einer Grundgesamtheit der Anteil der Käufer gleich 35% ist, dann ist eine Stichprobe im Umfang von 10 Personen, von denen 8 oder mehr angeben, die Spielkonsole zu kaufen, ein sehr seltenes Ergebnis. Mit einer Wahrscheinlichkeit von 0.5% sind solche Stichproben zu erwarten. Ist man bereit in 5 von 100 Fällen eine richtige Nullhypothese abzulehnen, dann kann diese Stichprobe als Beleg gegen die Gültigkeit der Nullhypothese verwendet werden, da die Wahrscheinlichkeit für eine Stichprobe mit 8 oder mehr Käufern viel kleiner ist als das Signifikanzniveau von 5%. Die Nullhypothese kann abgelehnt werden.

Eine zweite Methode die Nullhypothese abzulehnen, besteht in der Bestimmung von Ablehnungsbereichen. In den Ablehnungsbereich der Nullhypothese fallen nur jene Stichproben, deren Auftretenswahrscheinlichkeit unter Gültigkeit der Nullhypothese kleiner gleich 5% sind, wenn man ein Signifikanzniveau von 5% annimmt.

Für eine linksseitige Alternativhypothese wird allgemein der kritische Wert c_u, der den Ablehnungsbereich der Nullhypothese vom Nichtablehnungsbereich trennt, nach folgender Formel berechnet:

$$\sum_{k=0}^{c_u-1} \frac{n!}{k!(n-k)!} \cdot \pi^k \cdot (1-\pi)^{n-k} \leq \alpha < \sum_{k=0}^{c_u} \frac{n!}{k!(n-k)!} \cdot \pi^k \cdot (1-\pi)^{n-k}$$

Für eine rechtsseitige Hypothese bestimmt man den kritischen Wert c_o nach folgender Formel

$$\sum_{k=0}^{c_o-1} \frac{n!}{k!(n-k)!} \cdot \pi^k \cdot (1-\pi)^{n-k} < 1-\alpha \leq \sum_{k=0}^{c_o} \frac{n!}{k!(n-k)!} \cdot \pi^k \cdot (1-\pi)^{n-k}$$

und für eine zweiseitige Alternativhypothese werden die beiden kritischen Werte so bestimmt, dass obige Ungleichungen für $\alpha/2$ gelten.

Für das vorliegende Testproblem mit einer rechtsseitigen Alternativhypothese ist der kritische Wert c_o gleich 6:

$$\sum_{k=0}^{5} \frac{10!}{k!(10-k)!} \cdot 0.35^k \cdot (1-0.35)^{10-k} = 0.905 < 0.95 \leq 0.974 =$$

$$= \sum_{k=0}^{6} \frac{10!}{k!(10-k)!} \cdot 0.35^k \cdot (1-0.35)^{10-k}.$$

Der Ablehnungsbereich der Nullhypothese umfasst daher die Teilmenge der möglichen Stichprobenergebnisse

$$\{6, 7, 8, 9, 10\}.$$

Da 8 von 10 Kunden die Spielkonsole kaufen wollen, ist der beobachtete Wert 8, und dieser ist größer als der kritische Wert 6. Er gehört zu den Elementen des Ablehnungsbereiches. Die Nullhypothese kann daher auch nach dieser 2. Methode abgelehnt werden.

In folgender Grafik ist die Wahrscheinlichkeitsverteilung der Binomialverteilung für $\pi = 0.35$ und $n = 10$ dargestellt, sowie der kritische Wert $c_o = 6$, der den Ablehnungsbereich der Nullhypothese vom Nichtablehnungsbereich trennt, und der beobachtete Wert $x = 8$, der im Ablehnungsbereich der Nullhypothese liegt.

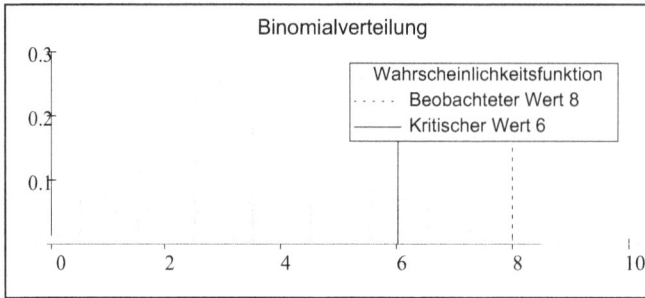

Beobachteter Wert	Kritischer Wert	p-Wahrscheinlichkeit
8	6	0.005

Da die Nullhypothese abgelehnt werden kann, besteht die Gefahr eines α-Fehlers. Bei einem Signifikanztest hat man nur das Risiko eines α-Fehlers quantitativ beschränkt. Man weiß daher im konkreten Fall, dass der Käuferanteil in der Grundgesamtheit auch kleiner gleich 0.35 sein kann. Dieses Risiko ist jedoch mit 5% beschränkt. Im konkreten Fall ist es 0.5%.

Aufgaben

1) Personen in 40 % der Haushalte einer Stadt haben in den letzten Jahren eine bestimmte Zeitung gelesen. Es besteht Grund zur Annahme, dass der Anteil der Haushalte mit Personen, die die Zeitung lesen, zugenommen hat. In einer Zufallsstichprobe von 200 Haushalten lesen 94 die alte Zeitung. Bestätigt dieses Ergebnis diese Annahme? Signifikanzniveau 5 %.

(Für die Berechnung per Hand verwenden Sie die Testmaßzahl

$$z_{beob} = \frac{p - \pi_0}{\sqrt{\pi_0 \cdot (1 - \pi_0)}},$$

die näherungsweise standardnormalverteilt ist.)

2) Von 10 Seiten, die aus einer Dissertation mit 400 Seiten zufällig ausgewählt wurden, sind 8 ohne Fehler. Kann man behaupten, dass die Dissertation höchstens 10% fehlerhafte Seiten enthält? Signifikanzniveau 5 %. (Für die Berechnung per Hand verwenden Sie die obige Testmaßzahl, die näherungsweise standardnormalverteilt ist.)

3) Frühere Daten zeigen, dass 20% der Empfänger eines Verkaufskataloges mindestens 1 Produkt pro Jahr kauften. Es besteht Grund zur Annahme, dass die Kaufrate zurückgegangen ist. In einer Zufallsstichprobe von 100 Haushalten, die den Verkaufskatalog zugesendet bekommen, bestellen 18% mindestens ein Produkt. Bestätigt dieses Ergebnis diese Befürchtung? Signifikanzniveau 5%.

4) Um festzustellen, ob eine Versuchsperson präkognitive Fähigkeiten besitzt, wird mit ihr folgendes Experiment durchgeführt: Ein Würfel wird 30 Mal geworfen. Die Versuchsperson muss vor jedem Wurf vorhersagen, ob eine gerade oder ungerade Augenzahl geworfen wird. 20 Mal traf die Vorhersage zu. Beurteilen Sie dieses Ergebnis. $\alpha = 0.05$.

1_3 Zentralwert, Schätzverfahren

Wie wird das Design der neuen Spielkonsole von mindestens der Hälfte der potentiellen Kunden beurteilt? Bei einer Werbeveranstaltung wurde das Design von 15 Besuchern wie folgt benotet (1 = sehr gut, 2 = gut, ..., 5 = sehr schlecht):

Designbeurteilung: 4, 1, 3, 3, 5, 2, 2, 2, 4, 1, 1, 5, 2, 1, 2

Der Stichprobenumfang ist in diesem Fall n = 15 und der Zentralwert ist "gut": Wenn man die 15 Besucher ihrer Beurteilung nach ordnet, dann beurteilt die Hälfte der Befragten das Design der Spielkonsole höchstens mit "gut" (also mit „sehr gut" oder „gut") und die andere Hälfte mindestens mit "gut" (also mit „gut", „mittelmäßig", „schlecht" oder „sehr schlecht").

In folgender Tabelle sind die Beurteilungen nach ihren Häufigkeiten ausgezählt:

Designbeurteilung	Häufigkeiten	Kumulierte Häufigkeiten	Prozente	Kumulierte Prozente
Sehr gut	4	4	27	27
Gut	5	9	33	60
Mittelmäßig	2	11	13	73
Schlecht	2	13	13	87
Sehr schlecht	2	15	13	100
SUMME	5	*	100	*

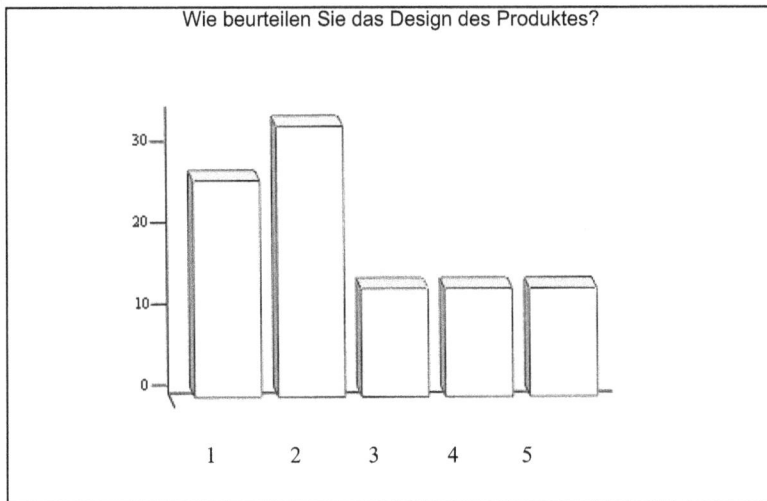

Wie beurteilen Sie das Design des Produktes?

Balken:	1	2	3	4	5
Antworten:	sehr gut	gut	mittelmäßig	schlecht	sehr schlecht
In %:	27%	33%	13%	13%	13%

Der Zentralwert (oder auch Median) einer Verteilung ist die Merkmalsausprägung jener Einheit, der 50% aller Verteilungseinheiten vorangehen und nachfolgen. Für seine Bestimmung werden die Merkmalsausprägungen zuerst der Größe nach geordnet:

Rangzahlen:	1	2	3	4	5	6	7	8	9	10	11	12	13	14	15
Beurteilung:	1	1	1	1	2	2	2	2	2	3	3	4	4	5	5

Bei ungeradem n ist der Zentralwert der Stichprobe $\tilde{x}$ (sprich x-Schleife) jene Merkmalsausprägung, die in der Mitte dieser Reihe steht:

$$\tilde{x} = x_{\left[\frac{n+1}{2}\right]} \qquad \text{falls n ungerade}$$

Bei geradem n erfüllt jede Merkmalsausprägung zwischen x(n/2) und x(n+2/2) die Bedingung des Zentralwertes. Wenn möglich wählt man den Durchschnitt aus diesen beiden Ausprägungen als Zentralwert:

$$\tilde{x} = \frac{1}{2}\left(x_{\left[\frac{n}{2}\right]} + x_{\left[\frac{n}{2}+1\right]}\right) \qquad \text{falls n gerade}$$

Da der Stichprobenumfang n = 15 ungerade ist, ist die mittlere Beurteilung die Merkmalsausprägung der (15 + 1) / 2 = 8-ten Einheit der der Größe nach geordneten Designbeurteilungen.

Der Zentralwert dieser Verteilung ist gut (= 2), da dies die Merkmalsausprägung der 8.-ten Einheit ist. Die erste Hälfte der Befragten in der Stichprobe von 15 Personen beurteilt das Design der Spielkonsole höchstens mit "gut", die zweite Hälfte mindestens mit "gut". Kann man nun annehmen, dass auch die Hälfte der 100.000 potentiellen Kunden das Design der Spielkonsole höchstens mit "gut" beurteilt?

Unter der Voraussetzung, dass die Stichprobe eine Zufallsstichprobe aus der Grundgesamtheit der 100.000 potentiellen Kunden ist, kann man ein Intervall für diesen unbekannten "wahren" Zentralwert berechnen.

Da die Ergebnisse einer Stichprobenerhebung zufallsabhängig sind, wird auch der Zentralwert einer Stichprobe nur in den seltensten Fällen genau mit dem gesuchten Zentralwert der Grundgesamtheit übereinstimmen. Ausgehend von den Ergebnissen einer Stichprobe wird ein Konfidenzintervall berechnet, das den unbekannten Zentralwert der Grundgesamtheit mit vorgegebener Vertrauen enthält.

Wenn die Merkmalsausprägungen der Stichprobe nur ordinal skaliert sind, dann werden diese geordnet zu

$$x_{[1]}...x_{[u]}...x_{[i]}...x_{[o]}...x_{[n]}.$$

$x_{[u]}$ und $x_{[o]}$ sind die u-te und o-te Merkmalsausprägung der geordneten Stichprobe. u wird so bestimmt, dass gilt

$$\sum_{i=0}^{u} \frac{n!}{i!\cdot(n-i)!} \cdot \frac{1}{2^n} \leq \frac{\alpha}{2} < \sum_{i=0}^{u+1} \frac{n!}{i!\cdot(n-i)!} \cdot \frac{1}{2^n}$$

und o ist

$$o = n - (u+1)$$

Für u = 3 ist diese Ungleichung für obiges Beispiel erfüllt:

$$\sum_{i=0}^{3} \frac{15!}{i!\,(15-i)!}\cdot\frac{1}{2^{15}} = 0.018 \leq 0.025 < 0.059 = \sum_{i=0}^{3+1} \frac{15!}{i!\,(15-i)!}\cdot\frac{1}{2^{15}}$$

Die Untergrenze des Konfidenzintervalls ist daher die Merkmalsausprägung der 3.-ten Einheit der geordneten Stichprobe. Dies ist die Beurteilung "sehr gut":

Rangzahlen:	1	2	3	4	5	6	7	8	9	10	11	12	13	14	15
Beurteilung:	1	1	1	1	2	2	2	2	2	3	3	4	4	5	5

Die Obergrenze des Konfidenzintervalls ist die Merkmalsausprägung o = 15 – (3 + 1) = 11 der geordneten Stichprobe. Dies ist die Beurteilung "befriedigend". Mit einem Vertrauen von 95% kann man erwarten, dass der Zentralwert der Grundgesamtheit zwischen der Beurteilung "sehr gut" und "befriedigend" liegt.

Bei metrischer Skalierung der Antworten einer Frage kann man ein Konfidenzintervall sowohl mit den oben angeführten Formeln berechnen, die aus der Binomialverteilung abgeleitet sind, als auch mit der Normalverteilung. Beide Methoden werden am folgenden Beispiel demonstriert.

Bei dieser Werbeveranstaltung wurde den 15 Befragten auch folgende Frage gestellt: Wie viele Stunden verbringen sie üblicherweise pro Woche vor dem Computer? Folgende Zeitangaben wurden abgegeben:

Computerzeit: 4.4, 12, 9, 9, 5.5, 8.5, 20, 6, 4.4, 6, 6, 5, 5, 10, 6

Da n = 15 ungerade ist, ist die mittlere Stundenangabe die Merkmalsausprägung der (15+1)/2 = 8-ten Einheit der der Größe nach geordneten Stunden.

Rangzahlen:	1	2	3	4	5	6	7	8	9	10	11	12	13	14	15
Computerzeit:	4.4	4.4	5	5	5.5	6	6	6	6	8.5	9	9	10	12	20

Der Zentralwert dieser Verteilung ist 6 Stunden, da dies die Merkmalsausprägung der 8-ten Einheit ist. Die Hälfte der Befragten verbringt höchstens diese Stundenanzahl wöchentlich vor dem Computer, die andere mindestens soviel.

Für ein Konfidenzniveau von 95% muss u wieder so bestimmt werden, dass gilt

$$\sum_{i=0}^{3} \frac{15!}{i!\,(15-i)!}\cdot\frac{1}{2^{15}} = 0.018 \leq 0.025 < 0.059 = \sum_{i=0}^{3+1} \frac{15!}{i!\,(15-i)!}\cdot\frac{1}{2^{15}}$$

Für u = 3 ist bekanntlich diese Ungleichung erfüllt. Die Untergrenze des Konfidenzintervalls ist daher die Merkmalsausprägung der 3.-ten Einheit der geordneten Stichprobe. Dies ist die Stundenanzahl 5. Die Obergrenze des Konfidenzintervalls ist die Merkmalsausprägung der o = 15 – 3 + 1 = 13-ten Einheit der geordneten Stichprobe. Dies ist die Merkmalsausprägung 10 Stunden. Mit einem Vertrauen von 95% kann man erwarten, dass der Zentralwert der Grundgesamtheit zwischen einer wöchentlichen Stundenzahl von 5 und 10 Stunden liegt.

Wenn die Antworten der Frage, wie hier, metrisch skaliert und genügend groß sind (n > 36), kann man die beiden Konfidenzgrenzen auch mit Hilfe der Normalverteilung berechnen. Die Formeln für die beiden Intervallgrenzen für ein zweiseitiges Konfidenzintervall zum Niveau von 1– α sind

$$K_u = \tilde{x} - 1.253 \cdot z_{1-\alpha/2} \cdot \frac{s}{\sqrt{n}}$$

$$K_o = \tilde{x} + 1.253 \cdot z_{1-\alpha/2} \cdot \frac{s}{\sqrt{n}}$$

Der "Median" $\tilde{x}$ (gelesen x Schleife) ist hier der Stichprobenzentralwert. $\hat{s}$ (gelesen s Dach) ist der aus der Stichprobe errechnete Schätzwert für die Standardabweichung der Stichprobe

$$\hat{s} = \sqrt{\frac{1}{n-1} \cdot \sum_{i=1}^{n}(x_i - \overline{x})^2}$$

n ist der Stichprobenumfang und z ist das $1 - (\alpha/2)$-te Perzentil der Normalverteilung. Für das obige Beispiel der wöchentlichen Stundenzahl vor dem Computer ist der Durchschnitt $\overline{x}$ (gelesen x quer) gleich

$$\overline{x} = \frac{1}{n} \cdot \sum_{i=1}^{n} x_i = \frac{4.4 + 4.4 + 5 + \ldots + 20}{15} = 7.787$$

und $\hat{s}$ gleich

$$\hat{s} = \sqrt{\frac{1}{15-1} \cdot \left[\left(4.4 - 7.787\right)^2 + \left(4.4 - 7.787\right)^2 + \left(5 - 7.787\right)^2 + \ldots + \left(20 - 7.787\right)^2 \right]} = 4.068$$

z ist für ein 95%-Konfidenzintervall

$$z_{1-\alpha/2} = 1.96$$

Dieser Wert kann aus einer Tabelle der Quantile der Standardnormalverteilung abgelesen oder mit Hilfe von Programmen berechnet werden. Die Konfidenzuntergrenze ist daher

$$K_u = 6 - 1.253 \cdot 1.96 \cdot \frac{4.068}{\sqrt{15}} = 3.42$$

und die Obergrenze gleich

$$K_o = 6 + 1.253 \cdot 1.96 \cdot \frac{4.068}{\sqrt{15}} = 8.58$$

Mit einem Vertrauen von 95% kann man erwarten, dass der Zentralwert der Grundgesamtheit zwischen einer wöchentlichen Stundenzahl vor dem Computer von 3.42 Stunden und 8.58 Stunden liegt. Da n nicht größer als 36 ist, ist die Diskrepanz der hier berechneten Intervallgrenzen von den vorher angeführten zu erwarten. Erst wenn die Bedingung n > 36 erfüllt ist, liefern die hier angeführten Formeln brauchbare Näherungen.

Die Stichprobenverteilung des Zentralwertes samt Konfidenzgrenzen zeigt folgende Grafik:

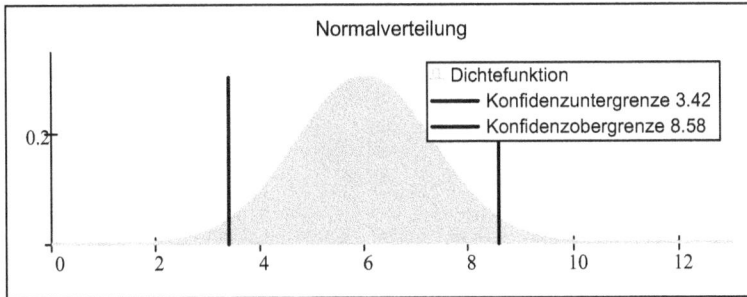

Konfidenzuntergrenze	Konfidenzobergrenze	p-Wahrscheinlichkeit
3.42	8.58	0.05

Aufgaben

1) Bei einer Befragung von 50 zufällig ausgewählten Haushalten einer Stadt nach ihrem monatlichen Haushaltseinkommen ergab sich ein Zentralwert von 1200€ und ein Schätzwert für die Standardabweichung von 125€. Mit welchem monatlichen Haushaltseinkommen kann die Hälfte der Haushalte in der Stadt mindestens rechnen? Konfidenzniveau 95%.

2) Von 600 Beschäftigten einer Firma wurden 30 befragt, wie sie mit den Sozialleistungen der Firma zufrieden sind:

Beurteilungen:	Sehr zufrieden	Zufrieden	Ausreichend	Unzufrieden	Sehr unzufrieden
Häufigkeiten:	5	10	7	3	5

Kann man mit 95% Vertrauen annehmen, dass die Hälfte der Belegschaft die Sozialleistungen der Firma mindestens als ausreichend bezeichnet?

3) Um das mediane Heiratsalter der Männer einer Stadt festzustellen, wurden 30 Männer zufällig aus dem Heiratsregister ausgewählt, und der Zentralwert ihres Heiratsalters berechnet. Innerhalb welcher Grenzen liegt der Zentralwert des Heiratsalters in dieser Stadt, wenn der Zentralwert in der Stichprobe 28 Jahre beträgt und die Standardabweichung 2.5 Jahre ausmacht? Konfidenzniveau 95%.

4) In einer soziologischen Untersuchung über die Familienstruktur eines Landes wurde unter anderem festgestellt, dass 20 zufällig ausgewählte Familien folgende Anzahl an Kindern hatte:

Kinderzahl:	0	1	2	3	4 und mehr
Häufigkeiten:	4	6	5	3	2

Mit welcher Kinderzahl kann man für die Hälfte der Familien dieses Landes mindestens rechnen? Konfidenzniveau 95%.

1_4 Zentralwert, Testverfahren

Kann man annehmen, dass das Design der neuen Spielkonsole Yoki von der Hälfte der potentiellen Kunden mit "mittelmäßig" beurteilt wird? Bei einer Werbeveranstaltung wurde das Design von 15 Besuchern wie folgt benotet (1 = sehr gut, 2 = gut, ..., 5 = sehr schlecht):

Designbeurteilung: 4, 1, 3, 3, 5, 2, 2, 2, 4, 1, 1, 5, 2, 1, 2

In folgender Tabelle sind die Beurteilungen nach ihren Häufigkeiten ausgezählt:

Designbeurteilung	Häufigkeiten	Kumulierte Häufigkeiten	Prozente	Kumulierte Prozente
Sehr gut	4	4	27	27
Gut	5	9	33	60
Mittelmäßig	2	11	13	73
Schlecht	2	13	13	87
Sehr schlecht	2	15	13	100
SUMME	5	*	100	*

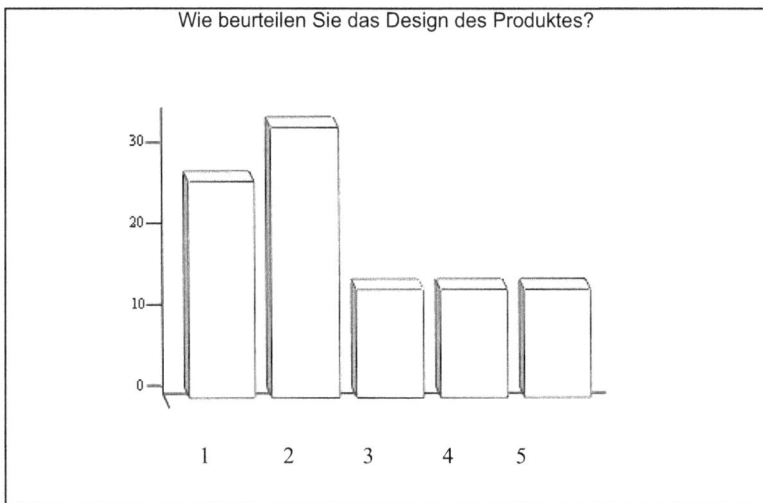

Balken:	1	2	3	4	5
Antworten:	sehr gut	gut	mittelmäßig	schlecht	sehr schlecht
In %:	27%	33%	13%	13%	13%

Der Stichprobenumfang ist in diesem Fall n = 15. Da der Stichprobenumfang n = 15 ungerade ist, ist die mittlere Beurteilung die Merkmalsausprägung der (15 + 1) / 2 = 8-ten Einheit der der Größe nach geordneten Designbeurteilungen. Der Zentralwert der Stichprobe ist "gut":

$$\tilde{x} = x_{\left[\frac{15+1}{2}\right]} = x_{[8]} = gut$$

Eine Hälfte der Befragten beurteilt das Design der Spielkonsole mindestens mit "gut", die andere Hälfte mit höchstens "gut". Kann man trotzdem annehmen, dass die Hälfte der 100.000 potentiellen Kunden das Design der Spielkonsole mindestens mit "mittelmäßig" beurteilt?

Unter der Voraussetzung, dass die Stichprobe eine Zufallsstichprobe aus der Grundgesamtheit der 100.000 potentiellen Kunden ist und der "wahre" Zentralwert in dieser Grundgesamtheit die Designbeurteilung "mittelmäßig" ist, kann man auch erwarten, dass in einer Zufallsstichprobe von 15 potentiellen Kunden der Zentralwert von "gut" auftritt. Das Stichprobenergebnis spricht nicht gegen die Annahme, dass in der Grundgesamtheit der Zentralwert der Designbeurteilung "mittelmäßig" ist.

Da man testen will, ob das Design der neuen Spielkonsole Yoki von der Hälfte der potentiellen Kunden mit "mittelmäßig" beurteilt wird, ist die Nullhypothese

$$H_0 : \tilde{\mu} = mittelmäßig$$

und die Alternativhypothese

$$H_1 : \tilde{\mu} \neq mittelmäßig$$

mit $\tilde{\mu}$ (gelesen mü Schleife) gleich Zentralwert der Grundgesamtheit. Um die Hypothesen zu testen, berechnet man die Wahrscheinlichkeiten für das Auftreten der möglichen Zentralwerte in einer Stichprobe vom Umfang 15, wenn in der Grundgesamtheit der Zentralwertwert "mittelmäßig" ist. Unter der Voraussetzung, dass H_0 wahr ist, ist das Auftreten eines Stichprobenzentralwertes, der kleiner bzw. größer ist, als der der Grundgesamtheit binomialverteilt mit $\pi = 0.5$. Stichprobenzentralwerte, die eine geringere Auftretenswahrscheinlichkeit haben als ein vorgegebenes Signifikanzniveau α führen zur Ablehnung der Nullhypothese. Die allgemeine Formel für die Berechnung dieser Grenze c_u bzw. c_o zwischen Ablehnungs- und Nichtablehnungsbereich der Nullhypothese ist

$$\sum_{i=0}^{c_u} \frac{n!}{i! \cdot (n-i)!} \cdot \frac{1}{2^n} \leq \alpha < \sum_{i=0}^{c_u+1} \frac{n!}{i! \cdot (n-i)!} \cdot \frac{1}{2^n}$$

für eine einseitige Nullhypothese und

$$\sum_{i=0}^{c_u} \frac{n!}{i! \cdot (n-i)!} \cdot \frac{1}{2^n} \leq \frac{\alpha}{2} < \sum_{i=0}^{c_u+1} \frac{n!}{i! \cdot (n-i)!} \cdot \frac{1}{2^n}$$

für eine zweiseitige Nullhypothese. Die Obergrenze c_o wird, wenn nötig, mit Hilfe der Formel

$$c_o = n - (c_u + 1)$$

berechnet. Wenn bei diesem Test Antworten auftreten, die mit dem postulierten Zentralwert übereinstimmen, dann werden diese nicht berücksichtigt, da sie nichts über die Richtung der Abweichung aussagen. Im obigen Beispiel stimmen 2 Antworten mit dem postulierten Zentralwert der Grundgesamtheit "mittelmäßig" überein. Daher bestimmt man die kritischen Werte c_u und c_o nicht für eine Stichprobe mit dem Umfang 15, sondern mit dem Umfang 13. Für ein Signifikanzniveau von 5% wird c_u so bestimmt, dass gilt

$$\sum_{i=0}^{2} \frac{13!}{i! \cdot (13-i)!} \cdot \frac{1}{2^{13}} = 0.011 \le 0.025 < 0.046 = \sum_{i=0}^{2+1} \frac{13!}{i! \cdot (13-i)!} \cdot \frac{1}{2^{13}}$$

c_u ist also 2, die Merkmalsausprägung der 2-ten Einheit der geordneten Stichprobe. Dies ist die Beurteilung "sehr gut" und $c_o = 13 - (2 + 1) = 10$, die Merkmalsausprägung der 10-ten Einheit der geordneten Stichprobe. Dies ist die Designbeurteilung "schlecht".

Rangzahlen:	1	2	3	4	5	6	7	8	9	10	11	12	13	14	15
Beurteilung:	1	1	1	1	2	2	2	2	2	3	3	4	4	5	5

Die Testmaßzahl A ist die Anzahl der Designbeurteilungen, die kleiner sind als der postulierte Zentralwert der Grundgesamtheit. 9 der insgesamt 13 Beurteilungen sind besser als "mittelmäßig". Daher ist A = 9. Da A zwischen der Untergrenze c_u und der Obergrenze c_o liegt

$$c_u = 2 < A = 9 < 10 = c_o$$

kann die Nullhypothese nicht abgelehnt werden.

Da die Nullhypothese nicht abgelehnt werden kann, besteht die Gefahr eines β-Fehlers. Bei einem Signifikanztest hat man nur das Risiko eines α-Fehlers quantitativ beschränkt. Man weiß daher im konkreten Fall, dass der Zentralwert in der Grundgesamtheit auch ungleich "mittelmäßig" sein kann. Wie groß dieses Risiko jedoch quantitativ ist, kann man nicht allgemein angeben. In folgender Grafik ist die entsprechende Wahrscheinlichkeitsverteilung sowie der Ablehnungs- und Nichtablehnungsbereich dargestellt:

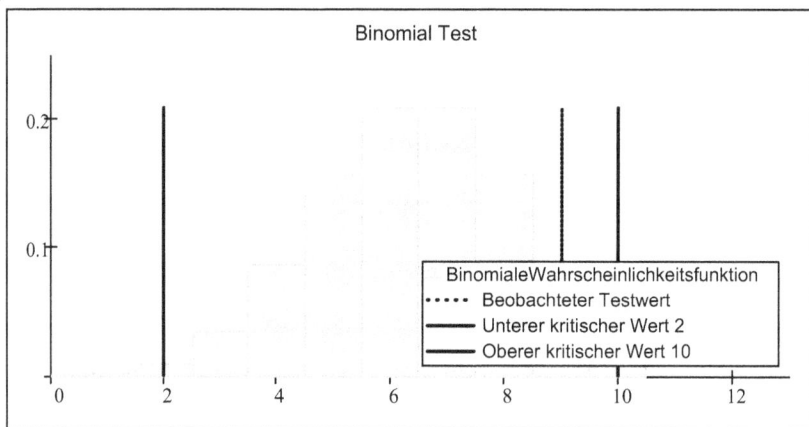

Beobachteter Wert	Kritische Werte	p-Wahrscheinlichkeit
9	2, 10	0.05

Einen entsprechenden Softwareoutput für so ein Beispiel findet man im Anhang.

Aufgaben

1) Eine Zufallsbefragung von Fernsehzuschauern über die tägliche Informationssendung brachte folgendes Ergebnis:

Wie oft?	Immer	Meistens	Manchmal	Selten	Nie
Häufigkeiten:	5	12	8	1	6

Kann man behaupten, dass die Hälfte der Fernsehzuseher diese Sendung „Meistens" sieht? Signifikanzniveau 5%.

2) 100 Personen wurden befragt, wie sie das neue italienische Restaurant „Da Tizio" beurteilen:

Beurteilung:	Sehr gut	Gut	Mittelmäßig	Schlecht
Häufigkeiten:	21	39	29	11

Kann man annehmen, dass die Hälfte der potentiellen Kunden das Restaurant mindestens mit „gut" beurteilt? Signifikanzniveau 5%.

3) In einer Zeitung wird berichtet, dass vor 100 Jahren fast die Hälfte der Bevölkerung in Haushalten lebte mit fünf und mehr Personen. Heute hingegen wohnt die Hälfte der Bevölkerung allein. Folgende Haushaltsstichprobe wird zitiert:

Haushaltsgröße:	1	2	3	4	5
Anzahl der Haushalte:	380	182	87	52	20

Stimmen Sie dieser Meinung zu? Signifikanzniveau 5%.

4) In einer Stadt wurde im Vorjahr das durchschnittliche jährliche Haushaltseinkommen mit 20000€ ermittelt. Eine zufällige Stichprobenerhebung bei 15 Haushalten lieferte heuer folgendes Ergebnis (in Tausend Euro):

Haushalt:	1	2	3	4	5	6	7	8	9	10	11	12	13	14	15
Einkommen	19	21	175	12	24	20	18	21	26	13	13	14	24	25	155

Kann man annehmen dass das mediane Haushaltseinkommen höchstens 20000€ beträgt? Signifikanzniveau 5%.

5) Die Körpergröße (in cm) von 10-jährigen Schülern zeigt folgende Tabelle:

Schüler:	1	2	3	4	5	6	7	8	9	10
Größe:	155	147	162	148	153	160	156	158	153	159

Kann man annehmen, dass 50% der 10-jährigen Schüler höchstens 155 cm groß sind? Signifikanzniveau 5%.

1_5 Durchschnitt, Schätzverfahren

Wie viele Stunden verbringen die potentiellen Kunden der Spielkonsole Yoki im Schnitt pro Woche vor dem Computer? Auf diese Frage antworteten 5 potentielle Kunden einer Werbeveranstaltung mit folgenden Angaben:

Computerzeit: 4.4,   12,   9,   9,   5.6

Der Stichprobenumfang ist in diesem Fall n = 5 und der Durchschnitt ist 8 Stunden. Im Mittel sitzen die 5 Befragten wöchentlich 8 Stunden vor dem Computer.

Fasst man die einzelnen Angaben in folgenden Intervallen zusammen, und zählt sie nach diesen Intervallen aus, dann erhält man folgende Tabelle:

Unter-/Obergrenze	Mittelpunkt	Häufigkeit	Kumulierte Häufigkeit	Prozente	Kumulierte Prozente
0 bis unter 5	2	1	1	20	20
5 bis unter 7	6	1	2	20	40
7 bis unter 10	8	2	4	40	80
10 bis unter 13	11	1	5	20	100
Computerzeit	SUMME	5	*	100	*

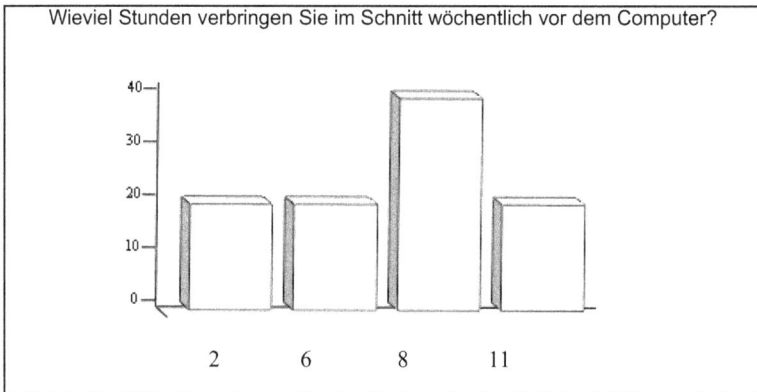

Wieviel Stunden verbringen Sie im Schnitt wöchentlich vor dem Computer?

Balken:	1	2	3	4
Antworten:	0 bis unter 5	5 bis unter 7	7 bis unter 10	10 bis unter 13
In %:	20%	20%	40%	20%

Der Durchschnitt (oder auch das arithmetisches Mittel) einer Verteilung ist die reale oder fiktive Merkmalsausprägung, die sich aus der Summe aller Merkmalsausprägungen dividiert durch die Anzahl der Einheiten ergibt. Für seine Bestimmung werden folgende Formeln verwendet:

$$\overline{x} = \frac{1}{n} \cdot \left(x_1 + x_2 + \ldots + x_n\right) = \frac{1}{n} \cdot \sum_{i=1}^{n} x_i$$

oder

$$\overline{x} = \frac{1}{n} \cdot \sum_{j=1}^{m} h_j \cdot x_j$$

mit

h_j = absolute Häufigkeit von x_j.

Wenn die Ausprägungen nur in Form von ungeordneten und nicht zusammengefassten Rohdaten vorliegen, dann wird die erste Formel genommen. Die zweite verwendet man bei Häufigkeitsverteilungen. Man nennt $\overline{x}$ (sprich: xquer) meistens den Mittelwert und lässt den Zusatz arithmetisch weg. Wird das Mittel nicht aus einer Stichprobe, sondern aus einer Grundgesamtheit berechnet, dann kürzt man es mit dem griechischen Buchstaben μ (sprich mü) ab.

Die Summe der Merkmalsausprägungen ist im Beispiel

$$\sum_{i=1}^{5} x_i = 4.4 + 12 + 9 + 9 + 5.6 = 40$$

und n = 5. Daher ist der Durchschnitt der Quotient aus beiden Zahlen nämlich gleich

$$\overline{x} = \frac{40}{5} = 8$$

Fasst man die gleichen Merkmalsausprägungen zusammen, dann erhält man folgende Häufigkeitsverteilung:

Ausprägungen	Häufigkeiten
4,4	1
5,6	1
9	2
12	1
SUMME	5

Wenn man die Ausprägungen mit ihren Häufigkeiten multipliziert und dann diese Produkte summiert, dann erhält man wieder die Summe der Merkmalsausprägungen (letztes Element in der 3. Spalte):

Ausprägungen	Häufigkeiten	Produkt
4,4	1	4,4
5,6	1	5,6
9	2	18
12	1	12
SUMME	5	40

Die Division durch die Summe der Häufigkeiten liefert wieder den Mittelwert $\overline{x}$ = 8. Kann man nun annehmen, dass auch alle 100.000 potentiellen Kunden der Spielkonsole Yoki im Mittel genau 8 Stunden pro Woche vor dem Computer sitzen? Diese Annahme ist falsch. Man kann aber ein Konfidenzintervall für den unbekannten Durchschnitt der Grundgesamtheit berechnen. Dazu benötigt man neben dem Stichprobendurchschnitt noch die Stichprobenvarianz bzw. einen Schätzwert für die unbekannte Varianz der Grundgesamtheit.

Den Durchschnitt aus den Abweichungsquadraten der Merkmalsausprägungen einer Verteilung von ihrem arithmetischen Mittel bezeichnet man als Varianz. Sie wird mit s^2 abgekürzt, wenn sie aus einer Stichprobe errechnet wird und mit dem griechischen Buchstaben σ^2 (sprich sigma^2), wenn sie die Streuung einer Grundgesamtheit kennzeichnet.

$$s^2 = \frac{1}{n} \cdot \sum_{i=1}^{n}(x_i - \overline{x})^2 = \frac{1}{n} \cdot \sum_{i=1}^{n}x_i^2 - \overline{x}^2$$

In folgender Tabelle sind die Berechnungsschritte für die Varianz der wöchentlichen Zeit vor dem Computer von 5 Befragten angeführt. In der ersten Spalte stehen die Merkmalsausprägungen x_j und ihre Häufigkeiten h_j in der zweiten Spalte. In der dritten Spalte stehen die Abweichungen der Ausprägungen vom Durchschnitt $\overline{x} = 8$. Die Quadrate dieser Abweichungen vom Durchschnitt findet man in der vierten Spalte. Diese Quadrate werden mit den Häufigkeiten der zweiten Spalte gewichtet und summiert. Das Ergebnis ist die Abweichungsquadratsumme von 36.72.

x_j	h_j	$x_j - \overline{x}$	$(x_j - \overline{x})^2$	$(x_j - \overline{x})^2 \cdot h_j$
4.4	1	-3.6	12.96	12.96
5.6	1	-2.4	5.76	5.76
9.0	2	1.0	1.00	2.00
12.0	1	4.0	16.00	16.00
SUMME	5	*	*	36.72

Wenn man die Abweichungsquadratsumme durch die Anzahl der Einheiten dividiert, dann erhält man die Varianz dieser Verteilung:

$$s^2 = \frac{36.72}{5} = 7.344$$

Die Wurzel aus der Varianz ist die Standardabweichung. Zum Unterschied zur Varianz ist die Standardabweichung eine benannte Zahl.

$$s = \sqrt{s^2}$$

Für obiges Beispiel ist die Standardabweichung gleich s = 2.71 Stunden. Im Mittel weichen die 5 wöchentlichen Computerzeiten um 2.71 Stunden von ihrem Durchschnitt 8 Stunden ab.

Wenn die Varianz der Grundgesamtheit σ^2 nicht bekannt ist, dann wird ein zweiseitiges Konfidenzintervall für den unbekannten Mittelwert μ zum Niveau $1 - \alpha$ nach folgenden Formeln berechnet:

$$K_u = \overline{x} - t_{1-\alpha/2, n-1} \cdot \frac{\hat{s}}{\sqrt{n}}$$

$$K_o = \overline{x} + t_{1-\alpha/2,n-1} \cdot \frac{\hat{s}}{\sqrt{n}}$$

Für die unbekannte Standardabweichung σ verwendet man als besten Schätzwert nicht die Standardabweichung s wie oben definiert, sondern $\hat{s}$. $\hat{s}$ wird nach folgender Formel berechnet:

$$\hat{s} = \sqrt{\frac{1}{n-1} \cdot \sum_{i=1}^{n}(x_i - \overline{x})^2}$$

Die Abweichungsquadratsumme wird nicht durch n sondern durch (n − 1) dividiert.

$$\hat{s} = \sqrt{\frac{1}{5-1} \cdot \sum_{i=1}^{n}(x_i - 8)^2} = \sqrt{\frac{36.72}{4}} = 3.03$$

t ist das $1 - (\alpha/2)$-te Perzentil der standardisierten Studentverteilung für $\nu = n - 1$ Freiheitsgrade. Dieses Perzentil bestimmt man aus entsprechenden Tabellen der Studentverteilung oder berechnet es mit geeigneten Programmen. Für $\nu = n - 1 = 5 - 1 = 4$ und ein Konfidenzniveau von 95% ist t gleich

$$t_{1-0.05/2} = 2.776$$

Unter- und Obergrenze des zweiseitigen Konfidenzintervalls für den Durchschnitt sind

$$K_u = 8 - 2.776 \cdot \frac{3.03}{\sqrt{5}} = 4.238$$

$$K_o = 8 + 2.776 \cdot \frac{3.03}{\sqrt{5}} = 11.762$$

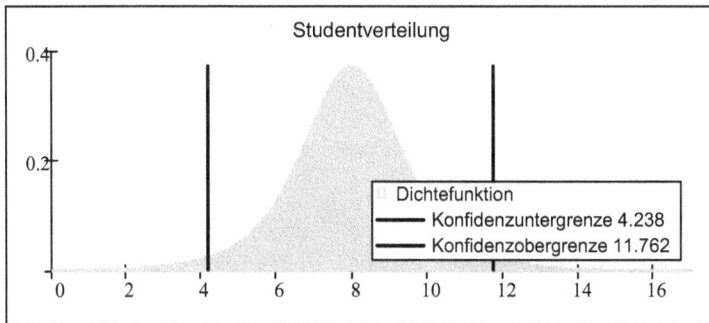

Konfidenzuntergrenze	Konfidenzobergrenze	p-Wahrscheinlichkeit
4.238	11.762	0.05

Mit einem Vertrauen von 95% kann man den unbekannten Durchschnitt der wöchentlichen Zeit vor dem Computer im Intervall von 4.24 bis 11.76 Stunden erwarten. Dieses Ergebnis liefert auch der Output der

Software, der im Anhang dargestellt ist.

Die Berechnung der Konfidenzintervalle mit Hilfe der oben angeführten Formeln setzt voraus, dass der Stichprobenumfang n größer gleich 30 ist. In diesem Fall kann man auf Grund des zentralen Grenzwertsatzes annehmen, dass die Verteilung der möglichen Stichprobenmittel einer Normalverteilung folgt.

Wenn der Stichprobenumfang kleiner als 30 ist, dann muss man voraussetzen, dass die Stichprobe aus einer normalverteilten Grundgesamtheit stammt. Diese Voraussetzung kann man mit Hilfe des Kolmogorov-Smirnov-Tests überprüfen.

Aufgaben

1) Aus den 1000 Rechnungen eines Monats werden 5 zufällig herausgegriffen. Die Rechnungsbeträge der 5 Rechnungen sind

      48.-, 64.-, 85.-, 72.-, 56.-.

Innerhalb welcher Grenzen liegt mit 95 % Vertrauen der Durchschnittsbetrag der 1000 Rechnungen?

2) Der Probeschnitt auf 7 verschiedenen zufällig ausgewählten Quadratmetern eines Weizenfeldes von insgesamt 7 ha zeigt folgende Tabelle:

Feld:	1	2	3	4	5	6	7
Weizenertrag kg je m^2:	0.24	0.21	0.28	0.18	0.30	0.25	0.22

Mit welchem Gesamtertrag an Weizen kann man mindestens rechnen, wenn angenommen werden kann, dass die Ausgangsverteilung normalverteilt ist? Konfidenzniveau 95%.

3) Wie viele Euro geben Studenten pro Woche für Mittagessen aus? Die Ausgaben von 10 Studenten zeigt folgende Tabelle:

Student:	1	2	3	4	5	6	7	8	9	10
Ausgaben für Mittagessen:	50	35	41	18	5	29	32	25	30	41

Man kann Normalverteilung voraussetzen. Konfidenzniveau 95%.

4) Um den Produktionsprozess von Schrauben mit 50 mm Durchmesser unter Kontrolle zu halten, müssen Konfidenzgrenzen für ein Niveau von 95% bestimmt werden. Der Schraubendurchmesser von 100 kontrollierten Schrauben aus der laufenden Produktion ist 50 mm und der Schätzwert für die Standardabweichung 0.05 mm. Eine Stichprobe im Umfang von 5 Schrauben 3 Stunden nach Beginn der Produktion, ergab einen Schraubendurchmesser von 50.10 mm. Ist dies ein Hinweis dafür, dass der Produktionsprozess außer Kontrolle ist? Konfidenzniveau 0.95%.

5) Die Messung des Durchmessers von 1-Euro-Münzen zeigt folgende Tabelle:

1-Euro-Münze:	1	2	3	4	5	6	7	8	9	10
Durchmesser in mm:	25.1	24.8	24.9	25.2	25.0	25.2	24.9	24.8	25.0	25.1

Mit welchem Durchmesser für 1-Euro-Münzen kann man mit einem Vertrauen von 95% allgemein rechnen?

1_6 Durchschnitt, Testverfahren

Kann man annehmen, dass die potentiellen Kunden der Spielkonsole Yoki im Schnitt pro Woche höchstens 3 Stunden vor dem Computer verbringen? Auf die Frage nach der wöchentlichen Zeit vor dem Computer antworteten 5 potentielle Kunden einer Werbeveranstaltung mit folgenden Angaben:

Computerzeit: 4.4, 12, 9, 9, 5.6

Der Stichprobenumfang ist in diesem Fall n = 5 und der Durchschnitt ist 8 Stunden. Im Mittel sitzen die 5 Befragten wöchentlich 8 Stunden vor dem Computer.

Fasst man die einzelnen Angaben in folgenden Intervallen zusammen, und zählt sie nach diesen Intervallen aus, dann erhält man folgende Tabelle und Grafik:

Unter-/Obergrenze	Mittelpunkt	Häufigkeit	Kumulierte Häufigkeit	Prozente	Kumulierte Prozente
0 bis unter 5	2	1	1	20	20
5 bis unter 7	6	1	2	20	40
7 bis unter 10	8	2	4	40	80
10 bis unter 13	11	1	5	20	100
Computerzeit	SUMME	5	*	100	*

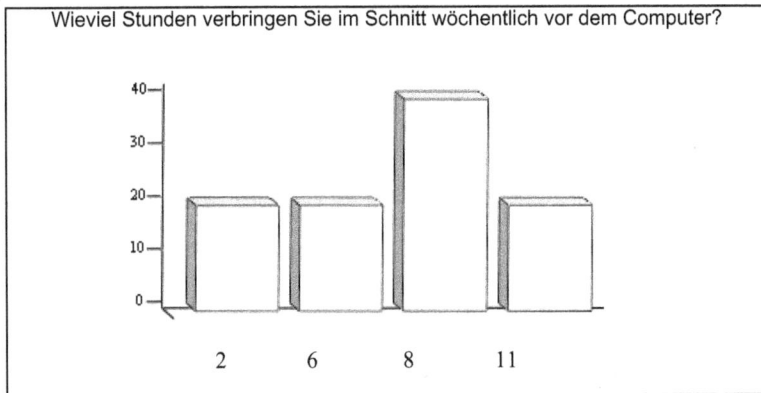

Wieviel Stunden verbringen Sie im Schnitt wöchentlich vor dem Computer?

Balken:	1	2	3	4
Antworten:	0 bis unter 5	5 bis unter 7	7 bis unter 10	10 bis unter 13
In %:	27%	33%	13%	13%

Widerlegt dieses Stichprobenergebnis die Annahme, dass alle potentiellen Kunden der Spielkonsole Yoki im Mittel höchstens 3 Stunden pro Woche vor dem Computer sitzen?

Unter der Voraussetzung, dass der "wahre" Durchschnitt in dieser Grundgesamtheit 3 Stunden pro Woche ist, kann man auch erwarten, dass in einer Zufallsstichprobe von 5 potentiellen Kunden ein Durchschnitt von 8 Stunden auftritt. Das Stichprobenergebnis spricht nicht gegen die Annahme, dass in der Grundgesamtheit aller potentiellen Kunden im Mittel höchstens 3 Stunden pro Woche vor dem Computer sitzen. Die Nullhypothese ist

$$H_0 : \mu \leq 3$$

Alle potentiellen Kunden der Spielkonsole Yoki verbringen im Mittel höchstens 3 Stunden pro Woche vor dem Computer. Die Alternative dazu ist

$$H_1 : \mu > 3$$

Alle potentiellen Kunden der Spielkonsole Yoki verbringen im Mittel mehr als 3 Stunden pro Woche vor dem Computer. Unter der Voraussetzung einer normalverteilten Grundgesamtheit verwendet man folgende Testmaßzahl zur Entscheidung, wenn n < 30 ist:

$$t_{beob} = \frac{\overline{x} - \mu_0}{\frac{\hat{s}}{\sqrt{n}}}$$

Diese Maßzahl ist studentverteilt mit

$$\nu = n - 1$$

Freiheitsgraden. Ist n > 30, dann muss nicht eine normalverteilte Grundgesamtheit vorausgesetzt werden. In diesem Fall verwendet man die Testmaßzahl

$$z_{beob} = \frac{\overline{x} - \mu_0}{\frac{\hat{s}}{\sqrt{n}}}$$

die standardnormalverteilt ist. Da im obigen Beispiel n = 5 ist, verwendet man die studentverteilte Testmaßzahl t_{beob}. $\overline{x}$ ist

$$\overline{x} = \frac{1}{n} \cdot \sum_{i=1}^{n} x_i = \frac{1}{5} \cdot (4.4 + 12 + 9 + 9 + 5.6) = 8$$

$\hat{s}$ ist

$$\hat{s} = \sqrt{\frac{1}{5-1} \cdot \sum_{i=1}^{n} (x_i - 8)^2} = \sqrt{\frac{36.72}{4}} = 3.03$$

und μ_0 ist 3. t_{beob} ist daher

$$t_{beob} = \frac{8 - 3}{\frac{3.03}{\sqrt{5}}} = 3.69$$

Wenn man ein Signifikanzniveau von 5% voraussetzt, dann ist der kritische Wert t_c der Studentverteilung für

$$\nu = 5 - 1 = 4$$

Freiheitsgrade gleich

$$F_t(0.95, 4) = 2.132$$

Da dieser Wert 2.132 kleiner ist als der beobachtete 3.69, kann die Nullhypothese abgelehnt werden. Das Stichprobenergebnis spricht gegen die Annahme, dass die durchschnittliche Zeit pro Woche vor dem Computer der potentiellen Yokikäufer höchstens 3 Stunden beträgt. Da die Nullhypothese abgelehnt werden kann, ist mit dieser Entscheidung ein α Risiko verknüpft. Wie hoch dieses Risiko zahlenmäßig höchstens ist, weiß man bei einem Signifikanztest durch die Vorgabe des Signifikanzniveaus. Folgende Grafik zeigt den kritischen und beobachteten Wert mit der entsprechenden Studentverteilung.

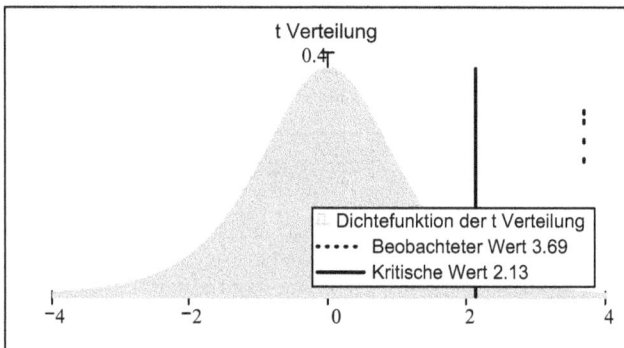

Beobachteter Wert	Kritische Werte	p-Wahrscheinlichkeit
3.69	$-\infty$, 2.13	0.01

Im Anhang steht der Computeroutput für so ein Beispiel. Er erfordert lediglich die Eingabe der Rohdaten, die Nullhypothese und die Festlegung auf eine linksseitige (Alternativ-) Hypothese.

Aufgaben

1) Der Gewerbeinspektor will prüfen, ob eine Bierbrauerei tatsächlich ihre Dosen mit 0.2 Liter Bier füllt. Die Überprüfung von 5 zufällig ausgewählten Bierflaschen lieferte folgendes Ergebnis (in Liter):

0.19, 0.28, 0.24, 0.25, 0.27

Wird der Gewerbeinspektor die Brauerei anzeigen, weil sie im Schnitt weniger als einen halben Liter Bier abfüllt, wenn er ein Signifikanzniveau von 0.05 annimmt?

2) Die mittlere Brenndauer der von einem Unternehmen produzierten Glühbirnen war in der Vergangenheit 1120 Stunden. Eine Stichprobe von 8 Glühbirnen, die aus einer Lieferung neu hergestellter Glühbirnen zufällig gezogen wurde, brachte folgendes Ergebnis:

      1070, 1056, 1102, 1098, 1218, 1167, 1247, 980

Testen Sie auf einem 5%-igen Signifikanzniveau, ob sich die durchschnittliche Brenndauer verändert hat.

3) Bei einer Nachwiegung von 12 Zuckerpackungen (Sollgewicht 500 Gramm) ergaben sich folgende Werte:

      492, 497, 478, 482, 499, 512, 508, 496, 502, 500, 499, 512

Kann die geforderte Füllmenge garantiert werden? Signifikanzniveau 5%.

4) Eine Straßenbaugesellschaft muss sich entscheiden, ob sie ein bestimmtes Teilstück der Autobahn durch landwirtschaftliches Gebiet baut oder durch einen Tunnel erschließt. Auf Grund ihrer Kostenrechnung ist die Tunnelvariante günstiger, wenn der durchschnittliche Quadratmeterpreis für den Quadratmeter landwirtschaftlich genutzten Boden über 100€ liegt. Bis zu einem Preis von 100€ ist es günstiger, die für die Straße benötigten landwirtschaftlichen Gründe zu kaufen. Eine Zufallsstrichprobe aus den Besitzern des relevanten landwirtschaftlichen Bodens brachte folgende Quadratmeterpreise:

Besitzer:	1	2	3	4	5	6	7	8	9	10
Quadratmeterpreis:	100.5	104.0	98.5	90.0	105.0	95.0	96.0	102.0	98.5	101.0

Für welche Variante soll sich die Straßenbaugesellschaft entscheiden? Signifikanzniveau 5%.

5) Ein Fernsehsender wirbt bei Anzeigekunden mit dem Hinweis, dass laut Medienanalyse die Seher des Senders im Schnitt mindestens 3 Stunden sein Programm pro Tag sehen. Ein Großkunde will seine Werbung nur dann bei diesem Fernsehsender platzieren, wenn diese Behauptung stimmt. Eine repräsentative Befragung der Seher dieses Senders lieferte folgendes Ergebnis (in Stunden):

Seher:	1	2	3	4	5	6	7	8	9	10
Fernsehzeit:	1.5	0	4	4.5	3	2.5	3	4	2	2.5

Soll der Großkunde seine Werbung bei diesem Fernsehsender platzieren? Signifikanzniveau 5%.

6) Eine Firma, die Diätprodukte herstellt, verspricht eine Gewichtsabnahme von mindestens 3 kg innerhalb von 2 Wochen bei Verwendung ihrer Diätprodukte. 10 Versuchspersonen hatten folgende Gewichtsabnahmen (in kg):

Versuchspersonen:	1	2	3	4	5	6	7	8	9	10
Gewichtsabnahme:	2	1.5	4	3.5	0	5	3	2	3.5	4

Kann man dem Firmenversprechen Glauben schenken? Signifikanzniveau 5%.

2_0 ZWEI UNABHÄNGIGE STICHPROBEN

2.1 Fisher-Test
2.2 χ2-Test
2.3 U-Test
2.4 t-Test und Welch-Test

Wenn man den Käufermarkt für eine neue Spielkonsole untersucht, dann kann es im Hinblick auf Werbe-maßnahmen sinnvoll sein, zwischen männlichen und weiblichen Kunden zu unterscheiden. Wird also bei einer Werbeveranstaltung potentiellen Kunden die Frage gestellt, ob sie die Spielkonsole kaufen werden, dann werden die möglichen Antworten "Ja" und "Nein" getrennt nach Männern und Frauen ausgezählt. Man hat also nicht mehr eine Stichprobe im Hinblick auf die Frage "Kaufabsicht", sondern zwei: die Stichprobe der Männer und die Stichprobe der Frauen, jeweils ausgezählt nach den Fragen "Ja" und "Nein".

Spezielle Werbemaßnahmen für Männer und Frauen sind nur sinnvoll, wenn sich beide in der Grundge-samtheit im Hinblick auf ihre Kaufabsicht unterscheiden. Wenn man z. B. 200 Männer und 100 Frauen bei dieser Werbeveranstaltung nach ihren Kaufabsichten befragt, dann werden sich die Antwortprozentsätze in beiden Stichproben vermutlich unterscheiden. Kann man auf Grund dieser Unterschiede schon allge-mein für alle potentiellen männlichen und weiblichen Kunden behaupten, dass sie sich im Hinblick auf ihre Kaufabsicht unterscheiden? Diese Frage wird mit Hilfe geeigneter Testverfahren geklärt.

Vorschau

Ist die Kaufabsicht der männlichen potentiellen Kunden für die neue Spielkonsole größer als die der weib-lichen Kunden? Diese Frage wird im Abschnitt 2_1 Fisher-Test analysiert. Dieser Test ist auf zwei Stich-proben beschränkt, bei der die Frage, die den Unterschied misst, nur zwei Antworten kennt: Werden Sie die Spielkonsole kaufen? Antwort: Ja oder Nein. Wenn es mehr als zwei Antworten gibt (z. B. noch zu-sätzlich die Antwort "Weiß nicht"), dann muss man auf den χ^2-Test zurückgreifen, der in Abschnitt 2_2 behandelt wird.

Fisher Test und χ^2-Test setzen lediglich nominal skalierte Antworten voraus. Wenn die Antworten zumin-dest ordinal skaliert sind, dann eignet sich der U-Test zur Analyse eventueller Unterschiede. Der U-Test wird im Abschnitt 2_3 behandelt und zwar zur Klärung der Frage, ob sich die Beurteilung des Designs der Spielkonsole von Männern und Frauen unterscheidet.

Im Abschnitt 2_4 t-Test werden Verfahren gezeigt, mit denen man Unterschiede in den Durchschnitten von 2 Stichproben prüfen kann. Sitzen Männer im Durchschnitt länger vor dem Computer als Frauen?

2_1 Exakter Fisher-Test

Ist die Kaufabsicht der männlichen potentiellen Kunden für die neue Spielkonsole größer als die der weiblichen Kunden? Eine Befragung bei einer Werbeveranstaltung von 5 Frauen und 7 Männern brachte folgendes Ergebnis:

Geschlecht: 2, 1, 1, 2, 2, 1, 1, 2, 1, 1, 2, 1
Kaufabsicht: 2, 1, 1, 2, 2, 1, 1, 1, 2, 1, 2, 1

In der ersten Zeile stehen die Befragten gegliedert nach dem Geschlecht: 1 = männlich und 2 = weiblich. Die Kaufabsicht steht in der zweiten Zeile: 1 = Ja und 2 = Nein. Die erste Befragte ist also weiblich (= 2) und hat keine Kaufabsicht (= 2), der zweite Befragte ist männlich (= 1) und hat eine Kaufabsicht (= 1), usw. In folgender Kreuztabelle sind die Befragungsergebnisse nach Geschlecht und Kaufabsicht zusammengefasst und ausgewiesen:

Kaufabsicht	Geschlecht	
	Männlich	Weiblich
Ja	6	1
Nein	1	4
SUMME	7	5

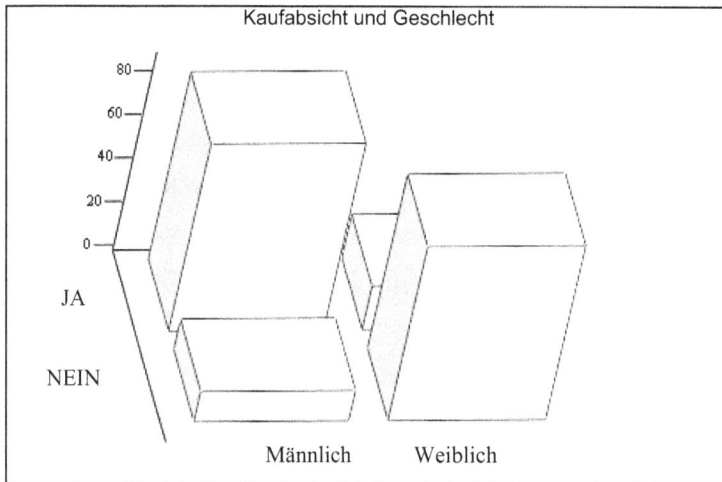

Kaufabsicht und Geschlecht

Balken senkrecht	1	2
Antwort	Ja	Nein

6 von 7 Männern haben eine Kaufabsicht für die neue Spielkonsole, aber nur 1 Frau von 5. Kann man auf Grund dieser Stichprobenergebnisse auch für die Grundgesamtheit annehmen, dass sich die Kaufabsicht aller potentiellen weiblichen Kunden von allen potentiellen männlichen Kunden unterscheidet?

Ja, man kann auf Grund dieser Stichprobenergebnisse annehmen, dass sich das Kaufinteresse der potentiellen weiblichen und männlichen Kunden in der Grundgesamtheit von z. B. 100000 potentiellen Kunden unterscheidet. Genauer gesagt: Das Kaufinteresse der potentiellen weiblichen Kunden ist geringer als das der männlichen Kunden. Das Risiko, dass diese Annahme falsch ist, liegt bei höchstens 5%.

Wie kommt man zu dieser Schlussfolgerung? Zuerst werden die Hypothesen formuliert. Man nimmt als Nullhypothese an, dass der Anteil der Frauen, die eine Kaufabsicht für das neue Produkt haben, gleich groß ist wie der Anteil der Männer. Die Differenz der beiden Anteile ist also Null. Diese Hypothese wird formal wie folgt angeschrieben:

$$H_0 : \pi_{\text{männlich}} = \pi_{\text{weiblich}} \text{ oder } H_0 : \pi_{\text{männlich}} - \pi_{\text{weiblich}} = 0$$

Mit π wird der unbekannte Anteil in der Grundgesamtheit aller Frauen bzw. Männer bezeichnet, die eine Kaufabsicht haben. Eine Alternative zu dieser Nullhypothese ist

$$H_1 : \pi_{\text{männlich}} \neq \pi_{\text{weiblich}} \text{ oder } H_1 : \pi_{\text{männlich}} - \pi_{\text{weiblich}} \neq 0$$

Der Anteil der Frauen, die das neue Produkt kaufen wollen, unterscheidet sich vom Anteil der Männer. An Hand der Ergebnisse einer Stichprobe entscheidet man sich für die Nicht-Annahme oder Ablehnung der Nullhypothese. Um die Hypothesen zu prüfen, verwendet man die Häufigkeit $h_{11} = x$ als Testmaßzahl, wobei h_{11} aus folgender 2 X 2 Kreuztabelle stammt:

Antwort A	Antwort B		ZEILENSUMME
	B	Nicht B	
A	h_{11}	h_{12}	$\sum_{j=1}^{2} h_{1j} = n_{1.}$
Nicht A	h_{21}	h_{22}	$\sum_{j=1}^{2} h_{2j} = n_{2.}$
SPALTENSUMME	$\sum_{i=1}^{2} h_{i1} = n_{.1}$	$\sum_{i=1}^{2} h_{i2} = n_{.2}$	$\sum_{i=1}^{2}\sum_{j=1}^{2} h_{ij} = n$

$h_{11} = x$ ist die Testmaßzahl, d. h. die gemeinsame absolute Häufigkeit der Merkmalsausprägungen A und B. Die Kreuztabelle ist immer so anzuordnen, dass h_{11} immer die maximale Häufigkeit von den 4 Häufigkeiten ist. h_{11} ist im vorliegenden Beispiel 6. Von den Männern beabsichtigen 6, die neue Spielkonsole zu kaufen.

Kaufabsicht	Geschlecht		ZEILENSUMME
	Männlich	Weiblich	
Ja	6	1	7
Nein	1	4	5
SPALTENSUMME	7	5	12

Ist x kleiner als c_u oder größer als c_o, dann wird die Nullhypothese abgelehnt. c_u und c_o werden mit Hilfe der Hypergeometrischen Verteilung so bestimmt, dass gilt

$$\sum_{k=0}^{c_u} \frac{n_{1.}! \cdot n_{.1}! \cdot n_{2.}! \cdot n_{.2}!}{n! \cdot k! \cdot (n_{1.} - k)! \cdot (n_{.1} - k)! \cdot (n - n_{.1} - n_{2.} + k)!} \leq \frac{\alpha}{2}$$

$$\frac{\alpha}{2} < \sum_{k=0}^{c_u+1} \frac{n_{1.}! \cdot n_{.1}! \cdot n_{2.}! \cdot n_{.2}!}{n! \cdot k! \cdot (n_{1.}-k)! \cdot (n_{.1}-k)! \cdot (n-n_{.1}-n_{2.}+k)!}$$

und für c_o

$$\sum_{k=c_o-1}^{\min(n_{1.},n_{.1})} \frac{n_{1.}! \cdot n_{.1}! \cdot n_{2.}! \cdot n_{.2}!}{n! \cdot k! \cdot (n_{1.}-k)! \cdot (n_{.1}-k)! \cdot (n-n_{.1}-n_{2.}+k)!} > \frac{\alpha}{2}$$

$$\frac{\alpha}{2} \geq \sum_{k=c_o}^{\min(n_{1.},n_{.1})} \frac{n_{1.}! \cdot n_{.1}! \cdot n_{2.}! \cdot n_{.2}!}{n! \cdot k! \cdot (n_{1.}-k)! \cdot (n_{.1}-k)! \cdot (n-n_{.1}-n_{2.}+k)!}$$

mit

$$n! = n \cdot (n-1) \cdot (n-2) \cdot \ldots \cdot 3 \cdot 2 \cdot 1.$$

Die Nullhypothese kann abgelehnt werden, wenn h_{11} nicht zwischen c_u und c_o liegt. Die Nullhypothese kann nicht abgelehnt werden, wenn h_{11} größer als c_u und kleiner als c_o ist.

Für ein Signifikanzniveau von $\alpha = 0.05$ ist c_u gleich 2 und c_o gleich 5. $h_{11} = 6$ liegt nicht zwischen c_u und c_o. Zwischen männlichen und weiblichen potentiellen Käufern kann daher auf Grund dieser Stichprobe eine unterschiedliche Kaufabsicht angenommen werden.

$$c_u = 2 < c_o = 5 < h_{11} = 6$$

c_u und c_o werden wie folgt berechnet:

$$\sum_{k=0}^{2} \frac{7! \cdot 7! \cdot 5! \cdot 5!}{12! \cdot k! \cdot (7-k)! \cdot (7-k)! \cdot (12-7-5+k)!} = 0 + 0.001 + 0.013 = 0.015 < 0.025$$

$$\sum_{k=0}^{2+1} \frac{7! \cdot 7! \cdot 5! \cdot 5!}{12! \cdot k! \cdot (7-k)! \cdot (7-k)! \cdot (12-7-5+k)!} = 0.015 + 0.037 = 0.052 > 0.025$$

c_u ist daher gleich 2:

$$0.015 < 0.025 < 0.052$$

c_o wird auf die gleiche Art bestimmt:

$$\sum_{k=5-1}^{7} \frac{7! \cdot 7! \cdot 5! \cdot 5!}{12! \cdot k! \cdot (7-k)! \cdot (7-k)! \cdot (12-7-5+k)!} = 0.037 + 0.013 + 0.001 = 0.052 > 0.025$$

$$\sum_{k=5}^{7} \frac{7! \cdot 7! \cdot 5! \cdot 5!}{12! \cdot k! \cdot (7-k)! \cdot (7-k)! \cdot (12-7-5+k)!} = 0.013 + 0.001 + 0 = 0.015 < 0.025$$

c_o ist gleich 5:

$0.015 < 0.025 < 0.052$

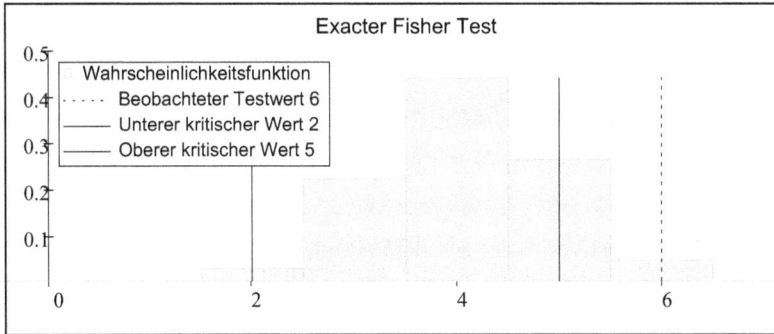

Beobachteter Wert	Kritische Werte	p-Wahrscheinlichkeit
6	2, 5	< 0.05

Man kann auf Grund dieser Stichprobenergebnisse annehmen, dass sich das Kaufinteresse der potentiellen weiblichen und männlichen Kunden in der Grundgesamtheit von z. B. 100000 potentiellen Kunden unterscheidet. Man hat einen zweiseitigen Test durchgeführt, bei dem als Ergebnis herauskam, dass sich die beiden Anteilswerte unterscheiden. Will man aber genauer feststellen, ob das Kaufinteresse der potentiellen weiblichen Kunden geringer ist, als das der männlichen, dann muss man einen einseitigen Test durchführen. Die entsprechende Alternativhypothese ist

$$H_1 : \pi_{\text{männlich}} > \pi_{\text{weiblich}}$$

Diese rechtsseitige Alternativhypothese kann angenommen werden, wenn die Testmaßzahl $x = h_{11}$ größer ist als c_o. Für die Berechnung von c_o werden die gleichen Formeln verwendet wie bei einem zweiseitigen Test. Lediglich $\alpha/2$ wird durch α ersetzt:

$$\sum_{k=c_o-1}^{\min(n_{1.},n_{.1})} \frac{n_{1.}!\, n_{.1}!\, n_{2.}!\, n_{.2}!}{n!\, k!\, (n_{1.}-k)!\, (n_{.1}-k)!\, (n-n_{.1}-n_{2.}+k)!} > \alpha$$

$$\alpha \geq \sum_{k=c_o}^{\min(n_{1.},n_{.1})} \frac{n_{1.}!\, n_{.1}!\, n_{2.}!\, n_{.2}!}{n!\, k!\, (n_{1.}-k)!\, (n_{.1}-k)!\, (n-n_{.1}-n_{2.}+k)!}$$

Für das vorliegende Beispiel ist c_o ebenfalls gleich 5, da

$$\sum_{k=5-1}^{7} \frac{7!\, 7!\, 5!\, 5!}{12!\, k!\, (7-k)!\, (7-k)!\, (12-7-5+k)!} = 0.037 + 0.013 + 0.001 = 0.052 > 0.05$$

$$\sum_{k=5}^{7} \frac{7!\, 7!\, 5!\, 5!}{12!\, k!\, (7-k)!\, (7-k)!\, (12-7-5+k)!} = 0.013 + 0.001 + 0 = 0.015 < 0.05$$

Man kann daher nicht nur behaupten, dass sich bei allen potentiellen männlichen und weiblichen Käufern das Kaufinteresse unterscheidet, sondern auch, dass das Kaufinteresse der potentiellen männlichen Kunden signifikant größer ist, als das der Frauen.

Mit Hilfe der Autorensoftware findet man dieses Ergebnis durch die Eingabe der Rohdaten oder der Kreuztabelle sowie der Eingabe ob ein einseitiger oder zweiseitiger Test durchzuführen ist. Der Output für dieses Beispiel kann im Anhang nachgelesen werden.

Aufgaben

1) Die 15 Männer, die das Deutsche Kabinett Ende 1934 konstituierten wurden in zwei Gruppen eingeteilt: Nazis und Nichtnazis. Um die Hypothese zu testen, dass Naziführer schon zu Beginn ihrer Karriere in politischen Parteien mitgearbeitet haben, während Nichtnazis mehr aus konventionellen Berufen kamen, wurde jeder der 15 Männer nach seiner Beschäftigung am Beginn seiner Karriere klassifiziert, und zwar in „konventionelle" und „Parteitätigkeit".

National-sozialist	Tätigkeit	
	Konventionell	Partei
Ja	1	8
Nein	6	0

Hatte die erste Arbeit einen Einfluss auf die spätere Zugehörigkeit? $\alpha = 0.05$.

2) Es soll geklärt werden, ob der Umstand, dass Spender und Patient die gleiche oder verschiedene Blutgruppe haben, einen Einfluss auf das Ergebnis einer Operation ausübt:

Operation	Blutgruppe	
	Gleich	Verschieden
Besserung	17	5
Keine Besserung	7	7

Kann man auf Grund dieser Daten behaupten, dass die gleiche Blutgruppe zu besseren Operationsergebnissen führt? $\alpha = 0.05$.

3) Um festzustellen, ob die Körpergröße einen Einfluss auf die Führungsposition im Betrieb hat, wurden 80 Personen zufällig ausgewählt und nach Körpergröße und Führungsposition gegliedert. Von den 44 Personen in Führungsposition waren 32 groß und 12 klein. Von den 36 Personen in untergeordneter Stellung hatten nur 14 eine große, hingegen 12 eine kleine Körpergröße. Beurteilen Sie das Ergebnis. $\alpha = 0.05$.

4) Für die Behandlung einer bestimmten Krankheit stehen 2 Medikamente zur Verfügung. Eine klinische Untersuchung in den USA bei je 100 Patienten zeigte bei 75 eine Heilungserfolg, die mit dem Medikament 1 behandelt wurden und bei 72 Patienten, die das Medikament 2 anwandten. Welches Medikament soll der Arzt für die Behandlung dieser Krankheit verwenden? Signifikanzniveau 5%.

2_2 Chiquadrat-(= χ2)Test

Unterscheiden sich die verheirateten von den nicht verheirateten potentiellen Kunden für das neue Produkt "Spielkonsole Yoki" im Hinblick auf ihre Kaufabsichten? Eine Befragung von 21 verheirateten und 15 nichtverheirateten Personen bei einer Werbeveranstaltung brachte folgendes Ergebnis:

Kaufabsicht	Familienstand	
	Verheiratet	Nicht verheiratet
Ja	15	5
Nein	1	5
Weiß nicht	5	5
SPALTENSUMME	21	15

Wenn man diese Ergebnisse auf die jeweils befragten Verheirateten und Nicht-Verheirateten bezieht, dann zeigt sich, dass 71% der verheirateten Befragten eine Kaufabsicht haben, aber nur 33% der Nicht-Verheirateten. Bei den "Nein" - Antworten ist es umgekehrt: 5% der befragten Verheirateten stehen hier 33% der Nicht-Verheirateten gegenüber. Bei den Unentschlossenen sind 24% verheiratet und 33% nicht verheiratet:

Kaufabsicht	Familienstand	
	Verheiratet	Nicht verheiratet
Ja	71%	33%
Nein	5%	33%
Weiß nicht	24%	33%
SPALTENSUMME	100%	100%

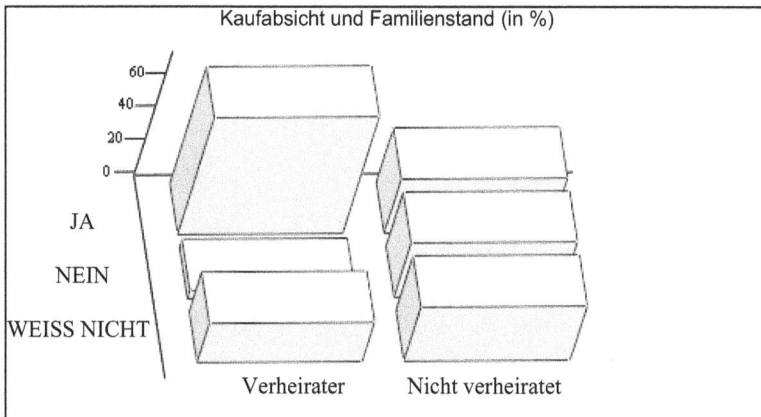

Kaufabsicht und Familienstand (in %)

Balken senkrecht	1	2	3
Antworten	Ja	Nein	Weiß nicht

Kann man auf Grund dieser Stichprobenergebnisse allgemein behaupten, dass sich die Kaufabsichten aller

verheirateten potentiellen Kunden von den nicht verheirateten Kunden unterscheiden?
Ja, die Unterschiede zwischen den Prozentsätzen sind groß genug, um allgemein zu behaupten, die Kaufabsichten der verheirateten potentiellen Kunden unterscheiden sich von den Kaufabsichten der nicht verheirateten Kunden. Es könnte zwar tatsächlich sein, dass die verheiraten und nicht verheirateten potentiellen Kunden keine unterschiedlichen Kaufabsichten haben. Das Risiko ist dafür mit 5% beschränkt. Wie
kommt man zu diesem Ergebnis? Zuerst formuliert man Vermutungen über die Beziehungen zwischen
Grundgesamtheiten in Form von Hypothesen. Man nimmt z. B. an, dass die Verteilung der Kaufabsicht
der Verheirateten, gleich ist wie die entsprechende Verteilung der Nicht-Verheirateten. Diese Hypothese
wird formal wie folgt angeschrieben:

$$H_0 : \text{Verteilung}_{\text{Verheiratet}} = \text{Verteilung}_{\text{Nichtverheiratet}}$$

Mit F(x) wird die Verteilung der Kaufabsicht in der Grundgesamtheit aller Verheirateten bzw. Nicht-
Verheirateten bezeichnet. Eine Alternative zu dieser Nullhypothese ist

$$H_0 : \text{Verteilung}_{\text{Verheiratet}} \neq \text{Verteilung}_{\text{Nichtverheiratet}}$$

Die Verteilung der Kaufabsicht der Verheirateten unterscheidet sich von der entsprechenden Verteilung
der Nicht-Verheirateten. An Hand der Ergebnisse einer Stichprobe entscheidet man sich für die Nicht-
Annahme oder Ablehnung der Nullhypothese. Dazu berechnet man folgende Testmaßzahl:

$$\chi^2_{\text{beob}} = n \cdot \left[\left(\sum_{j=1}^{m} \sum_{k=1}^{t} \frac{h_{jk}^2}{h_j \cdot h_k} \right) - 1 \right]$$

n ist der Umfang der gesamten Stichprobe, h_j und h_k sind die Häufigkeiten der Zeilen- und Spaltensummen sowie h_{jk} die Häufigkeiten der Antwortkombinationen. In einer Kreuztabelle sieht es so aus:

A	B					ZEILEN-SUMME
	B_1	...	B_k	...	B_t	
A_1	h_{11}	...	h_{1k}	...	h_{1t}	$\sum_{k=1}^{t} h_{1k} = h_{1.}$
...	...	...	...	...	...	...
A_j	h_{j1}	...	h_{jk}	...	h_{jt}	$\sum_{k=1}^{t} h_{jk} = h_{j.}$
...	...	...	...	...	...	...
A_m	h_{m1}	...	h_{mk}	...	h_{mt}	$\sum_{k=1}^{t} h_{mk} = h_{m.}$
SPALTEN-SUMME	$\sum_{j=1}^{m} h_{j1} = h_{.1}$	...	$\sum_{j=1}^{m} h_{jk} = h_{.k}$	...	$\sum_{j=1}^{m} h_{jm} = h_{.t}$	$\sum_{j=1}^{m} \sum_{k=1}^{t} h_{jk} = n$

In folgender Kreuztabelle sind neben den Häufigkeiten der Antwortkombinationen auch die Zeilen und
Spaltensummen des Beispiels angeführt:

Kaufabsicht	Familienstand		ZEILENSUMME
	Verheiratet	Nicht verheiratet	
Ja	15	5	20
Nein	1	5	6
Weiß nicht	5	5	10
SPALTENSUMME	21	15	36

Nun kann man die Werte in die Formel für die Chiquadratmaßzahl einsetzen und berechnen:

$$\chi^2_{beob} = 36 \cdot \left(\frac{15^2}{20 \cdot 21} + \frac{5^2}{20 \cdot 15} + \frac{1^2}{6 \cdot 21} + \frac{5^2}{6 \cdot 15} + \frac{5^2}{10 \cdot 21} + \dots + \frac{5^2}{10 \cdot 15} - 1 \right) = 6.857$$

Die χ^2-Testmaßzahl folgt einer Chiquadratverteilung mit

$$\nu = (m-1) \cdot (t-1)$$

Freiheitsgraden. m ist die Anzahl der Antworten in den Zeilen und t die Anzahl der Spalten der Kreuzta-belle. Im obigen Beispiel sind die Freiheitsgrade gleich $\nu = (3-1) \cdot (2-1) = 2$ und die Wahrscheinlichkeit für das Auftreten einer so großen Testmaßzahl von $\chi^2_{beob} = 6.857$ unter Gültigkeit der Nullhypothese gleich $F_{\chi^2}(6.857, 2) = 0.968$. (Diesen Wert liest man aus einer geeigneten Tabelle der Chiquadratvertei-lung ab, oder berechnet ihn mit Hilfe entsprechender Programme.)

Ist man bereit, in 5 von 100 Fällen eine richtige Nullhypothese abzulehnen, dann ist das Signifikanzniveau α gleich 0.05. Unter Gültigkeit der Nullhypothese sind die 5% seltensten χ^2-Werte nach unten beschränkt durch den kritischen Wert χ^2_c gleich 5.991. Da das aus der Stichprobe errechnete χ^2_{beob} von 6.857 größer ist, als dieser kritische Wert, kann die Nullhypothese abgelehnt werden.

$$\chi^2_{beob} = 6.857 > 5.991 = \chi^2_c$$

Zum selben Ergebnis kommt man, wenn man die Wahrscheinlichkeiten vergleicht: Da die Wahrschein-lichkeit für einen χ^2-Wert von 6.857 oder größer gleich $1 - F_{\chi^2}(6.857, 2) = 0.032$ ist, und das Signifikanz-niveau mit 0.05 angenommen wurde, kann die Nullhypothese abgelehnt werden.

$$1 - F_{\chi^2}(6.857, 2) = 0.032 < 0.05 = \text{Signifikanzniveau}$$

Man kann auf Grund dieser Stichprobe behaupten, dass sich die verschiedenen Formen der Kaufabsicht unterschiedlich auf Verheiratete und Nichtverheiratete verteilen. Das Risiko, dass diese Entscheidung falsch ist, ist höchstens 5%.

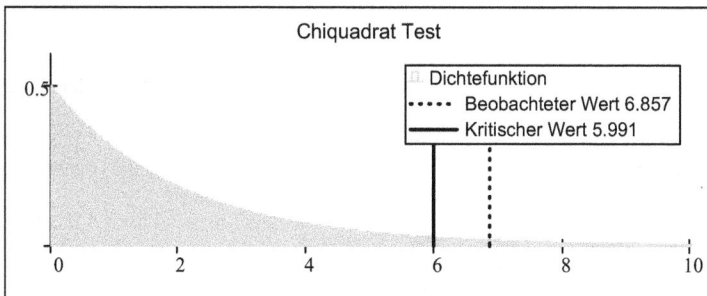

Beobachteter Chiquadrat-Wert	Kritischer Wert	p-Wahrscheinlichkeit
6.857	5.991	0.032

Wo sind die signifikanten Unterschiede? Unterscheiden sich die Ja-Antworten der Verheirateten und Nichtverheirateten oder die Nein-Antworten oder die Weiß-nicht-Antworten? Der Chiquadrattest kam nur zum Ergebnis, dass Unterschiede in der Kaufabsicht zwischen Verheirateten und Nichtverheirateten bestehen, er konnte aber nicht zeigen, bei welcher Antwort signifikante Unterschiede bestehen. Tatsächlich unterscheiden sich die Ja- und Nein-Antworten der Verheirateten und Nichtverheirateten signifikant, bei den Weiß-nicht-Antworten bestehen keine signifikanten Unterschiede.

Zu diesem Ergebnis kommt man mit Hilfe der Konfidenzintervalle. In der folgenden Tabelle sind in der letzten Spalte die Prozentwerte der Antworten auf die Frage der Kaufabsicht angeführt, unabhängig vom Familienstand.

Kaufabsicht	Familienstand		DURCH-SCHNITT
	Verheiratet	Nichtverheiratet	
Ja	71%	33%	56%
Nein	5%	33%	17%
Weiß nicht	24%	33%	28%
SUMME	100%	100%	100%

56% von den insgesamt 36 Befragten haben mit "Ja" geantwortet. Innerhalb welcher Grenzen kann man mit einem Vertrauen von 95% den "wahren" Prozentsatz für "Ja" in der Grundgesamtheit aller potentiellen Kunden erwarten, wenn in der Stichprobe der Prozentsatz für "Ja" gleich 56 ist?

In der Grundgesamtheit ist der Prozentsatz für "Ja" bei der Frage nach der Kaufabsicht mit 95% Vertrauen innerhalb der Grenzen 38% und 72% zu erwarten. Von den verheirateten Personen haben 71% mit „Ja" geantwortet. Da die 71% Ja-Antworten der Verheirateten unter der Obergrenze von 72% liegen, ist die Kaufabsicht der Verheirateten nicht überdurchschnittlich hoch. Von den nichtverheirateten Personen haben 33% mit „Ja" geantwortet. Dieser Prozentsatz liegt unterhalb der Konfidenzuntergrenze von 38%. Daher ist der Prozentsatz der Nichtverheirateten mit 33% unterdurchschnittlich gering (33% liegt unter der Grenze von 38%).

Im Schnitt haben 17% der Befragten die Kaufabsicht verneint. In der Grundgesamtheit aller potentiellen Kunden ist mit einem Vertrauen von 95% zu erwarten, dass dieser Prozentsatz zwischen 6% und 30% liegt. Die Verheirateten liegen hier mit 5% unter der Untergrenze, die Nichtverheirateten mit 33% oberhalb der Obergrenze des Konfidenzintervalls. Die Abweichungen sind daher signifikant (bei einem Signifikanzniveau von 5%).

Bei den Unentschlossenen liegt der Prozentsatz in der Stichprobe bei 28%, in der Grundgesamtheit ist er innerhalb der Grenzen 14% und 42% zu erwarten. Sowohl der Prozentsatz der Verheirateten mit 24% als auch der der Nichtverheirateten mit 33% liegt innerhalb dieser Grenzen. Eine über- oder unterdurchschnittliche signifikante Abweichung liegt hier also nicht vor.

Die Konfidenzgrenzen können z. B. mit Hilfe der F-Verteilung berechnet werden (siehe Auswertung einer Frage, nominal). Für die Ja- Antworten ist $n = 36$ und $x = 20$ (= 56%). K_u ist daher

$$K_u = \frac{x}{x + (n - x + 1) \cdot F_1} = \frac{20}{20 + (36 - 20 + 1) \cdot 1.912} = 0.381$$

mit

$$F_1 = F_{1-\alpha/2, 2 \cdot (n-x+1), 2 \cdot x} = F_{0.975, 34, 40} = 1.912$$

K_o ist

$$K_o = \frac{(x+1) \cdot F_2}{(n-x) + (x+1) \cdot F_2} = \frac{(20+1) \cdot 1.965}{(36-20) + (20+1) \cdot 1.965} = 0.721$$

mit

$$F_2 = F_{1-\alpha/2, 2 \cdot (x+1), 2 \cdot (n-x)} = F_{0.975, 42, 32} = 1.965$$

Die Ergebnisse der signifikanten Abweichungen vom Durchschnitt sind in folgender Tabelle zusammengestellt:

Kaufabsicht	Familienstand		DURCH-SCHNITT
	Verheiratet	Nichtverheiratet	
Ja	---	unter	56%
Nein	unter	über	17%
Weiß nicht	---	---	28%

Im Output der Software im Anhang findet man nicht nur das Gesamtergebnis für dieses Beispiel, sondern auch die Ergebnisse für die einzelnen Kaufabsichtsgruppen, so wie sie hier dargestellt sind. Als Eingabe benötigt das Programm Rohdaten, es kann diese Ergebnisse auch berechnen, wenn man nur eine Kreuztabelle besitzt.

Aufgaben

1) In einer Stadt gibt es 3 lokale Zeitungen. In einer Zufallsstichprobe von 200 Männern einer Stadt lesen 24 den Lokalen Stadtanzeiger, 116 die Regionale und 60 die Tageszeitung "Heute". Von 100 Frauen lesen 12 den Lokalen Stadtanzeiger, 44 die Regionale und 44 die Tageszeitung "Heute". Bestätigt dieses Ergebnis die Vermutung, dass sich die Reichweite der lokalen Zeitungen bei Männern und Frauen unterscheidet? Signifikanzniveau 5%.

2) Verteilen sich die verschiedenen Formen der Geisteskrankheit, die man als Schizophrenie bezeichnet, auf Männer und Frauen gleichermaßen? $\alpha = 0.05$.

Form	Geschlecht	
	Männlich	Weiblich
Hebephrenie	30	25
Katatonie	60	55
Paranoid	61	93

3) Eine Wochenzeitschrift berichtet, dass die Italiener für die Tiroler die beliebtesten Gäste sind. An zweiter Stelle folgen die Deutschen. Basis für diese Aussage ist eine Stichprobe von 500 Tirolern von denen 40% die Italiener als beliebteste Gäste nannten und 35% die Deutschen. Überprüfen Sie diese Aussage auf einem Signifikanzniveau von 5%.

(Für die Berechnung per Hand verwenden Sie die Formel für

$$z_{beob} = \frac{\dfrac{x_1}{n_1} - \dfrac{x_2}{n_2}}{\sqrt{\hat{p} \cdot (1-\hat{p}) \cdot \left(\dfrac{1}{n_1} + \dfrac{1}{n_2}\right)}}$$

mit

$$\hat{p} = \frac{x_1 + x_2}{n_1 + n_2}.$$

Diese Testmaßzahl ist standardnormalverteilt, wenn

$$n_1 + n_2 > 40$$

ist und keine der vier Größen

$$n_1 \cdot \hat{p}, \quad n_2 \cdot \hat{p}, \quad n_1 \cdot (1-\hat{p}), \quad n_2 \cdot (1-\hat{p})$$

kleiner als 5 ist. Der kritische Wert der Standardnormalverteilung für ein Signifikanzniveau und eine zweiseitige Alternativhypothese ist 1.96, für eine einseitige Alternativhypothese 1.645.)

4) Ein namhafter Hersteller von Lichterketten muss sich zwischen zwei Lieferanten für Dioden entscheiden. Bei den ersten beiden Testlieferungen der beiden Lieferanten zeigte sich, dass von den 100 Stück der Firma Hell 20 beschädigt waren und von den 204 Stück der Firma Beleuchtung waren 30 beschädigt. Kann man auf Grund dieser Ergebnisse annehmen, dass die Firma Beleuchtung weniger Ausschuss liefert? Signifikanzniveau 5%.

5) An einer Universität wurden 73 Studenten zufällig ausgewählt und befragt, ob sie Raucher sind. Von den 73 Studenten sind 41 weiblich und 32 männlich. Von den Studentinnen sind 9 Raucher, von den Studenten sind 5 Raucher. Kann man aus diesen Daten schließen, dass es unter den Studentinnen dieser Universität relativ mehr Raucher gibt als unter den männlichen Kollegen? Signifikanzniveau 5%.

6) Folgende Tabelle zeigt die Armutsgefährdungsquote von 9 Regionen eines Landes, die an Hand repräsentativer Haushaltsstichproben in diesen Regionen ermittelt wurden:

Region:	1	2	3	4	5	6	7	8	9
Armutsgefährdungsquote in %	15.2	16.3	12.9	9.9	8.7	11.6	14.0	12.9	12.7
Stichprobenumfang:	229	372	994	916	289	841	406	226	875

Kann man annehmen, dass sich die 9 Regionen im Hinblick auf die Armutsgefährdungsquoten signifikant unterscheiden? Signifikanzniveau 5%.

2_3 U-Test

Unterscheidet sich die Designbeurteilung der neuen Spielkonsole Yoki durch die weiblichen Befragten wesentlich von der der männlich Befragten? Bei einer Werbeveranstaltung beurteilten 6 Frauen und 4 Männer das Design mit Hilfe folgender Attribute: 1 = sehr gut, 2 = gut, 3 = mittelmäßig, 4 = schlecht, 5 = sehr schlecht. Die Frauen lieferten die Beurteilungen

Weiblich: 3, 5, 1, 5, 4, 2

und die Männer

Männlich: 4, 2, 3, 4

In folgender Tabelle sind die Beurteilungen zusammengefasst:

Designbeurteilung	Geschlecht	
	Weiblich	Männlich
Sehr gut	1	0
Gut	1	1
Mittelmäßig	1	1
Schlecht	1	2
Sehr schlecht	2	0
SUMME	6	4

Kann man allgemein behaupten, dass in der Designbeurteilung zwischen Männern und Frauen ein signifikanter Unterschied besteht? Nein, man kann nicht behaupten, dass sich die Verteilungen der Designbeurteilungen von Männern und Frauen in der Grundgesamtheit aller potentiellen Kunden, aus der die beiden Stichproben stammen, signifikant unterscheiden. Die Differenzen in den Beurteilungen zwischen den beiden Stichproben sind zu gering, um als Hinweis auf signifikante Unterschiede in der Grundgesamtheit zu dienen. (Siehe Anhang, Softwareoutput)

Zu dieser Schlussfolgerung kommt man mit Hilfe des U-Tests, der hier dem Chiquadrattest vorzuziehen ist. Der U-Test berücksichtigt nämlich die Tatsache, dass zwischen den Beurteilungen von sehr gut bis sehr schlecht eine Ordnung besteht, dies ist beim Chiquadrattest nicht der Fall.

Zuerst formuliert man die Vermutungen über die Beziehungen zwischen Grundgesamtheiten in Form von Hypothesen. Man nimmt an, dass die Verteilungen der Designbeurteilungen des neuen Produktes bei Frauen und Männern gleich ist. Diese Hypothese wird formal wie folgt angeschrieben:

$$H_0 : \text{Verteilung}_{\text{Weiblich}} = \text{Verteilung}_{\text{Männlich}}$$

Eine Alternativhypothese dazu lautet

$$H_1 : \text{Verteilung}_{\text{Weiblich}} \neq \text{Verteilung}_{\text{Männlich}}$$

Die Designbeurteilungen der Frauen unterscheiden sich von denen der Männer. An Hand der Ergebnisse der Stichproben entscheidet man sich für die Nichtannahme oder Ablehnung der Nullhypothese.

Will man prüfen, ob zwei ordinale Stichproben nicht aus Grundgesamtheiten mit gleicher Verteilung stammen, die Unterschiede zwischen ihnen also signifikant sind, dann verwendet man den U-Test von Wilcoxon-Mann-Whitney. Getestet wird die kleinere der beiden Testmaßzahlen:

$$U_1 = n_1 \cdot n_2 + \frac{n_1 \cdot (n_1 + 1)}{2} - S_1$$

$$U_2 = n_1 \cdot n_2 + \frac{n_2 \cdot (n_2 + 1)}{2} - S_2$$

n_1 und n_2 sind die Umfänge der beiden Stichproben. S_1 ist die Summe der Rangzahlen der ersten und S_2 die der zweiten Stichprobe. Zur Berechnung der Rangzahlen bringt man die Einheiten beider Stichproben in eine gemeinsame Reihenfolge und berechnet für jede Antwort die entsprechende Rangzahl. Zu jeder Rangzahl vermerkt man, aus welcher der beiden Stichproben die Einheit stammt. Haben mehrere Einheiten die gleiche Merkmalsausprägung, dann ordnet man ihnen als Rangzahlen den Durchschnitt daraus zu. In folgender Tabelle sind die Rechenschritte für die Berechnung von S_1 und S_2 zusammengefasst:

Beurteilung	Geschlecht	Rangzahlen	Rangzahlen weiblich	Rangzahlen männlich
Sehr gut	weiblich	1	1	-
Gut	weiblich	2.5	2.5	-
Gut	männlich	2.5	-	2.5
Mittelmäßig	männlich	4.5	-	4.5
Mittelmäßig	weiblich	4.5	4.5	-
Schlecht	männlich	7	-	7
Schlecht	männlich	7	-	7
Schlecht	weiblich	7	7	-
Sehr schlecht	weiblich	9.5	9.5	-
Sehr schlecht	weiblich	9.5	9.5	-
*	*	SUMME	34	21

In der ersten Spalte stehen die geordneten Designbeurteilungen der weiblichen und männlichen Befragten. In der zweiten Spalte ist festgehalten, ob die Beurteilung von einer Frau oder einem Mann stammt. Anschließend findet man die zugeordnete Rangzahlen für die Gesamtstichprobe. Wenn eine Beurteilung zweimal vorkommt, dann wird beiden der Durchschnitt aus den aufeinander folgenden Rangzahlen zugeordnet. So scheint z. B. die Beurteilung gut zweimal auf. In der geordneten Gesamtstichprobe stehen diese beiden Beurteilungen am zweiten und dritten Platz. Daher wird ihnen der Durchschnitt daraus, nämlich 2.5 zugeordnet. Die vierte Spalte enthält die Rangzahlen der ersten Stichprobe (weiblich Befragte) und die fünfte Spalte die der zweiten Stichprobe (männlich Befragte). In den entsprechenden Spalten ist jeweils die Rangsumme am Ende der Spalte angeführt. So kommt die erste Stichprobe auf eine Rangsumme von 34 und die der zweiten auf 21. Die Maßzahlen U_1 und U_2 können nun berechnet werden:

$$U_1 = 6 \cdot 4 + \frac{6 \cdot (6 + 1)}{2} - 34 = 11$$

$$U_2 = 6 \cdot 4 + \frac{4 \cdot (4 + 1)}{2} - 21 = 13$$

Die Testmaßzahl U ist das Minimum der beiden Zahlen:

$$U = \min(U_1, U_2) = 11$$

Diese Maßzahl ist normalverteilt mit Erwartungswert m_U und Standardabweichung s_U:

$$m_U = \frac{n_1 \cdot n_2}{2}$$

$$s_U = \sqrt{\frac{n_1 \cdot n_2}{n \cdot (n-1)} \cdot \left(\frac{n^3 - n}{12} - T \right)}$$

n ist die Summe von n_1 und n_2. T ist folgendermaßen definiert:

$$T = \sum_{i=1}^{k} \frac{f_i^3 - f_i}{12}$$

T dient der Korrektur für Durchschnittsränge, also Ränge, die mehrfach vorkommen. Da einige Rangplätze im obigen Beispiel gleich sind, müssen diese über ihre Häufigkeit f berücksichtigt werden:

Rangzahlen	f	f^3	$f^3 - f$
1	1	1	0
2	2	8	6
3	2	8	6
4	3	27	24
5	2	8	6
SUMME	*	*	42

In der ersten Spalte stehen die Rangzahlen, in der zweiten ihre Häufigkeit, in der dritten die Häufigkeit zur dritten Potenz und in der vierten Spalte wird davon die Häufigkeit wieder abgezogen. Die Summe der vierten Spalte ergibt 42 und der Korrekturfaktor errechnet sich wie folgt:

$$T = \frac{42}{12} = 3.5$$

Die Standardabweichung der Testmaßzahl U ist daher

$$s_U = \sqrt{\frac{6 \cdot 4}{10 \cdot (10-1)} \cdot \left(\frac{10^3 - 10}{12} - 3.5 \right)} = 4.59$$

und der Erwartungswert ist

$$m_U = \frac{6 \cdot 4}{2} = 12$$

Die Wahrscheinlichkeit für das Auftreten einer so großen oder größeren Testmaßzahl von $U = 11$ unter Gültigkeit der Nullhypothese ermittelt man mit Hilfe der Normalverteilung für eine zweiseitige Alternativhypothese:

$$2 \cdot F_N \left(U, m_U, s_U \right) = 2 \cdot F_N \left(11, 12, 4.59 \right) = 0.828$$

Wählt man $\alpha = 0.05$, dann ist diese Wahrscheinlichkeit kleiner als $1 - \alpha/2 = 0.975$ und größer als $\alpha/2 = 0.025$:

$$\frac{\alpha}{2} = 0.025 < 0.828 < 0.975 = 1 - \frac{\alpha}{2}$$

Daher wird die Gleichheit der Verteilungen beider Grundgesamtheiten nicht abgelehnt. Die Stichproben liefern keinen Hinweis auf Verteilungsunterschiede von Frauen und Männern im Hinblick auf die Design-beurteilung. In unten stehender Grafik ist dieses Testergebnis veranschaulicht. Die Testmaßzahl U (die strichlierte Linie) liegt zwischen c_u und c_o:

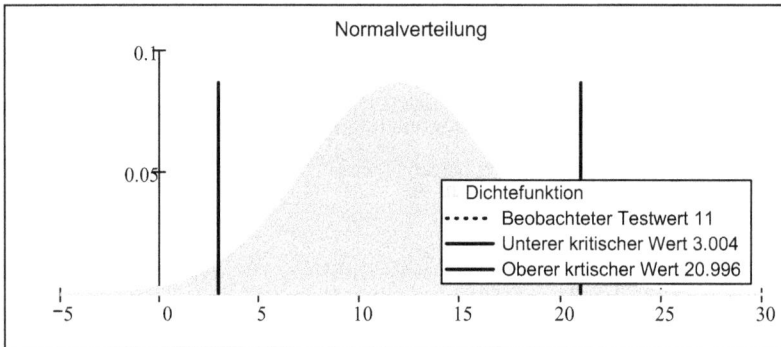

Beobachteter U-Wert	Kritische Werte	p-Wahrscheinlichkeit
11	3.004, 20.996	0.828

Zum gleichen Ergebnis kommt man, wenn man nicht die Wahrscheinlichkeiten vergleicht, sondern die errechnete z-Maßzahl z_{err} und die kritische z-Maßzahl z_c:

$$\left| z_{err} \right| = \left| \frac{U - m_U}{s_U} \right| = \left| \frac{11 - 12}{4.59} \right| = 0.218$$

$$z_c = 1.96$$

1.96 ist der kritische Wert der Standardnormalverteilung für ein Signifikanzniveau von $\alpha = 0.05$. Diesen Wert findet man in entsprechenden Tabellen der Quantile der Standardnormalverteilung oder mit Hilfe von Rechenprogrammen, die den Wert mit Hilfe der Verteilungsfunktion numerisch bestimmen. Da

$$\left| z_{err} \right| = 0.218 < 1.96 = z_c$$

kommt man hier zum selben Ergebnis wie oben.

Aufgaben

1) Von einem bestimmten Vitamin wird angenommen, dass es die Energie erhöht. In einem Versuch wurde 100 Männern das Vitamin verabreicht und weiteren 100 Männern ein Placebo. Ihre Reaktionen stehen in folgender Tabelle:

Reaktion:	Mehr Energie	Keine Veränderung	Weniger Energie
Behandelte Gruppe:	36	56	8
Kontrollgruppe:	20	70	10

Bestätigt dieses Ergebnis die Annahme, dass das Vitamin die Energie erhöht? $\alpha = 5\%$.

2) Die Rangliste der Ergebnisse eines sportlichen Wettbewerbes enthält 14 Namen. 6 davon wendeten Technik A an, der Rest Technik B. Die Rangplätze verteilen sich wie folgt auf die beiden Techniken:

Technik A: 2, 3, 4, 6, 8, 9
Technik B: 1, 5, 7, 10, 11, 12, 13, 14

Ist die Technik A besser als die Technik B? Signifikanzniveau 5%.

3) Um die Reaktionszeit von jungen und alten Autofahrern zu prüfen, wurden zwei Gruppen gebildet: Die „junge" Gruppe bestand aus 12 Personen im Alter von 20 bis 30 Jahren und die zweite, „alte" Gruppe aus 8 Personen im Alter von 60 bis 80 Jahre. Die ermittelten Reaktionszeiten wurden in fünf Kategorien eingeteilt: sehr schnell, schnell, mittelmäßig, langsam und sehr langsam. Folgende Ergebnisse wurden ermittelt:

Reaktionszeit:	Sehr schnell	Schnell	Mittelmäßig	Langsam	Sehr langsam
Jung:	3	3	4	2	0
Alt:	1	2	2	2	1

Kann man auf Grund dieser Daten allgemein behaupten, dass junge Autofahrer bessere Reaktionszeiten haben als alte Autofahrer? Signifikanzniveau 5%.

4) Parallel zur Statistikvorlesung werden 2 Tutorien abgehalten. Zu Beginn des Semesters werden die Studenten zufällig den beiden Tutoren zugeteilt. Nach der Endklausur ergaben sich folgende Notenverteilungen:

Noten:	Sehr gut	Gut	Befriedigend	Genügend	Nicht genügend
Tutor A:	80	68	59	75	82
Tutor B:	72	69	84	76	64

Kann man auf Grund dieser Ergebnisse annehmen, dass beide Tutoren gleich gut den Stoff vermittelt haben? Signifikanzniveau 5%.

5) Folgende Tabelle enthält die Beurteilung von 15 Dissertationen durch Erst- und Zweitgutachter:

Noten:	Sehr gut	Gut	Befriedigend	Genügend	Nicht genügend
Erstgutachter:	3	5	4	2	1
Zweitgutachter:	1	6	4	3	1

Beurteilen Erst- und Zweitgutachter die Dissertationen gleich? Signifikanzniveau 5%.

6) Bei 8 zufällig aus der laufenden Produktion eines Automobilwerkes ausgewählten PKW wurden Verbrauchsmessungen mit Normalkraftstoff durchgeführt, bei 8 weiteren Verbrauchsmessungen mit Superkraftstoff. Für 100 km erhielt man folgendes Ergebnis (in Liter):

Normalkraftstoff:	9.0	10.0	7.2	8.4	11.4	8.2	12.5	9.3
Superkraftstoff:	7.2	9.7	11.8	7.0	7.7	8.8	9.1	8.7

Soll die Firmenleitung auf Grund dieser Ergebnisse den Kunden empfehlen, Superkraftstoff zu tanken? Da nicht Normalverteilung vorausgesetzt werden kann, prüfen Sie diese Frage auf ordinalem Niveau. Signifikanzniveau 5%.

7) In einer landwirtschaftlichen Versuchsanstalt wurden zufällig 20 Felder ausgewählt, um ein neues Düngemittel für den Kartoffelanbau zu prüfen. Auf 10 Feldern wurde das herkömmliche Düngemittel eingesetzt und auf 10 Feldern das neue. Den Kartoffelertrag in Kilogramm pro Quadratmeter zeigt folgende Tabelle:

Herkömmlicher Dünger:	9.0	4.0	7.2	8.4	5.4	8.2	2.5	9.3	4.3	5.2
Neuer Dünger:	7.2	9.7	3.8	7.0	4.7	8.8	9.1	8.7	9.5	10.0

Kann man annehmen, dass der Kartoffelertrag pro Quadratmeter mit dem neuen Düngemittel größer ist als der Ertrag bei Einsatz des herkömmlichen Düngemittels? Prüfen Sie diese Frage auf ordinalem Niveau. Signifikanzniveau 5%.

8) Eine Automobilzeitschrift lässt zwei Reifenneuentwicklungen auf ihre Lebensdauer testen. Je 8 Reifen der Marke A und B werden getestet. Das Ergebnis zeigt folgende Tabelle (in 1000 km):

Reifenmarke A:	5.0	6.0	7.2	8.4	4.4	5.2	4.5	7.3
Reifenmarke B:	7.2	4.7	4.8	5.0	4.7	3.8	5.1	6.7

Hat die Reifenmarke A eine längere Lebensdauer als die Reifenmarke B? Prüfen Sie diese Frage auf ordinalem Niveau. Signifikanzniveau 5%.

2_4 t-Test und Welch-Test

Kann man voraussetzen, dass Männer im Schnitt pro Tag länger vor dem Computer sitzen als Frauen? Bei einer Werbeveranstaltung für die neue Spielkonsole Yoki wurden 16 Männer und 9 Frauen danach gefragt, wie viele Zeit sie im Schnitt pro Tag vor dem Computer verbringen.

Männlich: 8,   1,   3,   2.5,   8,   7.5,   6,   3.5,   1,   2,   0.5,   3,   5,   5,   2.5,   0.5

Weiblich: 7,   0,   0,   4.5,   0,   0.5,   4,   8,   2.5

Ausgezählt nach drei Zeitintervallen erhält man folgendes Ergebnis:

Computerzeit Unter- Obergrenze	Geschlecht	
	Männlich	Weiblich
0 bis unter 2	4	4
2 bis unter 4	6	1
4 bis unter 9	6	4
SPALTENSUMME	16	9

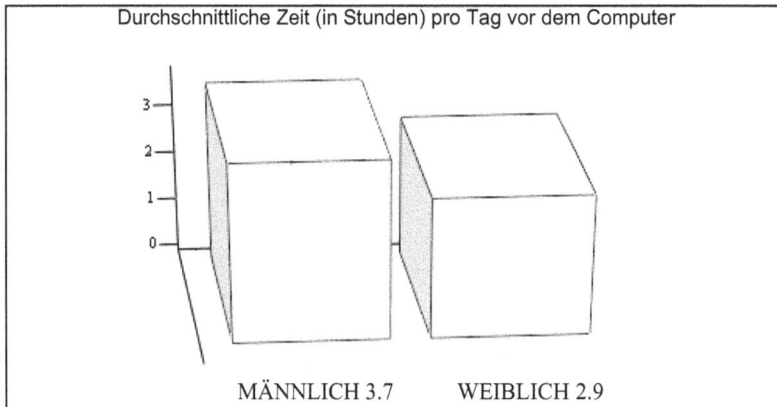

Durchschnittliche Zeit (in Stunden) pro Tag vor dem Computer

MÄNNLICH 3.7   WEIBLICH 2.9

Balken	1	2
Durchschnittliche Zeit	3.7	2.9

Im Schnitt verbringen die 16 befragten Männer 3.7 Stunden täglich vor dem Computer und die 9 Frauen 2.9 Stunden. Ist diese Zeitdifferenz schon groß genug, um allgemein zu behaupten, die Männer verbringen täglich mehr Zeit vor dem Computer als Frauen?

Diese Zeitdifferenz ist noch zu gering, um allgemein anzunehmen, Männer sitzen im Schnitt pro Tag länger vor dem Computer als Frauen. Zu diesem Ergebnis kommt man wie folgt: Zuerst werden Null- und Alternativhypothese formuliert.

$$H_0 : \mu_{\text{männlich}} = \mu_{\text{weiblich}}$$

Die Durchschnittszeit pro Tag vor dem Computer von Frauen und Männern in der Grundgesamtheit ist gleich und

$$H_1 : \mu_{\text{männlich}} > \mu_{\text{weiblich}}$$

Die Durchschnittszeit pro Tag vor dem Computer von Männern ist länger als die von Frauen. Um diese Hypothesen zu prüfen, berechnet man die Testmaßzahl

$$t_{\text{beob}} = \frac{\overline{X}_{\text{männlich}} - \overline{X}_{\text{weiblich}}}{\hat{s}_d}$$

mit

$$\hat{s}_d = \sqrt{\frac{n_{\text{männlich}} \cdot s^2_{\text{männlich}} + n_{\text{weiblich}} \cdot s^2_{\text{weiblich}}}{n_{\text{männlich}} + n_{\text{weiblich}} - 2} \cdot \left(\frac{1}{n_{\text{männlich}}} + \frac{1}{n_{\text{weiblich}}} \right)}$$

Für das Beispiel errechnet sich ein Wert von

$$\hat{s}_d = \sqrt{\frac{16 \cdot 6.371 + 9 \cdot 8.636}{16 + 9 - 2} \cdot \left(\frac{1}{16} + \frac{1}{9} \right)} = 1.165$$

und

$$t_{\text{beob}} = \frac{3.688 - 2.944}{1.165} = 0.638$$

mit

$$s^2_{\text{männlich}} = \frac{1}{16} \cdot \sum_{i=1}^{16} (x_i - 3.688)^2 = 6.371$$

$$s^2_{\text{weiblich}} = \frac{1}{9} \cdot \sum_{i=1}^{9} (x_i - 2.944)^2 = 8.636$$

Die Testmaßzahl t ist studentverteilt mit

$$\nu = n_{\text{männlich}} + n_{\text{weiblich}} - 2 = 16 + 9 - 2 = 23$$

Freiheitsgraden. Die Wahrscheinlichkeit für das Auftreten einer so großen oder größeren Testmaßzahl errechnet sich mit Hilfe der Studentverteilung auf

$$F_t \left(t_{\text{beob}}, \nu \right) = F_t \left(0.638, 23 \right) = 0.735$$

Da diese Wahrscheinlichkeit kleiner ist als 0.95 (1 – 0.05 = 0.95) wird die Gleichheit der Durchschnitte beider Grundgesamtheiten nicht abgelehnt. Zum gleichen Ergebnis kommt man, wenn man den beobachteten t-Wert mit dem kritischen t-Wert vergleicht. Für ein 5%-iges Signifikanzniveau und 23 Freiheitsgrade ist der kritische t-Wert für eine linksseitige Alternativhypothese $t_c = 1.714$. Da der beobachtete t-Wert $t_{beob} = 0.638$ kleiner ist als der kritische t-Wert, kann die Nullhypothese auch nach dieser Methode nicht abgelehnt werden.

In unten stehender Grafik ist dieses Testergebnis veranschaulicht. Die Testmaßzahl t_{beob} (die gestrichelte Linie) liegt links vor dem rechten Kurvenende (durchgezogene Linie):

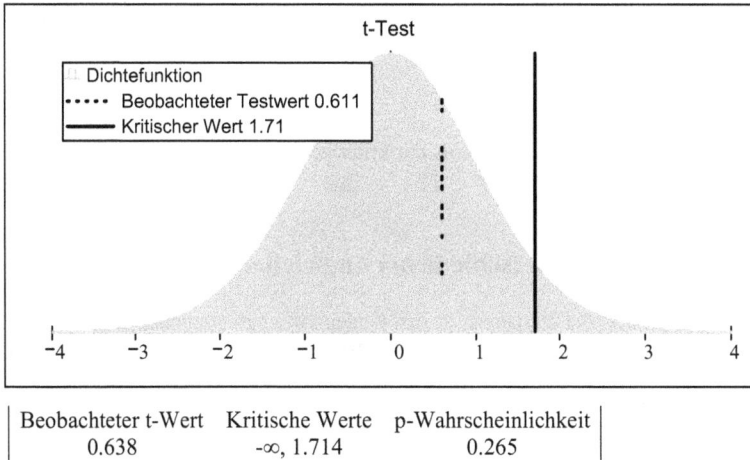

Beobachteter t-Wert	Kritische Werte	p-Wahrscheinlichkeit
0.638	$-\infty$, 1.714	0.265

F-Test für den Varianzvergleich

Der t-Test setzt voraus, dass die unbekannten Varianzen der beiden Grundgesamtheiten "Männlich" und "Weiblich" gleich sind. Man kann diese Voraussetzung mit Hilfe eines F-Tests prüfen. Um die beiden Hypothesen

$$H_0 : \sigma^2_{\text{männlich}} = \sigma^2_{\text{weiblich}}$$

$$H_1 : \sigma^2_{\text{männlich}} \neq \sigma^2_{\text{weiblich}}$$

zu prüfen, berechnet man die Testmaßzahl

$$F_{beob} = \frac{\hat{s}^2_{\text{männlich}}}{\hat{s}^2_{\text{weiblich}}}$$

mit

$$v_1 = n_{\text{männlich}} - 1$$

$$v_2 = n_{\text{weiblich}} - 1$$

Für das Beispiel sind die entsprechenden Werte

$$F_{beob} = \frac{\hat{s}^2_{männlich}}{\hat{s}^2_{weiblich}} = \frac{6.796}{9.715} = 0.70$$

$$\nu_1 = 16 - 1 = 15$$

$$\nu_2 = 9 - 1 = 8$$

Für ein 5%-iges Signifikanzniveau und obige Freiheitsgrade ist der kritische Wert der F-Verteilung gleich

$$F_F\left(1 - \alpha, \nu_1, \nu_2\right) = F_F\left(0.95, 15, 8\right) = 3.218$$

Da der beobachtete F-Wert von 0.700 kleiner ist als der kritische F-Wert von 3.218, kann die Nullhypothese gleicher Varianzen nicht abgelehnt werden.

Welch-Test für Mittelwertsunterschiede bei ungleichen Varianzen

Wenn man annehmen muss, dass die Varianzen in den beiden Grundgesamtheiten ungleich sind, dann kommt nicht obiger t-Test für die Prüfung von Mittelwertsunterschiede zur Anwendung, sondern der Welch-Test.

Um die Hypothesen

$$H_0 : \mu_{männlich} = \mu_{weiblich}$$

$$H_1 : \mu_{männlich} > \mu_{weiblich}$$

zu prüfen, berechnet man hier die Testmaßzahl

$$t_{beob} = \frac{\overline{X}_{männlich} - \overline{X}_{weiblich}}{\hat{s}_d}$$

mit

$$\hat{s}_d = \sqrt{\frac{s^2_{männlich}}{n_{männlich} - 1} + \frac{s^2_{weiblich}}{n_{weiblich} - 1}}$$

Für das Beispiel errechnet sich ein Wert von

$$\hat{s}_d = \sqrt{\frac{6.371}{16 - 1} + \frac{8.636}{9 - 1}} = 1.226$$

und

$$t_{beob} = \frac{3.688 - 2.944}{1.226} = 0.606$$

Die Testmaßzahl t_{beob} ist studentverteilt mit ν Freiheitsgraden:

$$\nu = \frac{\left(\dfrac{\hat{s}_1^2}{n_1} + \dfrac{\hat{s}_2^2}{n_2}\right)^2}{\dfrac{\left(\dfrac{\hat{s}_1^2}{n_1}\right)^2}{n_1 - 1} + \dfrac{\left(\dfrac{\hat{s}_2^2}{n_2}\right)^2}{n_2 - 1}}$$

Wenn man berücksichtigt, dass im vorliegenden Beispiel 1 = männlich und 2 = weiblich ist, dann ergibt dies

$$\nu = \frac{\left(\dfrac{6.796}{16} + \dfrac{9.715}{9}\right)^2}{\dfrac{\left(\dfrac{6.796}{16}\right)^2}{16-1} + \dfrac{\left(\dfrac{9.715}{9}\right)^2}{9-1}} = 14.35$$

Der kritische Wert der Studentverteilung für ein 5%-iges Signifikanzniveau ist

$$F_t\left(1-\alpha, \nu\right) = F_t\left(0.95, 14.35\right) = 1.758$$

Da der beobachtete Wert $t_{beob} = 0.606$ kleiner ist als der kritische Wert von 1.758, kann auch nach diesem Test die Nullhypothese nicht abgelehnt werden.

Sowohl der t-Test (bei Varianzengleichheit) als auch der Welch-Test setzen voraus, dass die Verteilungen der Grundgesamtheiten normalverteilt sind. Diese Voraussetzung kann mit Hilfe des Kolmogorov-Smirnov-Tests überprüft werden. Wenn man die Normalverteilung ablehnen muss, dann kann man weder den t-Test noch den Welch-Test anwenden. In diesem Fall kann man mit Hilfe des U-Tests überprüfen, ob sich die beiden Verteilungen in den Grundgesamtheiten signifikant unterscheiden.

Das Softwareprogramm, dessen Output im Anhang zu finden ist, prüft diese Voraussetzungen und wählt automatisch das passende Programm. Es erfordert wie üblich nur die Eingabe der Daten, die Wahl, ob einseitiger oder zweiseitiger Test und die Eingabe des Signifikanzniveaus.

Aufgaben

1) Um zu prüfen, ob sich die durchschnittliche Körpergröße von 12-jährigen Mädchen und Buben unterscheidet, wurde die Körpergröße von 6 Mädchen und 4 Buben in cm gemessen:

   Mädchen: 151, 148, 149, 149, 148, 150
   Knaben: 156, 158, 148, 155

Kann man auf Grund dieser Stichproben annehmen, dass die 12-jährigen Knaben im Schnitt größer sind als die 12-jährigen Mädchen? Signifikanzniveau = 0.05.

2) Eine Gruppe von 60 Männern und 40 Frauen wurde beauftragt, verschiedenfarbige Klötze in einer bestimmten Weise anzuordnen. Die dafür notwendige Zeit wurde gestoppt. Im Durchschnitt brauchten die Männer 46 Sekunden bei einer Standardabweichung von 3.18 Sekunden und die Frauen 44.5 Sekunden und einer Standardabweichung von 2.04 Sekunden. Eignen sich Frauen besser als Männer für diese Tätigkeit, die in einem bestimmten Industriebetrieb durchgeführt wird? Signifikanzniveau 5%.

3) Zwei Trainingsgruppen erreichten beim Medizinballweitwurf folgende Werte (in Meter):

Trainingsgruppe 1: 6.5, 10, 11, 10, 12, 14.5
Trainingsgruppe 2: 13, 14, 13.5, 13.5, 14.5

Ist eine der beiden Trainingsgruppen signifikant besser? Signifikanzniveau 5%.

4) Ein Unternehmen will auf Grund der durchschnittlichen Lebensdauer entscheiden, welche von zwei Leuchtröhrenmarken gekauft wird. Die Standardabweichungen werden für beide Marken mit 70 Stunden angegeben. Eine Stichprobe im Umfang von je 100 Leuchtröhren brachte folgendes Ergebnis: Marke A 985 Stunden durchschnittliche Lebensdauer und Marke B 1003 Stunden. Soll die Marke B vorgezogen werden? Signifikanzniveau 5%.

5) Bei 8 zufällig aus der laufenden Produktion eines Automobilwerkes ausgewählten PKW wurden mit Normalkraftstoff Verbrauchsmessungen durchgeführt, bei 8 anderen PKW Verbrauchsmessungen mit Superkraftstoff. Für 100 km erhielt man folgendes Ergebnis:

Normal: 9.6, 12.1, 14.2, 9.4, 10.1, 11.2, 11.5, 11.1
Super: 10.3, 11.2, 8.4, 9.7, 12.6, 9.5, 13.7, 10.6

Besteht zwischen Normal- und Superkraftstoff ein signifikanter Unterschied? Signifikanzniveau 5%.

6) In zwei benachbarten Mineralwasserquellen wurde je eine Stichprobe erhoben, um den Magnesiumgehalt der Quellen zu bestimmen. In nachstehender Tabelle sind die Ergebnisse in mg pro Liter aufgelistet:

Quelle 1: 18.7, 20.4, 19.6, 20.8, 19.2
Quelle 2: 24.3, 21.6, 23.5, 24.0, 19.8

Testen Sie zum Signifikanzniveau von 5%, ob die beiden Quellen im Mittel denselben Magnesiumgehalt aufweisen. Berücksichtigen Sie dabei auch die eventuell ungleichen Varianzen.

7) Man vermutet, dass Kühe die im Stall mit Musik berieselt werden, mehr Milch geben als solche ohne Musik im Stall. Eine Stichprobe von je 5 Kühen brachte folgendes Ergebnis (Milch in Liter):

Tag:	1	2	3	4	5
Stall mit Musik:	35.1	36.7	33.0	34.5	35.6
Stall ohne Musik:	33.2	36.5	35.4	36.1	35.2

Prüfen Sie, ob die Daten für diese Vermutung sprechen unter der Voraussetzung normalverteilter Daten. Signifikanzniveau 5%.

8) Im Schnitt erhielt eine Kellnerin nachmittags 1.46 € Trinkgeld und am Abend 2.05 € von je 31 Gästen. Die Standardabweichungen sind 0.58 € am Nachmittag und 1.05 € am Abend. Stützen diese Daten die Annahme, dass im Schnitt am Abend mehr Trinkgeld gegeben wird? Signifikanzniveau 5%.

3_0 ZWEI ABHÄNGIGE STICHPROBEN

3_1 McNemar-Test
3_2 Wilcoxon-Test
3_3 t-Test

Unabhängig - Abhängig

Werden 10 Männer und 10 Frauen aus der Grundgesamtheit der potentiellen Kunden für die Spielkonsole Yoki zufällig ausgewählt und nach ihrer Kaufabsicht befragt, dann ist die Stichprobe der Männer unabhängig von der Stichprobe der Frauen. Von abhängigen Stichproben spricht man, wenn an den gleichen Personen z. B. vor und nach einer Werbeveranstaltung die gleichen Fragen gestellt werden. Fragt man dieselben 10 Besucher einer Werbeveranstaltung für die Spielkonsole Yoki vor und nach dieser Veranstaltung nach ihrer Kaufabsicht, dann liegen 2 abhängige oder verbundene Stichproben vor. Mit diesen Fragen kann man feststellen, welchen Einfluss die Werbeveranstaltung auf das Kaufverhalten hat. Weitere Beispiele für abhängige Stichproben sind Untersuchungen des Gesundheitszustandes vor und nach einer Behandlung, Einstellungsmessungen vor und nach einer politischen Wahlveranstaltung, um nur einige Beispiele zu nennen.

Vorschau

Im Abschnitt 3_1 wird der Frage nachgegangen, wie die Werbeveranstaltung für die Spielkonsole Yoki die generelle Einstellung zu Konsolenspielen verändert. Den Besuchern dieser Werbeveranstaltung wurde vor und nach der Veranstaltung die Frage gestellt, ob sie Konsolenspielen gegenüber positiv oder negativ eingestellt sind. Da die Antworten auf diese Frage nominal skaliert sind, kommt für dieses Problem der Test von McNemar zur Anwendung.

Im Abschnitt 3_2 wird untersucht, ob sich durch mehrmaliges Spielen des neuen Konsolenspiels "Fantasy" die benötigte Zeit für ein Spiel verringert, ob also ein Lerneffekt auftritt. Dazu wurde die benötigte Zeit für das Spiel beim ersten Versuch und beim dritten Versuch gemessen und verglichen. Da die gemessene Zeit metrisch skaliert ist, kann man auf dieses Problem auch ein metrisches Testverfahren wie den t-Test anwenden. Dieser t-Test setzt aber voraus, dass die beiden Stichproben aus normalverteilten Grundgesamtheiten stammen. Für die Prüfung dieser Frage wurde daher der Wilcoxon-Test herangezogen, der ein Verfahren für ordinal skalierte Daten ist. Dieser Test verlangt nur, dass die Antworten ordinal skaliert sind, nicht aber, dass die Stichproben aus normalverteilten Grundgesamtheiten stammen. Jede metrisch skalierte Stichprobe kann in eine ordinal oder nominal skalierte Stichprobe transformiert werden, aber nicht umgekehrt.

Die Frage, ob sich durch mehrere Versuche die Spielzeit verringert, wurde im Abschnitt 3_2 mit Hilfe des Wilcoxon-Tests geklärt. Im Abschnitt 3_3 wird die gleiche Frage mit Hilfe des t-Tests untersucht. Für die Anwendung dieses Tests muss vorausgesetzt werden, dass beide Stichproben aus normalverteilten Grundgesamtheiten stammen.

3_1 McNemar-Test

Kann man davon ausgehen, dass die Werbeveranstaltung für die neue Spielkonsole Yoki die Einstellung zu Konsolenspielen verändert? Bei einer Werbeveranstaltung für die neue Spielkonsole Yoki wurden 10 Besucher befragt, welche Einstellung zu Konsolenspielen sie vor und nach der Werbeveranstaltung hatten (1 = positiv, 2 = negativ):

Vor der Werbeveranstaltung:	2	1	2	1	1	1	2	1	1	2
Nach der Werbeveranstaltung:	1	1	1	2	1	1	1	1	1	2

Ausgezählt erhält man folgendes Ergebnis:

Vor der Werbeveranstaltung	Nach der Werbeveranstaltung	
	Positiv	Negativ
Positiv	5	1
Negativ	3	1
SUMME	8	2

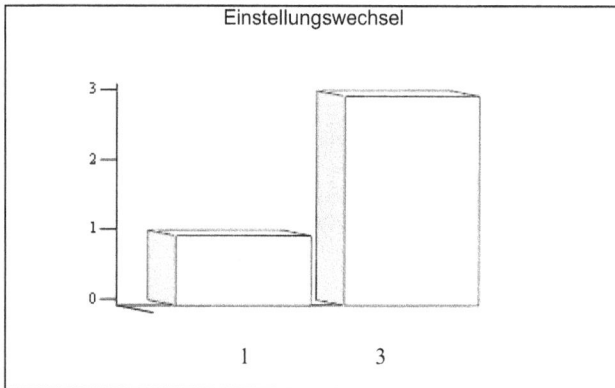

Balken	1	3
Wechsel von	positiv auf negativ	negativ auf positiv

Durch die Werbeveranstaltung hat ein Besucher seine Einstellung von positiv auf negativ geändert und 3 von negativ auf positiv. Ist diese Zahl an Einstellungsänderungen schon ausreichend, um allgemein zu behaupten, dass sich durch eine Werbeveranstaltung die Einstellung zu Konsolenspiele signifikant veränderte? Man kann nicht generell behaupten, dass sich durch die Werbeveranstaltung die Einstellung zu Konsolenspiele signifikant verändert. Zu diesem Ergebnis kommt man wie folgt:

Zuerst werden Null- und Alternativhypothese formuliert. Als Nullhypothese nimmt man an, dass der Anteil an positiven und negativen Änderungen gleich sei:

$$H_0 : \pi_{vor} = \pi_{nach}$$

Die Alternative dazu ist

$$H_1 : \pi_{vor} \neq \pi_{nach}$$

Durch die Werbeveranstaltung treten Einstellungsänderungen im Hinblick auf Konsolenspiele auf. Um diese Hypothesen zu prüfen, berechnet man folgende Testmaßzahl:

$$\chi^2_{beob} = \frac{(b-c)^2}{b+c}$$

b und c stammen aus folgender 4-Feldertafel:

$$\begin{pmatrix} a & b \\ c & d \end{pmatrix}$$

Für das Beispiel ist

Vor der Werbeveranstaltung	Nach der Werbeveranstaltung	
	Positiv	Negativ
Positiv	a = 5	b = 1
Negativ	c = 3	d = 1

und die Testmaßzahl ist

$$\chi^2_{beob} = \frac{(1-3)^2}{1+3} = 1$$

Die Testmaßzahl ist chiquadratverteilt mit 1 Freiheitsgrad. Für ein 5%-iges Signifikanzniveau ist daher der kritische Wert $\chi^2_c = 3.84$. Da der beobachtete χ^2-Wert (= 1) kleiner ist als der kritische Wert von 3.84, kann die Nullhypothese nicht abgelehnt werden. Die Einstellungsänderungen der 10 Besucher sind zu gering, um daraus auf eine allgemeine Einstellungsänderung durch die Werbeveranstaltung zu schließen.

In unten stehender Grafik ist dieses Testergebnis veranschaulicht. Die Testmaßzahl χ^2_{beob} (= 1) liegt links vor dem kritischen Wert χ^2_c (= 3.84):

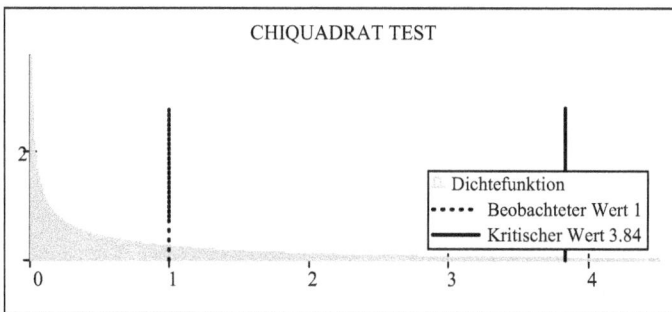

Beobachteter Chiquadrat-Wert	Kritischer Wert	p-Wahrscheinlichkeit
1	3.841	0.317

In anderer Form findet man die Interpretation für dieses Beispiel im Softwareoutput im Anhang. Auch für dieses Programm sind neben den Daten lediglich das Signifikanzniveau anzugeben und die Entscheidung für einen einseitigen oder zweiseitigen Test.

Voraussetzungen und Einschränkungen:

Die Erwartungswerte der Zellen b und c in der Vierfeldertabelle müssen > 5, und alle Erwartungswerte müssen > 0 sein. Die erste Voraussetzung ist im vorliegenden Beispiel nicht gegeben. Daher ist das Testergebnis nicht gültig.

Wenn 20 < b + c < 30 ist, dann sollte man die Stetigkeitskorrektur nach Yates berücksichtigen:

$$\chi^2_{beob} = \frac{\left(|b-c|-\frac{1}{2}\right)^2}{b+c}$$

Aufgaben

1) Professor G. glaubt, dass er durch seine Beispiele und Fallstudien in der Statistik-Vorlesung die Einstellung zu diesem Fach verbessert. Eine Umfrage bei den gleichen 200 Studenten am Beginn und am Ende der Vorlesung brachte folgendes Ergebnis: Von 130 Studenten, die am Ende dem Fach gegenüber positiv eingestellt sind, waren schon am Beginn 100 positiv und 30 negativ eingestellt. Von den 70 Studenten, die am Ende dem Fach gegenüber negativ eingestellt sind, waren schon am Beginn 60 negativ und 10 positiv eingestellt. Bestätigt dieses Ergebnis die Vermutung des Professors? Signifikanzniveau 5 %.

2) 160 zufällig ausgewählten Personen wird die Frage gestellt, ob sie für oder gegen autofreie Sonntage sind. Nach einem autofreien Sonntag werden dieselben Personen erneut nach ihrer Meinung (dafür oder dagegen) befragt:

Meinung vor autofreiem Sonntag	Meinung nach autofreiem Sonntag	
	Dafür	Dagegen
Dafür	32	23
Dagegen	41	64

Kann das Erleben eines autofreien Sonntags die Meinung signifikant beeinflussen? Signifikanzniveau 5%.

3) Um eine ausgeschriebene MitarbeiterInnenstelle bemühen sich 20 Personen. Die BewerberInnen werden einem psychologischen Test unterworfen und außerdem vom Personalchef auf Grund eines Vorstellungsgesprächs beurteilt:

Personalchef	Psychologischer Test	
	Nicht geeignet	Geeignet
Nicht geeignet	3	6
Geeignet	3	8

Kann man annehmen, dass der psychologische Test und das Vorstellungsgespräch gleich schwer sind? Signifikanzniveau 5%.

3_2 Wilcoxon-Test

Kann man allgemein annehmen, dass man das Design der neuen Spielkonsole nach der Werbeveranstaltung besser beurteilt als vor der Werbeveranstaltung? Bei einer Werbeveranstaltung für die neue Spielkonsole Yoki wurden 15 Besucher vor und nach der Veranstaltung gefragt, wie sie das Design der Spielkonsole beurteilen (1 = sehr gut, 2 = gut, 3 = befriedigend, 4 = genügend, 5 = nicht genügend):

Vor der Werbeveranstaltung:	3	3	1	4	3	2	4	4	5	4	2	2	3	1	3
Nach der Werbeveranstaltung:	3	2	1	2	2	3	2	3	4	5	1	3	2	1	1

Ausgezählt nach den Beurteilungen erhält man folgendes Ergebnis:

Beurteilung	Vor der Werbeveranstaltung	Nach der Werbeveranstaltung
Sehr gut	2	4
Gut	3	5
Befriedigend	5	4
Genügend	4	1
Nicht genügend	1	1
SUMME	15	15

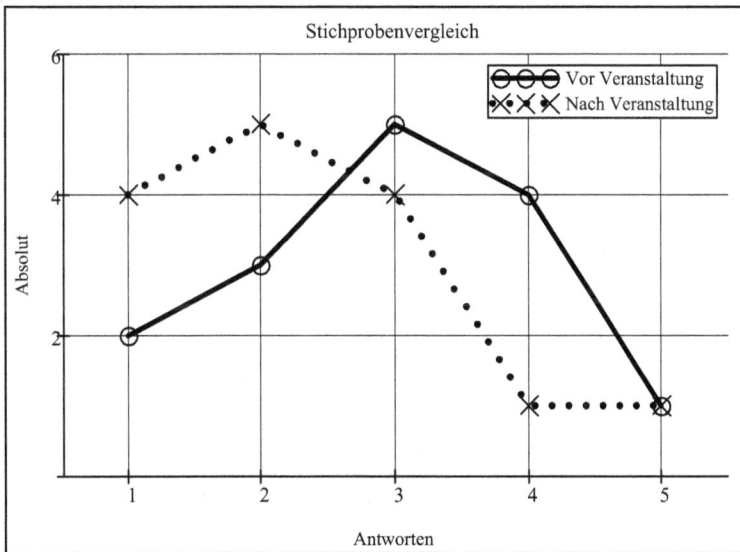

Ordinate:	1	2	3	4	5
Beurteilung:	Sehr gut	Gut	Befriedigend	Genügend	Nicht genügend

Die Besucher beurteilen das Design der neuen Spielkonsole Yoki vor der Werbeveranstaltung im Mittel mit befriedigend und nach der Veranstaltung mit gut. Ist diese Differenz schon ausreichend, um allgemein zu behaupten, dass sich die Beurteilung des Designs zwischen Beginn und Ende der Werbeveranstaltung signifikant verbessert?

Ja, diese Differenz ist groß genug. Man kann generell behaupten, dass sich die Designbeurteilung zwischen Beginn und Ende der Werbeveranstaltung signifikant verändert hat. Zu diesem Ergebnis kommt man wie folgt: Zuerst werden Null- und Alternativhypothese formuliert. Als Nullhypothese nimmt man an, dass die Verteilungen der Beurteilungen des Designs am Anfang und am Ende der Veranstaltung gleich sind:

$$H_0 : \text{Verteilung}_{\text{Beginn}} = \text{Verteilung}_{\text{Ende}}$$

Die Alternative dazu ist

$$H_1 : \text{Verteilung}_{\text{Beginn}} \neq \text{Verteilung}_{\text{Ende}}$$

Die Verteilungen unterscheiden sich zwischen Anfang und Ende der Werbeveranstaltung. Um diese Hypothesen zu prüfen, berechnet man die Maßzahlen T_1 und T_2 mit Hilfe folgender Tabelle. Dabei bleiben Paare mit Null-Differenzen unberücksichtigt.

Vor der Veranstaltung	Nach der Veranstaltung	Differenz	Ränge	Negative Ränge	Positive Ränge
3	3	0	0	-	-
3	2	1	5	-	5
1	1	0	0	-	-
4	2	2	11	-	11
3	2	1	5	-	5
2	3	-1	5	5	-
4	2	2	11	-	11
4	3	1	5	-	5
5	4	1	5	-	5
4	5	-1	5	5	-
2	1	1	5	-	5
2	3	-1	5	5	-
3	2	1	5	-	5
1	1	0	0	-	-
3	1	2	11	-	11
*	*	*	SUMME	15	63

Die Rangsumme der negativen Differenzen T_1 ist 15 und die Rangsumme der positiven Differenzen T_2 ist 63. Zu diesem Ergebnis kommt man durch das Bilden der Beurteilungsdifferenzen zwischen den anfangs gegebenen Antworten und den Antworten am Ende der Werbeveranstaltung. Der erste Befragte beurteilte das Design vor und nach der Veranstaltung mit befriedigend. Die Differenz ist daher 0 und wird nicht weiter berücksichtigt.

Den 12 Nicht-Null-Differenzen (dritte Spalte) werden Rangplätze zugeordnet. Die kleinste Differenz ist 1. Da diese Differenz 9 Mal vorkommt, wird ihr der Durchschnitt aus den Rangzahlen 1, 2, 3,...,9 zugeordnet. Daher erhalten alle 9 1-Differenzen die Rangzahl 5. Wenn die Differenz negativ ist, wird sie den negativen Rängen zugeordnet (Spalte 5), sonst der Spalte 6. Die Summe der negativen Ränge T_1 ergibt 15 und die der positiven ergibt 63.

Die Testmaßzahl T ist normalverteilt mit dem Durchschnitt

$$\mu_T = \frac{n \cdot (n+1)}{4}$$

und der Standardabweichung

$$\sigma_T = \sqrt{\frac{n \cdot (n+1) \cdot (2 \cdot n + 1) - \sum_{i=1}^{k} \frac{f_i^3 - f_i}{2}}{24}}$$

n ist die Anzahl der Differenzen und die Summe der f_i-Werte ist die Korrektur für Durchschnittsränge, also Ränge, die mehrfach vorkommen. Für das Beispiel ist

$$\mu_T = \frac{12 \cdot (12+1)}{4} = 39$$

und

$$\sigma_T = \sqrt{\frac{12 \cdot (12+1) \cdot (2 \cdot 12 + 1) - 372}{24}} = 12.124$$

Die Korrekturen für die Durchschnittsränge können aus folgender Tabelle entnommen werden:

Rangzahlen	f	f³	f³ − f
1, 2, 3, 4, 5, 6, 7, 8, 9	9	729	720
10, 11, 12	3	27	24
SUMME	*	*	744

In der ersten Spalte stehen die gleichen Rangzahlen, in der zweiten ihre Häufigkeit, in der dritten die Häufigkeit zur dritten Potenz und in der vierten Spalte wird davon die Häufigkeit wieder abgezogen. Die Summe der vierten Spalte ergibt 744 und der Korrekturfaktor errechnet sich wie folgt:

$$\sum_{i=1}^{k} \frac{f_i^3 - f_i}{2} = \frac{744}{2} = 372$$

Die Testmaßzahl z_{beob} ist

$$z_{beob} = \frac{T_1 - \mu_T}{\sigma_T} = \frac{15 - 39}{12.124} = -1.979$$

Die Wahrscheinlichkeit für das Auftreten einer so kleinen oder kleineren Testmaßzahl errechnet sich mit Hilfe der Normalverteilung für eine zweiseitige Alternativhypothese auf

$$2 \cdot F_N(-1.979) = 0.048$$

Da diese Wahrscheinlichkeit kleiner ist als 0.05, kann die Nullhypothese auf einem 5% Signifikanzniveau abgelehnt werden.

Zum gleichen Ergebnis kommt man, wenn man den beobachteten z-Wert mit dem kritischen z-Wert vergleicht. Für ein 5%-iges Signifikanzniveau sind die kritischen z-Werte für eine zweiseitige Alternativhypothese $z_c = -1.96$ und $z_c = 1.96$. Da der beobachtete z-Wert $z_{beob} = -1.979$ kleiner ist als der untere kritische z-Wert von -1.96, kann die Nullhypothese abgelehnt werden.

In unten stehender Grafik ist dieses Testergebnis veranschaulicht. Die Testmaßzahl z_{beob} ($= -1.979$) liegt links vor dem linken Kurvenende ($= -1.96$):

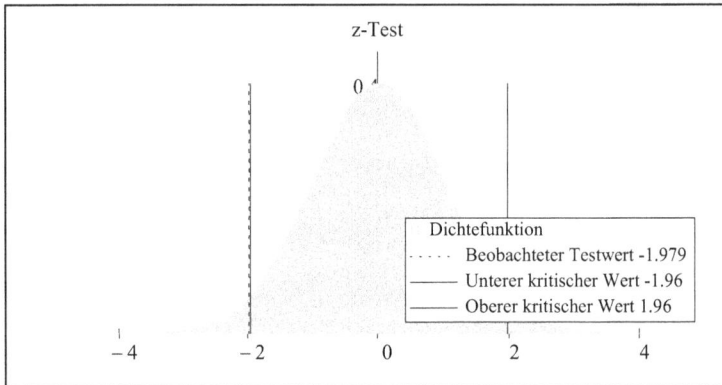

Beobachteter z-Wert	Kritische Werte	p-Wahrscheinlichkeit
-1.979	-1.960, 1.960	0.048

Ohne persönlichen Rechenaufwand kommt man zu diesem Ergebnis mit Hilfe der Autorensoftware. Den Output für dieses Beispiel findet man im Anhang.

Aufgaben

1) Der Autohersteller Audi möchte die Werbestrategie für das neue Modell Audi A6 auf seine Wirksamkeit hin überprüfen. Hierzu werden jeweils 8 Personen vor und nach einer Präsentation über ihre Präferenz befragt (1 = sehr gut, … 5 = sehr schlecht):

Vor der Präsentation:	2	5	1	3	5	2	4	4
Nach der Präsentation:	1	3	1	2	2	1	2	5

Kann angenommen werden, dass die präsentierte Werbestrategie die Einstellung zum Audi A6 verbessert? Signifikanzniveau 5%.

2) Eine Methode zum Abbau von Aggression bei gewalttätigen Jugendlichen soll getestet werden. Als Versuchspersonen stehen 12 Strafgefangene freiwillig zur Verfügung. Die Aggressionswerte vor und nach dem Training zum Abbau von Aggressionen zeigt folgende Tabelle:

Vor dem Training:	33.5	50.5	63	39.0	50.5	57.5	40.5	53.0	49	51.5	57.0	45
Nach dem Training:	39.0	45.5	54	45.5	40.0	50.0	41.0	43.5	56	43.0	49.5	37

Kann auf Grund dieser Daten auf die Wirksamkeit der Methode zum Abbau von Aggressionen geschlossen werden? Signifikanzniveau 5%.

3) Ein Biochemiker prüft an 9 Probanden, ob sich im Serum um 9:00 Uhr und um 18:00 Uhr bestimmte Konzentrationen des Metaboliten M unterscheiden. Die Ergebnisse stehen in folgender Tabelle:

9:00Uhr:	0.47	1.02	0.33	0.70	0.94	0.85	0.39	0.52	0.47
18:00 Uhr:	0.41	1.00	0.46	0.61	0.84	0.87	0.36	0.52	0.51

Ist die Konzentration des Metaboliten M zu den beiden Zeitpunkten verschieden? Signifikanzniveau 5%.

4) 12 Patienten mit einer psychischen Erkrankung nehmen an einer Bewegungstherapie teil. Vor und nach dieser Therapie wurde eine Beschwerdeliste ausgefüllt, die insgesamt 12 Beschwerden wie Kurzatmigkeit, Mattigkeit, Schlaflosigkeit usw. enthielt. Bei den einzelnen Beschwerden musste eine der folgenden Beurteilungen abgegeben werden: stark (= 1), mäßig (= 2), kaum (= 3) und gar nicht (= 4). Die Summe ergab einen Beschwerdeindex vor und nach der Therapie, der in nachstehender Tabelle angezeigt wird:

Vorher:	22	26	16	11	14	19	15	23	30	15	21	26
Nachher:	15	11	18	8	11	16	12	12	27	21	13	15

Bestätigen diese Ergebnisse die Vermutung, dass die Bewegungstherapie die Beschwerden verringert? Signifikanzniveau 5%.

5) Kann durch Entspannungstraining die Konzentrationsleistung von Schülern verbessert werden? Dazu wurde 10 Schülern vor und nach einer Entspannungstrainingsphase ein Konzentrationstest vorgegeben und die erreichten Punkte ausgezählt:

Vorher:	24	23	23	22	28	24	21	29	23	32
Nachher:	25	29	27	30	27	24	26	27	30	29

Unterstützen diese Ergebnisse die Vermutung, dass das Entspannungstraining die Konzentrationsleistung von Schülern fördert? Signifikanzniveau 5%.

3_3 t-Test

Kann man allgemein voraussetzen, dass man für das neue Konsolenspiel "Fantasy" beim dritten Versuch im Schnitt weniger Zeit benötigt als beim ersten Versuch? Bei einer Werbeveranstaltung für die neue Spielkonsole Yoki wurden 15 Besucher getestet, wie viel Zeit sie beim 1. und 3. Spielversuch benötigten:

1.Versuch:	21	19	8	34	21	12	34	28	35	32	12	11	22	9	20
2.Versuch:	4	5	10	14	12	8	12	14	31	12	7	4	10	4	14

Nach drei Zeitintervallen ausgezählt erhält man folgendes Ergebnis:

Spielzeit	Geschlecht	
Unter- Obergrenze	Männlich	Weiblich
4 bis unter 12	3	8
12 bis unter 20	3	6
20 bis unter 36	9	1
SPALTENSUMME	15	15

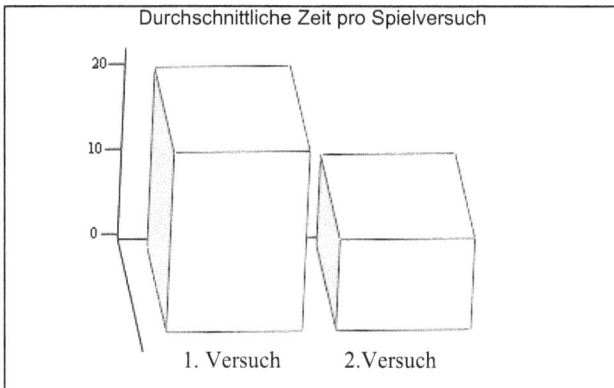

Durchschnittliche Zeit pro Spielversuch

Balken:	1	2
Antworten:	1.Versuch	2.Versuch
Durchschnitt in Sekunden:	21.2	10.733

Im Schnitt benötigten die 15 Besucher 21.200 Sekunden beim ersten Versuch und nur mehr 10.733 Sekunden beim 3. Versuch. Ist diese Zeitdifferenz schon ausreichend, um allgemein zu behaupten, dass sich die Spielzeit zwischen ersten und dritten Versuch signifikant verringert?

Man kann generell behaupten, dass sich die Spielzeit zwischen ersten und dritten Spielversuch signifikant reduziert. Zu diesem Ergebnis kommt man wie folgt: Zuerst werden Null- und Alternativhypothese formuliert.

$$H_0 : \mu_{1.Versuch} = \mu_{3.Versuch}$$

oder

$$H_0 : \mu_{1.\text{Versuch}} - \mu_{3.\text{Versuch}} = \delta_\mu = 0$$

Die Durchschnittszeit beim ersten Versuch ist gleich der beim dritten Versuch und

$$H_1 : \mu_{1.\text{Versuch}} > \mu_{3.\text{Versuch}}$$

oder

$$H_1 : \mu_{1.\text{Versuch}} - \mu_{3.\text{Versuch}} = \delta_\mu > 0$$

Die Durchschnittszeit beim ersten Versuch ist länger als beim dritten. Um diese Hypothesen zu prüfen, berechnet man die Testmaßzahl

$$t_{\text{beob}} = \frac{\overline{x}_{\text{Differenz}}}{\dfrac{\hat{s}_{\text{Differenz}}}{\sqrt{n}}}$$

mit

$$\hat{s}_{\text{Differenz}} = \sqrt{\frac{\sum_{i=1}^{n}\left(d_i - \overline{x}_{\text{Differenz}}\right)^2}{n-1}}$$

und

$$d_i = x_{i,1.\text{Versuch}} - x_{i,3.\text{Versuch}}$$

d_i ist also die jeweilige Differenzzeit zwischen ersten und dritten Versuch der i-ten Person. $\overline{x}_{\text{Differenz}}$ ist der Durchschnitt aus allen Differenzen und $\hat{s}_{\text{Differenz}}$ der Schätzwert für die Standardabweichung daraus.

Für das Beispiel sind die Differenzen zwischen ersten und dritten Versuch:

1. Versuch	3. Versuch	Differenz
21	4	17
19	5	14
8	10	-2
34	14	20
21	12	9
12	8	4
34	12	22
28	14	14
35	31	4
32	12	20
12	7	5
11	4	7
22	10	12
9	4	5
20	14	6
318	161	157

Der Mittelwert aus diesen 15 Differenzen ist

$$\overline{x}_{\text{Differenz}} = \overline{x}_{1.\text{Versuch}} - \overline{x}_{3.\text{Versuch}} = 21.200 - 10.733 = 10.467$$

und der Schätzwert für die Standardabweichung daraus

$$\hat{s}_{\text{Differenz}} = \sqrt{\frac{\sum_{i=1}^{15}(d_i - 10.467)^2}{15-1}} = 7.160$$

Die Testmaßzahl ist

$$t_{\text{beob}} = \frac{10.467}{\dfrac{7.160}{\sqrt{15}}} = 5.662$$

Die Testmaßzahl t_{beob} ist studentverteilt mit

$$\nu = n - 1 = 15 + 1 = 14$$

Freiheitsgraden. Die Wahrscheinlichkeit für das Auftreten einer so großen oder größeren beobachteten Testmaßzahl errechnet sich mit

$$1 - F_t(t_{\text{beob}}, \nu) = 1 - F_t(5.662, 14) = 1 - 0.999 = 0.000$$

Da diese Wahrscheinlichkeit kleiner ist als 0.05, kann die Nullhypothese abgelehnt werden. Zum gleichen Ergebnis kommt man, wenn man den beobachteten t-Wert mit dem kritischen t-Wert vergleicht. Für ein 5%-iges Signifikanzniveau und 14 Freiheitsgraden ist der kritische t-Wert für eine linksseitige Alternativhypothese $t_c = 1.761$. Da der beobachtete t-Wert $t_{\text{beob}} = 5.662$ größer ist als der kritische t-Wert, kann die Nullhypothese auch nach dieser Methode abgelehnt werden.

In unten stehender Grafik ist dieses Testergebnis veranschaulicht. Die Testmaßzahl t_{beob} (= 5.662) liegt rechts nach dem rechten Kurvenende (= 1.761):

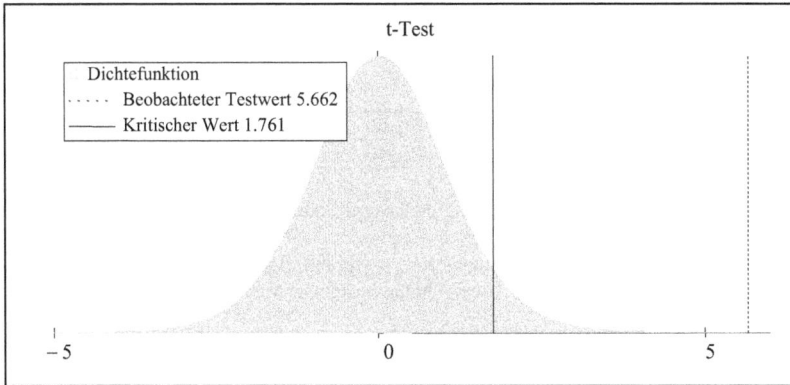

Beobachteter t-Wert	Kritische Werte	p-Wahrscheinlichkeit
5.662	-2.145, 2.145	0.000

Der t-Test setzen voraus, dass die Differenzen in der Grundgesamtheit normalverteilt sind. Diese Voraussetzung kann mit Hilfe des Kolmogorov-Smirnov-Tests (siehe Abschnitt 9.10) überprüft werden. Wenn keine Normalverteilung vorliegt, dann kann man den t-Test nicht anwenden. In diesem Fall kann man mit Hilfe des Wilcoxon-Tests überprüfen, ob sich die beiden Verteilungen in den Grundgesamt-heiten signifikant unterscheiden.

Der Softwareoutput für dieses Beispiel findet sich im Anhang. Das Programm liefert nicht nur eine Maßzahl wie den p-Wert, sondern eine wörtliche Interpretation des Testergebnisses. Dadurch werden Fehlinterpretationen z. B. des p-Wertes verhindert.

Aufgaben

1) Professor G ist der Ansicht, dass seine Gedächtnismethode das Gedächtnis seiner Studenten verbessert. Um dies festzustellen, werden 15 Studenten einem Gedächtnistest unterzogen, bei dem die Anzahl gemerkter Worte festgehalten wird. Anschließend wird ihnen die Methode erklärt und geübt. Das Ergebnis vor und nach der Erklärung der Gedächtnismethode:

Vorher:	12	12	11	9	11	12	8	7	9	12	11	10	9	6	11
Nachher:	14	15	13	13	14	12	10	12	11	13	13	12	14	11	16

Kann man auf Grund dieser Stichproben annehmen, dass die Gedächtnismethode die Gedächtnisleistung der Studenten im Schnitt verbessert? $\alpha = 0.05$.

2) Es wird behauptet, dass die Milchleistung von Kühen von der ersten zur zweiten Laktationsperiode steigt. Von 10 Kühen liegen folgende Beobachtungen vor:

1.Laktationsperiode	3260	3450	3810	4220	4260	5160	2950	2970	3886	3125
2.Laktationsperiode	3250	3350	3930	4380	4210	5320	3310	3120	4119	3100

Bestätigen diese Daten obige Behauptung? Signifikanzniveau $\alpha = 0.05$.

3) Man möchte wissen, ob ältere Erwachsene (ab 50 Jahre) das Internet nach einem Kurs intensiver nut-
zen. Man befragt 9 Personen vor einer Kursteilnahme und nach dem Kurs über ihre tägliche Nutzungszeit
des Internets (Nutzungszeit täglich in Minuten):

Vor dem Kurs:	15	30	20	22	15	0	60	45	20
Nach dem Kurs:	30	15	70	65	120	60	40	45	15

Hat der Internetkurs einen Effekt auf die Internetnutzung? Signifikanzniveau 5%.

4) Kann auf Grund der folgenden Ergebnisse angenommen werden, dass im Hinblick auf die Länge von
linker und rechter Speiche keine signifikanten Unterschiede bestehen (Messung in Millimeter)?

Linke Speiche:	216.0	240.0	236.0	224.5	235.5	224.0	210.0
Rechte Speiche:	217.0	242.0	235.0	227.0	241.0	232.0	214.5

Signifikanzniveau 5%.

5) Es wird behauptet, dass Personen, die mit dem Rauchen aufhören, mit einer Körpergewichtszunahme
rechnen müssen. Bestätigen folgende Messungen diese Vermutung? (Körpergewicht in kg vor dem Aufhören mit dem Rauchen und 6 Monate danach)

Vor der Raucherabstinenz:	65	87	74	59	88	94	68	73	80
Nach der Raucherabstinenz:	70	88	73	68	95	94	77	81	78

Signifikanzniveau 5%.

6) Im Rahmen der Werbeerfolgskontrolle wurden die Umsatzzahlen vor Beginn einer Werbekampagne im
Fernsehen und 2 Monate danach in 9 Filialen eines Unternehmens gemessen: (Umsatz in 1000 Stück)

Vor der Werbekampagne:	12.3	6.8	9.7	33.1	5.9	21.6	8.4	12.8	24.2
Nach der Werbekampagne:	12.0	8.9	12.1	35.1	6.1	20.8	10.7	15.3	22.8

Kann man von einem Erfolg der Werbekampagne sprechen? Signifikanzniveau 5%.

7) Durch ein gezieltes Höhentraining hat sich die Rohkraft von 10 Athleten (Kugelstoßer) um durch-
schnittlich 5 Kilogramm verbessert. (Schätzwert der Standardabweichung 1.5 Kilogramm). Kann man
daraus schließen, dass Höhentraining generell die Rohkraft von Athleten verbessert? Signifikanzniveau
5%.

4_0 ZUSAMMENHANG ZWISCHEN ZWEI STICHPROBEN

Unterschied - Zusammenhang

Wenn man 10 Männer und 10 Frauen aus der Grundgesamtheit der potentiellen Kunden für die Spielkonsole Yoki zufällig auswählt und sie nach ihrer Kaufabsicht befragt, dann wird sich als Ergebnis vermutlich herausstellen, dass sich der Anteil der Männer mit Kaufabsicht vom Anteil der Frauen mit Kaufabsicht unterscheidet. Mit Hilfe geeigneter Tests kann man prüfen, ob diese Unterschiede in den Kaufabsichtsanteilen generell für alle Männer und Frauen gelten.

Diese Unterschiedsprüfung gilt auch für ordinal oder metrisch skalierten Antworten. Fragt man z.B. 10 Männer und 10 Frauen nach ihren monatlichen Einkommen, dann wird sich vermutlich beim Durchschnittseinkommen zeigen, dass Unterschiede zwischen dem monatlichen Durchschnittseinkommen von Männern und Frauen existieren. Mit geeigneten Tests kann geprüft werden, ob diese Unterschiede im Durchschnittseinkommen allgemein für alle potentiellen männlichen und weiblichen Käufer gelten. Die beiden Stichproben sind in diesem Beispiel unabhängig.

Sind die beiden Stichproben nicht unabhängig sondern abhängig, dann kann die Unterschiedshypothese ebenfalls mit geeigneten Verfahren geprüft werden. Befragt man z. B. nicht 10 Männer und 10 Frauen, sondern 10 Personen nach ihrem monatlichen Einkommen vor 5 Jahren und heute, dann sind die beiden Stichproben "Personen vor 5 Jahren" und "Personen heute" abhängig. Mit geeigneten Testverfahren kann auch hier die Frage nach den Unterschieden im Durchschnittseinkommen von diesen beiden abhängigen Stichproben geklärt werden. Man kann aber auch nach dem "Zusammenhang" des Einkommens vor 5 Jahren und heute fragen. Ist z. B. zu erwarten, dass Personen mit hohem Einkommen vor 5 Jahren auch heute ein hohes Einkommen haben? Oder ist es umgekehrt: Personen mit niedrigem Einkommen vor 5 Jahren haben heute ein hohes Einkommen?

Bei der Analyse des Zusammenhanges geht es nicht nur um die gleiche Frage an eine Person vor und nach einer bestimmten Zeit wie beim Einkommen. Man untersucht auch den Zusammenhang verschiedener Fragen an eine Person, wie z. B. den Zusammenhang zwischen Alter und Einkommen: Haben ältere Personen im allgemeinen höhere Einkommen als jüngere Personen?

Die Frage nach dem Zusammenhang stellt sich nicht nur bei metrisch skalierten Antworten. Auch bei ordinalen oder nominalen Stichproben ist die Frage nach dem Zusammenhang gerechtfertigt. Kann man z.B. davon ausgehen, dass zwischen Haarfarbe und Augenfarbe einer Person ein Zusammenhang besteht? Gibt es in der Beurteilung des Designs der Spielkonsole und der Werbeveranstaltung einen Zusammenhang?

Die Stärke des Zusammenhangs wird durch Korrelationskoeffizienten ausgedrückt. Diese Koeffizienten nehmen Werte zwischen 0 und 1 an. Besteht kein Zusammenhang, dann ist der Korrelationskoeffizient 0, besteht vollständiger (linearer) Zusammenhang, dann nimmt der Korrelationskoeffizient den Wert 1 an. Neben der Stärke des Zusammenhangs kann bei ordinal und metrisch skalierten Antworten noch die Richtung des Zusammenhangs durch das Vorzeichen ausgedrückt werden. Ein positives Vorzeichen des Korrelationskoeffizienten bedeutet, dass die Antworten gleichläufig sind. Je älter die Person ist, umso mehr Einkommen hat sie. Bei einem negativen Vorzeichen sind die Antworten gegenläufig: Je schlechter die Werbeveranstaltung beurteilt wird, umso besser wird das Design der Spielkonsole beurteilt.

Mit geeigneten Testverfahren kann geprüft werden, ob die Zusammenhänge, die sich zwischen zwei Stichproben zeigen, auch allgemein gelten. Besteht z.B. zwischen dem Einkommen und dem Alter in einer Stichprobe von 30 Personen ein positiver Zusammenhang von 0.7, dann kann geprüft werden, ob dieser Zusammenhang auch für alle Personen gilt, aus denen sich die Grundgesamtheit zusammensetzt. Im Falle eines signifikanten Zusammenhanges kann man diesen bei metrisch skalierten Antworten mit Hilfe einer so genannten Regressionsfunktion zum Ausdruck bringen. Mit Hilfe dieser Funktion kann man z.B. vom gegebenen Alter auf das Einkommen der Person schließen.

Vorschau

Für nominal skalierte Antworten berechnet man den so genannten Kontingenzkoeffizienten, um einen eventuellen Zusammenhang zwischen zwei Stichproben auszudrücken. Da bei nominalen Antworten keine Ordnungsrelation existiert, gibt der Kontingenzkoeffizient nur über die Stärke nicht aber über die Richtung des Zusammenhanges Auskunft. Untersucht man z.B. den Zusammenhang zwischen dem gewählten Beruf und dem Geschlecht einer bestimmten Bevölkerungsgruppe, so ist zwar die Angabe der Stärke des Zusammenhangs sinnvoll, nicht aber eine Richtung. Der Kontingenzkoeffizient als Maß für den Zusammenhang zwischen nominal skalierten Antworten wird im Abschnitt 4_1 beschrieben.

Im Abschnitt 4_2 wird gezeigt, wie man den Zusammenhang ordinal skalierter Fragen mit Hilfe des Rangkorrelationskoeffizienten ausdrückt und wie man prüft, ob der in den Stichproben festgestellte Zusammenhang auch für die Grundgesamtheiten gilt. Als Beispiel wird untersucht, ob zwischen der Beurteilung der Werbeveranstaltung und des Designs der Spielkonsole Yoki ein Zusammenhang besteht.

Als Beispiel für metrisch skalierte Stichproben werden die Antworten der Besucher einer Werbeveranstaltung verwendet, die einerseits nach ihrem Alter gefragt wurden, andererseits nach ihrem monatlichen Einkommen. Die Berechnung des entsprechenden Maßkorrelationskoeffizienten wird im Abschnitt 4_3 beschrieben. Im folgenden Abschnitt 4_4 wird gezeigt, wie man den festgestellten Zusammenhang zwischen Alter und Einkommen in Form einer linearen Regressionsfunktion ausdrückt, um vom Alter auf das entsprechende Einkommen einer Person zu schließen.

4_1 Kontingenzkoeffizient

Besteht zwischen der Beurteilung des Designs der neuen Spielkonsole und der Werbeveranstaltung ein Zusammenhang? Eine Befragung von 250 Besuchern einer Werbeveranstaltung für die Spielkonsole brachte folgendes Ergebnis:

Veranstaltungs-beurteilung	Designbeurteilung		
	Gut	Mittel	Schlecht
Gut	120	20	20
Mittel	20	10	10
Schlecht	20	10	20
SUMME	160	40	50

Wenn man diese Ergebnisse auf die 250 Befragten bezieht, dann zeigt sich, dass 48% sowohl das Design als auch die Werbeveranstaltung gut beurteilen. Nur 8% beurteilen sowohl das Design als auch die Werbeveranstaltung schlecht. Die Tabelle zeigt diese Prozentsätze:

Veranstaltungs-beurteilung	Designbeurteilung			ZEILEN-SUMME
	Gut	Mittel	Schlecht	
Gut	48%	8%	8%	64%
Mittel	8%	4%	4%	16%
Schlecht	8%	4%	8%	20%
SPALTENSUMME	64%	16%	20%	100%

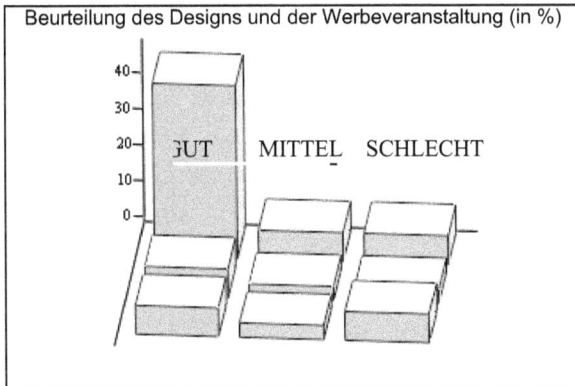

Beurteilung des Designs und der Werbeveranstaltung (in %)

Balken senkrecht	1	2	3
Beurteilung	Gut	Mittel	Schlecht

Um den Zusammenhang zwischen der Beurteilung des Designs und der Werbeveranstaltung auszudrücken, kann man den so genannten Kontingenzkoeffizienten r_c berechnen. Er kann Werte zwischen 0 und 1 annehmen, wobei ein Wert von 0 keinen Zusammenhang bedeutet und 1 vollständigen Zusammenhang. Im vorliegenden Beispiel ist der Kontingenzkoeffizient r_c gleich 0.39, d. h. zwischen der Beurteilung des Designs und der Werbeveranstaltung besteht bei den 250 Befragten zwar ein Zusammenhang. Dieser ist jedoch nicht sehr stark. Kann man auf Grund dieses Stichprobenergebnisses allgemein behaupten, dass zwischen der Beurteilung des Designs der Spielkonsole Yoki und der Werbeveranstaltung ein Zusammenhang besteht?

Der Zusammenhang zwischen den Beurteilungen von Design und Werbeveranstaltung ist nicht groß genug, um allgemein zu behaupten, dass ein Zusammenhang besteht. Es könnte zwar tatsächlich sein, dass zwischen der Beurteilung von Design und Werbeveranstaltung in der Grundgesamtheit aller potentiellen Kunden ein Zusammenhang besteht. Die vorliegende Stichprobe liefert dafür aber keinen ausreichenden Hinweis.

Wie kommt man zu diesem Ergebnis? Zuerst formuliert man die Null- und Alternativhypothese. Die Nullhypothese besagt, dass zwischen der Beurteilung von Design und Werbeveranstaltung kein (= 0) Zusammenhang besteht. Diese Hypothese wird formal wie folgt angeschrieben:

$$H_0 : \rho_c = 0$$

Eine Alternative zu dieser Nullhypothese ist die Vermutung, dass zwischen der Beurteilung von Design und Werbeveranstaltung in der Grundgesamtheit ein Zusammenhang besteht. Formal

$$H_1 : \rho_c > 0$$

An Hand der Ergebnisse der Stichprobe entscheidet man sich für die Nichtannahme oder Ablehnung der Nullhypothese. Dazu berechnet man folgende Testmaßzahl:

$$\chi^2_{beob} = n \cdot \left[\left(\sum_{j=1}^{m} \sum_{k=1}^{t} \frac{h_{jk}^2}{h_j \cdot h_k} \right) - 1 \right]$$

n ist der Umfang der gesamten Stichprobe, h_j und h_k sind die Häufigkeitssummen der Zeilen und Spalten sowie h_{jk} die Häufigkeiten der Antwortkombinationen. In einer Kreuztabelle sind die Häufigkeiten der Antworten und Antwortkombinationen wie folgt angeordnet:

A	B					ZEILEN-SUMME
	B_1	...	B_k	...	B_t	
A_1	h_{11}	...	h_{1k}	...	h_{1t}	$\sum_{k=1}^{t} h_{1k} = h_{1.}$
...	...	...	...	...	...	...
A_j	h_{j1}	...	h_{jk}	...	h_{jt}	$\sum_{k=1}^{t} h_{jk} = h_{j.}$
...	...	...	...	...	...	...
A_m	h_{m1}	...	h_{mk}	...	h_{mt}	$\sum_{k=1}^{t} h_{mk} = h_{m.}$
SPALTEN-SUMME	$\sum_{j=1}^{m} h_{j1} = h_{.1}$	...	$\sum_{j=1}^{m} h_{jk} = h_{.k}$	...	$\sum_{j=1}^{m} h_{jm} = h_{.t}$	$\sum_{j=1}^{m} \sum_{k=1}^{t} h_{jk} = n$

In folgender Kreuztabelle sind neben den Häufigkeiten der Beurteilungskombinationen auch die Zeilen und Spaltensummen des Beispiels nochmals angeführt:

Veranstaltungs-beurteilung	Designbeurteilung			ZEILEN-SUMME
	Gut	Mittel	Schlecht	
Gut	120	20	20	160
Mittel	20	10	10	40
Schlecht	20	10	20	50
SPALTENSUMME	160	40	50	250

Nun kann man die Werte in die Formel für die Chiquadratmaßzahl einsetzen und berechnen:

$$\chi^2_{beob} = 250 \cdot \left(\frac{120^2}{160 \cdot 160} + \frac{20^2}{160 \cdot 40} + \frac{20^2}{160 \cdot 50} + \frac{20^2}{40 \cdot 160} + \frac{10^2}{40 \cdot 40} + ... + \frac{20^2}{50 \cdot 50} - 1 \right) = 27.5$$

Der Kontingenzkoeffizient wird mit Hilfe folgender Formel bestimmt:

$$r_c = \sqrt{\frac{\chi^2_{beob}}{n \cdot q}}$$

mit

$$q = \min(m-1, t-1)$$

m ist die Zahl der Antwortmöglichkeiten der ersten Verteilung und t die entsprechende Zahl der zweiten Verteilung: q = min(3 − 1, 3 − 1) = 2. Für das Beispiel ist der Kontingenzkoeffizient

$$r_c = \sqrt{\frac{27.5}{250 \cdot 2}} = 0.235$$

Die χ^2-Testmaßzahl folgt einer Chiquadratverteilung mit

$$\nu = (m-1) \cdot (t-1)$$

Freiheitsgraden. Im obigen Beispiel sind die Freiheitsgrade gleich

$$\nu = (3-1) \cdot (3-1) = 4$$

und die Wahrscheinlichkeit für das Auftreten einer so großen oder größeren Testmaßzahl von $\chi^2_{beob} = 27.5$ unter Gültigkeit der Nullhypothese ist gleich

$$1 - F_{\chi2}(27.5, 4) = 0.000.$$

(Diesen Wert liest man aus einer geeigneten Tabelle der Chiquadratverteilung ab oder berechnet ihn mit Hilfe entsprechender Programme.) Ist man bereit, in 5 von 100 Fällen eine richtige Nullhypothese abzulehnen, dann ist das Signifikanzniveau α gleich 0.05. Da die Wahrscheinlichkeit für einen χ^2-Wert von 27.5 oder größer, gleich $1 - F_{\chi2}(27.5, 4) = 0.000$ ist, und das Signifikanzniveau mit α = 0.05 angenommen wurde, kann die Nullhypothese abgelehnt werden:

$$1 - F_{\chi^2}(27.5, 4) = 0.000 < 0.05 = \text{Signifikanzniveau}$$

Zum selben Ergebnis kommt man, wenn man den beobachteten mit dem kritischen Wert vergleicht: Unter Gültigkeit der Nullhypothese sind die 5% seltensten χ^2-Werte nach unten beschränkt durch den kritischen Wert χ_c^2 gleich 9.488. Da das aus der Stichprobe errechnete χ_{beob}^2 von 27.5 größer ist als dieser kritische Wert, kann die Nullhypothese auch nach dieser Methode abgelehnt werden:

$$\chi_{beob}^2 = 27.5 > 9.488 = \chi_c^2$$

Man kann auf Grund dieser Stichprobe behaupten, dass zwischen der Beurteilung des Designs und der Werbeveranstaltung allgemein ein Zusammenhang besteht.

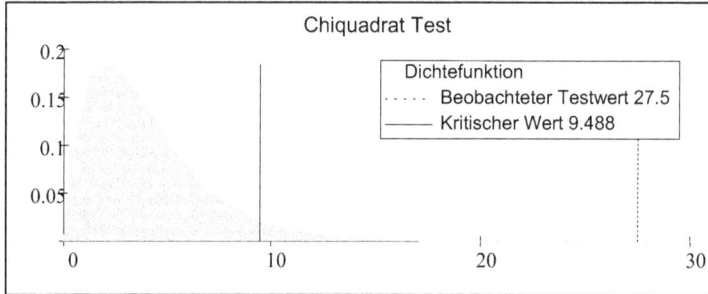

Beobachteter Chiquadrat-Wert	Kritischer Wert	p-Wahrscheinlichkeit
27.5	9.488	0.000

Voraussetzungen für den Chiquadrat-Test

Der Chiquadrat-Test ist nur dann zulässig, wenn keine Antwortkombination Null Mal vorkommt (also keine Zelle der Kreuztabelle den Wert 0 hat) und wenn höchstens 20% aller Antwortkombinationen eine Häufigkeit kleiner gleich 5 aufweisen (höchstens 20% aller Zellen in der Kreuztabelle mit einer Häufigkeit 5). Ist dies nicht der Fall, dann sind die Schlussfolgerungen aus dem Chiquadrat-Test ungültig. Durch Zusammenfassen der Antwortmöglichkeiten oder durch Erhöhung des Stichprobenumfanges kann eventuell diese Voraussetzung des Chiquadrat-Tests erfüllt werden. Ist dies nicht möglich, dann ist der exakte Test von Fisher zu verwenden.

Im oben angeführten Beispiel sind zwar alle Häufigkeiten größer 0, aber mehr als 20% aller Zellenwerte sind kleiner als 5. Die Voraussetzungen des Chiquadrat-Tests sind daher nicht erfüllt. Wenn man daher die Daten „Gut" und „Mittel" zu „Nicht schlecht" zusammenfasst und anstelle des Chiquadrat-Tests den exakten Test von Fisher auf diese Daten anwendet, dann kommt man zum selben Ergebnis.

Aufgaben

1) Bei 32 Personen wurden Augenfarbe und Haarfarbe festgestellt und diese Daten in folgender Tabelle angegeben:

Augen:	Haare:	
	Braun	Schwarz
Braun	12	5
Blau	5	10

Kann man auf Grund dieser Stichproben annehmen, dass zwischen Augenfarbe und Haarfarbe ein Zusammenhang besteht? Signifikanzniveau $\alpha = 0.05$. (In einer 2X2-Tabelle kann an Stelle von r_C der sogenannte ϕ^2 Koeffizient (sprich phi-Quadrat-Koeffizient), der hier den Zusammenhang misst, nach folgender Formel berechnet werden:

$$\phi^2 = \frac{(a \cdot d - b \cdot c)^2}{(a+c) \cdot (b+d) \cdot (a+b) \cdot (c+d)}$$

mit

$$\begin{bmatrix} a & b & (a+b) \\ c & d & (c+d) \\ (a+c) & (b+d) & n \end{bmatrix}$$

Die Testmaßzahl ist hier

$$\chi^2_{beob} = n \cdot \phi^2 \quad .$$

2) Besteht zwischen sozialer Schicht und höchsten Schulabschluss ein Zusammenhang? Eine Stichprobe von 45 befragten Personen lieferte folgendes Ergebnis:

Schulabschluss:	Soziale Schicht:		
	Arbeiterschicht	Mittelschicht	Oberschicht
Pflichtschule	12	7	20
Matura	7	8	17
Hochschulabschluss	1	2	8

Signifikanzniveau 5%

3) Es wird der Zusammenhang zwischen dem Besuch eines Raucherentwöhnungsseminars und dem Erfolg eines nikotinfreien Lebens untersucht. Hierzu wurden 36 Raucher im Rahmen einer Umfrage befragt, die die Absicht hatten sich das Rauchen abzugewöhnen. Die Hälfte der untersuchten Personen besuchte in diesem Zusammenhang ein Raucherentwöhnungsseminar und die andere Hälfte stellte sich ohne dieses Hilfsmittel dieser Herausforderung. Von den18 Personen, die das Raucherentwöhnungsseminar besuchten, sind noch 12 Raucher. Von den 18 Rauchern, die sich das Rauchen ohne Seminar abgewöhnen wollten, waren zum Zeitpunkt der Befragung noch 8 Raucher. Analysieren Sie den Zusammenhang zwischen Rauchen und Raucherentwöhnungsseminar. Signifikanzniveau 5%.

4) Besteht ein signifikanter Zusammenhang zwischen Familieneinkommen und erfolgreichen Schulabschluss? Das Befragungsergebnis von 100 Schülern zeigt folgende Tabelle:

Einkommen:	Schulabschluss:	
	Nicht erfolgreich	Erfolgreich
Gutes Einkommen	5	15
Mittleres Einkommen	10	30
Geringes Einkommen	15	25

Signifikanzniveau 5%.

4_2 Rangkorrelation

Besteht zwischen der Beurteilung des Designs der neuen Spielkonsole und der Werbeveranstaltung ein Zusammenhang? Eine Befragung von 5 Besuchern einer Werbeveranstaltung für die Spielkonsole brachte folgendes Ergebnis:

Besucher	Design	Werbeveranstaltung
1	gut	gut
2	genügend	schlecht
3	befriedigend	sehr schlecht
4	genügend	mittelmäßig
5	sehr gut	sehr gut

Wenn man diese Ergebnisse auf die 5 Befragten bezieht, dann zeigt sich, dass 20% sowohl das Design als auch die Werbeveranstaltung sehr gut beurteilen. 20% beurteilen sowohl das Design als auch die Werbeveranstaltung schlecht bzw. nicht genügend. Die Grafik zeigt diese Prozente:

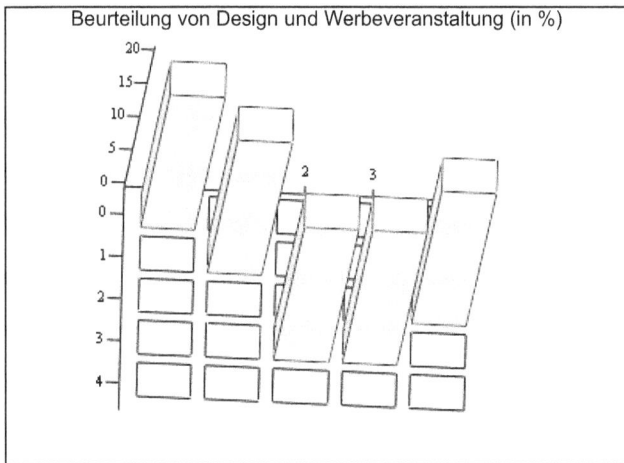

Balken	0	1	2	3	4
Beurteilung	Sehr gut	Gut	Mittelmäßig	Schlecht	Sehr schlecht

Um den Zusammenhang zwischen der Beurteilung des Designs und der Werbeveranstaltung auszudrücken, kann man den so genannten Rangkorrelationskoeffizienten berechnen. Er kann Werte zwischen -1 und $+1$ annehmen, wobei ein Wert von 0 keinen Zusammenhang bedeutet und -1 einen negativen und $+1$ einen positiven Zusammenhang. Im vorliegenden Beispiel ist der Rangkorrelationskoeffizient r_S gleich 0.667, d.h. zwischen der Beurteilung des Designs und der Werbeveranstaltung besteht bei den 5 Befragten ein positiver Zusammenhang. Je besser ein Besucher das Design beurteilt, desto besser beurteilt er auch die Werbeveranstaltung. (Wäre der Rangkorrelationskoeffizient negativ, dann wäre die Interpretation: Je besser ein Besucher das Design beurteilt, umso schlechter beurteilt er die Werbeveranstaltung).

Kann man auf Grund dieses Stichprobenergebnisses allgemein behaupten, dass zwischen der Beurteilung des Designs der Spielkonsole Yoki und der Werbeveranstaltung ein positiver Zusammenhang besteht?

Der Zusammenhang zwischen den Beurteilungen von Design und Werbeveranstaltung ist nicht groß genug, um allgemein zu behaupten, dass ein Zusammenhang vorliegt. Es könnte zwar tatsächlich sein, dass zwischen der Beurteilung von Design und Werbeveranstaltung in der Grundgesamtheit aller potentiellen Kunden ein Zusammenhang besteht. Die Stichprobe liefert dafür aber keine hinreichende Begründung.

Wie kommt man zu diesem Ergebnis? Zuerst formuliert man die Null- und Alternativhypothese. Die Nullhypothese besagt, dass zwischen der Beurteilung von Design und Werbeveranstaltung kein (= 0) Zusammenhang besteht. Diese Hypothese wird formal wie folgt angeschrieben:

$$H_0 : \rho_S = 0$$

Eine Alternative zu dieser Nullhypothese ist die Vermutung, dass zwischen der Beurteilung von Design und Werbeveranstaltung in der Grundgesamtheit ein positiver Zusammenhang besteht. Formal

$$H_1 : \rho_S > 0$$

An Hand der Ergebnisse der Stichprobe entscheidet man sich für die Annahme oder Ablehnung der Null- oder Alternativhypothese. Dazu berechnet man folgende Testmaßzahl:

$$t_{beob} = r_S \cdot \sqrt{\frac{n-2}{1-r_S^2}}$$

n ist der Umfang der gesamten Stichprobe und r_S ist der Rangkorrelationskoeffizient der Stichprobe. Diese Testmaßzahl folgt einer Studentverteilung mit

$$\nu = n - 2$$

Freiheitsgraden. In folgender Tabelle sind die Zwischenschritte zur Berechnung des Rangkorrelationskoeffizienten angegeben. Zuerst werden die Beurteilungen in Rangzahlen transformiert:

Besucher	Design	$R(x_i)$	Werbeveranstaltung	$R(y_i)$
1	gut	2	gut	2
2	genügend	4.5	schlecht	4
3	befriedigend	3	sehr schlecht	5
4	genügend	4.5	mittelmäßig	3
5	sehr gut	1	sehr gut	1

Die Rangzahlen für die Beurteilung des Designs (= x) erhält man durch die Zuordnung der Rangzahlen zu den Beurteilungen. Der Besucher 5 beurteilte das Design mit "sehr gut" und bekommt die Rangzahl 1 (= $R(x_5)$), der Besucher 1 beurteilte das Design mit "gut". Daher bekommt er die Rangzahl 2 (= $R(x_1)$). Mit befriedigend" beurteilte der Besucher 3 das Design und bekommt daher die Rangzahl 3. Die Besucher 2 und 4 gaben die gleiche Beurteilung nämlich "genügend". Sie erhalten daher den Durchschnitt aus den letzten Rangzahlen 4 und 5, nämlich 4.5 zugeordnet. Auf die gleiche Art bestimmt man die Rangzahlen $R(y_i)$ für die Beurteilungen der Werbeveranstaltung (= y). Nun kann der Rangkorrelationskoeffizient berechnet werden. In folgender Tabelle sind die Zwischenschritte angegeben:

Besucher	$R(x_i)$	$R(y_i)$	$R(x_i)^2$	$R(y_i)^2$	$R(x_i)R(y_i)$
1	2	2	4	4	4
2	4.5	4	20.25	16	18
3	3	5	9	25	15
4	4.5	3	20.25	9	13.5
5	1	1	1	1	1
SUMMEN	15	15	54.5	55	51.5

Den Rangkorrelationskoeffizienten kann man nach folgender einfachen Formel berechnen:

$$r_S = \frac{\sum\limits_{i=1}^{n} R(x_i) \cdot R(y_i) - n \cdot R_{\bar{x}} \cdot R_{\bar{y}}}{\sqrt{\left(\sum\limits_{i=1}^{n} R(x_i)^2 - n \cdot R_{\bar{x}}^2\right) \cdot \left(\sum\limits_{i=1}^{n} R(y_i)^2 - n \cdot R_{\bar{y}}^2\right)}}$$

Wenn man die Zahlen des Beispiels einsetzt, erhält man folgendes Ergebnis:

$$r_S = \frac{51.5 - 5 \cdot \dfrac{15}{5} \cdot \dfrac{15}{5}}{\sqrt{\left(54.50 - 5 \cdot 3^2\right) \cdot \left(55 - 5 \cdot 3^2\right)}} = 0.667$$

Für die Testmaßzahl erhält man

$$t_{beob} = 0.667 \cdot \sqrt{\frac{5-2}{1 - 0.667^2}} = 1.550$$

mit 5 − 2 = 3 Freiheitsgraden. Die Wahrscheinlichkeit für das Auftreten einer so großen oder größeren Testmaßzahl von $t_{beob} = 1.550$ unter Gültigkeit der Nullhypothese ist gleich 1 - $F_t(1.550, 3)$ = 0.109. (Diesen Wert liest man aus einer geeigneten Tabelle der t-Verteilung ab oder berechnet ihn mit Hilfe entsprechender Programme.) Ist man bereit, in 5 von 100 Fällen eine richtige Nullhypothese abzulehnen, dann ist das Signifikanzniveau α gleich 0.05. Da die Wahrscheinlichkeit für einen t-Wert von 1.550 oder größer gleich 1 − $F_t(1.550, 3)$ = 0.109 ist, und das Signifikanzniveau mit 0.05 angenommen wurde, kann die Nullhypothese nicht abgelehnt werden:

$$1 - F_t(1.550, 3) = 0.109 > 0.05 = \text{Signifikanzniveau}$$

Zum selben Ergebnis kommt man, wenn man den beobachteten mit den kritischen Wert vergleicht: Unter Gültigkeit der Nullhypothese sind die 5% seltensten t-Werte für eine einseitige Alternativhypothese nach unten beschränkt durch den kritischen Wert t_c gleich 2.353. Da das aus der Stichprobe errechnete t_{beob} von 1.550 kleiner ist als dieser kritische Wert, kann die Nullhypothese auch nach dieser Methode nicht abgelehnt werden.

$$t_{beob} = 1.550 < 2.353 = t_c$$

Man kann auf Grund dieser Stichprobe nicht behaupten, dass zwischen der Beurteilung des Designs und der Werbeveranstaltung allgemein ein Zusammenhang besteht. Die Grafik zeigt die Studentverteilung, die kritischen Werte t_o sowie den beobachteten Wert t_{beob}:

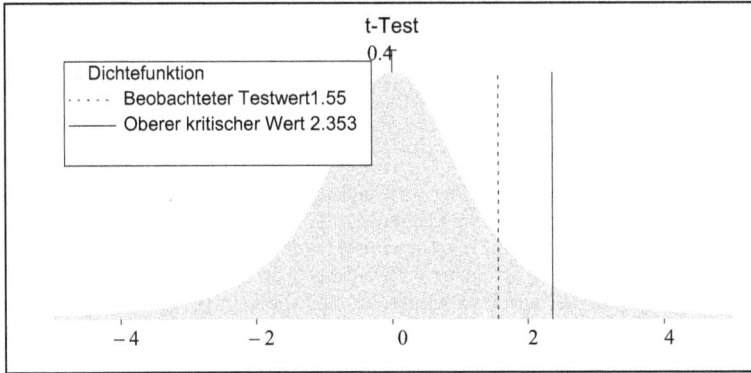

Beobachteter t-Wert	Kritische Werte	p-Wahrscheinlichkeit
1.550	$-\infty$, 2.353	0.109

Der Output des Softwareprogrammes für dieses Beispiel steht im Anhang und erfordert nur die Dateneingabe und die Wahl eines Signifikanzniveaus und eines ein- oder zweiseitigen Tests.

Aufgaben

1) Um die Beurteilung von Deutschaufsätzen zu untersuchen, wurden die Aufsätze von 10 Schülern zwei Lehrern vorgelegt, die sie ohne gegenseitige Beeinflussung in je eine Rangreihe brachten. Das Ergebnis zeigt folgende Übersicht:

Lehrer	Schüler									
	A	B	C	D	E	F	G	H	I	J
Lehrer 1	3	10	4	2	5	6	8	7	1	9
Lehrer 2:	1	9	8	5	4	6	2	3	7	10

Besteht in der Beurteilung durch die beiden Lehrer ein signifikanter Zusammenhang? $\alpha = 5\%$.

2) Zwei Personen verkosten 10 italienische Rotweine und bewerten sie mit einer ordinalen Notenskala von 1 bis 5. Die Ergebnisse der Bewertung sind wie folgt:

Sommelier	Wein									
	A	B	C	D	E	F	G	H	I	J
Sommelier 1:	1	2	4	5	2	2	4	3	1	4
Sommelier 2:	2	3	5	4	2	2	3	4	3	2

Besteht in der Beurteilung der Weine durch die beiden Verkoster ein signifikanter Zusammenhang? $\alpha = 5\%$.

4_3 Maßkorrelation

Besteht zwischen dem Alter und dem Einkommen der potentiellen Kunden für die neue Spielkonsole Yoki ein Zusammenhang? Eine Befragung von 10 Besuchern einer Werbeveranstaltung für die Spielkonsole brachte folgendes Ergebnis:

Alter in Jahren:	36	45	19	62	27	35	45	55	43	35
Einkommen in 100 €:	32	42	24	51	23	25	36	45	50	23

In der ersten Zeile steht das Alter der befragten Personen und in der zweiten das jeweilige Monatseinkommen (in 100 €). Wenn man das Alter der Befragten auf der horizontalen Achse aufträgt und das entsprechende Einkommen auf der vertikalen, dann sieht man, wie stark die Wertepaare streuen. Liegen die Punkte eng um eine gedachte Linie, die von links unten nach rechts oben ansteigt, dann besteht ein starker positiver Zusammenhang zwischen Alter und Einkommen: Je älter die befragte Person, umso höher das Einkommen. Die Grafik zeigt dies:

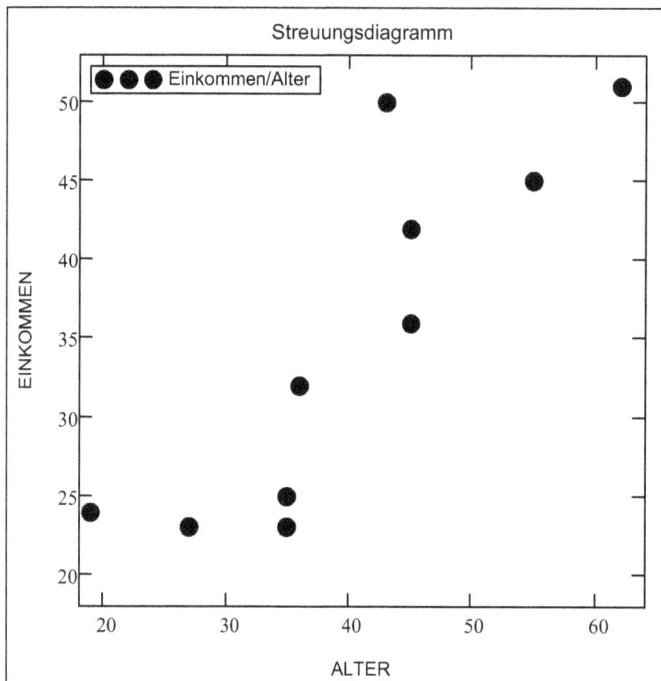

Wenn die Punkte eng um eine gedachte Linie lägen, die von links oben nach rechts unten abfällt, dann würde dies einen negativen Zusammenhang zum Ausdruck bringen: Je älter die befragte Person, umso geringer ist sein Einkommen. Verteilen sich die Punkte zufällig im gezeigten Quadranten, dann würde kein Zusammenhang zwischen Alter und Einkommen bestehen.

Um den Zusammenhang zwischen dem Alter und dem Einkommen durch eine Zahl auszudrücken, kann man den so genannten Maßkorrelationskoeffizienten berechnen. Er kann Werte zwischen −1 und +1 annehmen, wobei ein Wert von 0 keinen Zusammenhang bedeutet, −1 einen negativen und +1 einen positiven Zusammenhang. Im vorliegenden Beispiel ist der Maßkorrelationskoeffizient r_M gleich 0.851, d.h. zwischen dem Alter und dem Einkommen des Befragten besteht ein positiver Zusammenhang. Je älter ein Besucher ist, desto mehr monatliches Einkommen bezieht er.

Kann man auf Grund dieses Stichprobenergebnisses allgemein behaupten, dass zwischen dem Alter der potentiellen Kunden und deren Einkommen ein positiver Zusammenhang besteht?

Der Zusammenhang zwischen dem Alter und dem Einkommen ist groß genug, um allgemein zu behaupten, dass ein Zusammenhang vorliegt. Es könnte zwar tatsächlich sein, dass zwischen dem Alter und dem Einkommen in der Grundgesamtheit aller potentiellen Kunden kein Zusammenhang besteht. Das Risiko, dass dies nicht der Fall ist, liegt bei höchstens 5%.

Wie kommt man zu diesem Ergebnis? Zuerst formuliert man die Null- und Alternativhypothese. Die Nullhypothese besagt, dass zwischen dem Alter und dem Einkommen der potentiellen Kunden kein (= 0) Zusammenhang besteht. Diese Hypothese wird formal wie folgt angeschrieben:

$$H_0 : \rho_M = 0$$

Eine Alternative zu dieser Nullhypothese ist die Vermutung, dass zwischen dem Alter und dem Einkommen in der Grundgesamtheit ein positiver Zusammenhang besteht. Formal

$$H_0 : \rho_M > 0$$

An Hand der Ergebnisse der Stichprobe entscheidet man sich für die Annahme oder Ablehnung der Null- oder Alternativhypothese. Dazu berechnet man folgende Testmaßzahl:

$$t_{beob} = r_M \cdot \sqrt{\frac{n-2}{1-r_M^2}}$$

n ist der Umfang der gesamten Stichprobe und r_M ist der Maßkorrelationskoeffizient der Stichprobe. Diese Testmaßzahl folgt einer Studentverteilung mit

$$\nu = n - 2$$

Freiheitsgraden.

r_M ist der Maßkorrelationskoeffizient der Stichprobe und wie folgt definiert:

$$r_M = \frac{\sum_{i=1}^{n} x_i \cdot y_i - n \cdot \overline{x} \cdot \overline{y}}{\sqrt{\left(\sum_{i=1}^{n} x_i^2 - n \cdot \overline{x}^2\right) \cdot \left(\sum_{i=1}^{n} y_i^2 - n \cdot \overline{y}^2\right)}} = \frac{s_{xy}^2}{\sqrt{s_x^2 \cdot s_y^2}}$$

s_x^2 und s_y^2 sind die Varianzen von Alter und Einkommen, $\overline{x}$ und $\overline{y}$ die entsprechenden Durchschnitte. s_{xy}^2 ist die Kovarianz zwischen Alter und Einkommen. In folgender Tabelle sind die Zwischenschritte zur Berechnung des Maßkorrelationskoeffizienten angegeben.

Besucher	x_i	y_i	x_i^2	y_i^2	$x_i y_i$
1	36	32	1296	1024	1152
2	45	42	2025	1764	1890
3	19	24	361	576	456
4	62	51	3844	2601	3162
5	27	23	729	529	621
6	35	25	1225	625	875
7	45	36	2025	1296	1620
8	55	45	3025	2025	2475
9	43	50	1849	2500	2150
10	35	23	1225	529	805
SUMMEN	402	351	17604	13469	15206

Der Maßkorrelationskoeffizienten kann nun wie folgt berechnen werden:

$$r_M = \frac{15206 - 10 \cdot \dfrac{402}{10} \cdot \dfrac{351}{10}}{\sqrt{\left(17604 - 10 \cdot \left(\dfrac{402}{10}\right)^2\right) \cdot \left(13469 - 10 \cdot \left(\dfrac{351}{10}\right)^2\right)}} = 0.851$$

Für die Testmaßzahl erhält man

$$t_{beob} = 0.851 \cdot \sqrt{\frac{10-2}{1-0.851^2}} = 4.581$$

mit 10 − 2 = 8 Freiheitsgraden.

Die Wahrscheinlichkeit für das Auftreten einer so großen oder größeren Testmaßzahl von $t_{beob} = 4.581$ unter Gültigkeit der Nullhypothese ist gleich 1 - $F_t(4.581, 8)$ = 0.001. (Diesen Wert liest man aus einer geeigneten Tabelle der t-Verteilung ab oder berechnet ihn mit Hilfe entsprechender Programme.) Wenn man bereit ist, in 5 von 100 Fällen eine richtige Nullhypothese abzulehnen, dann ist das Signifikanzniveau α gleich 0.05. Da die Wahrscheinlichkeit für einen t-Wert von 4.583 oder größer gleich 1 − $F_t(4.581, 8)$ = 0.001 ist und das Signifikanzniveau mit 0.05 angenommen wurde, kann die Nullhypothese abgelehnt werden:

$$1 - F_t\left(4.581, 8\right) = 0.001 < 0.05 = \text{Signifikanzniveau}$$

Zum selben Ergebnis kommt man, wenn man den beobachteten mit den kritischen Wert vergleicht: Unter Gültigkeit der Nullhypothese sind die 5% seltensten t-Werte nach unten beschränkt durch den kritischen Wert t_c gleich 1.860. Da das aus der Stichprobe errechnete t_{beob} von 4.581 größer ist als dieser kritische Wert, kann die Nullhypothese abgelehnt werden.

$$t_{beob} = 4.581 > 1.86 = t_c$$

Man kann auf Grund dieser Stichprobe behaupten, dass zwischen dem Alter und dem Einkommen aller potentiellen Kunden allgemein ein positiver Zusammenhang besteht.

Die Grafik zeigt die Studentverteilung, die kritischen Werte t_c sowie den beobachteten Wert t_{beob}:

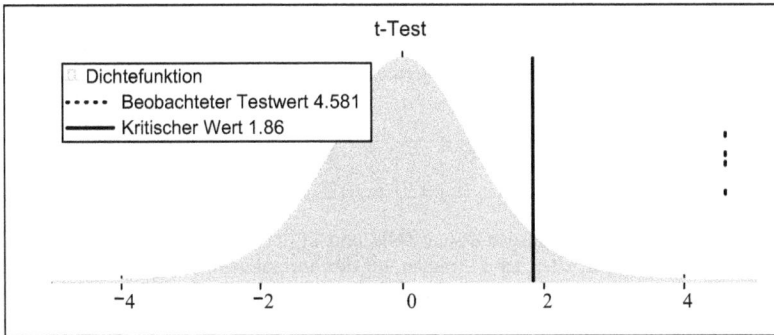

Beobachteter t-Wert	Kritische Werte	p-Wahrscheinlichkeit
4.581	$-\infty$, 1.860	0.001

Einfacher kommt man zu dieser Interpretation des Zusammenhanges zwischen Alter und Einkommen mit Hilfe des Softwareprogrammes. Der Output für dieses Beispiel findet sich im Anhang.

Aufgaben

1) Um festzustellen, ob zwischen der Länge der Verkaufserfahrung und dem Umsatz von Versicherungsagenten ein Zusammenhang besteht, wurden 10 Versicherungsagenten zufällig ausgewählt und folgende Daten erfasst:

Erfahrung in Jahren:	1	2	3	4	5	6	7	8	9	10
Umsatz in 100000 €:	3	2	5	4	6	8	9	9	12	10

Kann man allgemein behaupten, dass zwischen der Länge der Verkaufserfahrung und dem Umsatz von Versicherungsagenten ein signifikanter Zusammenhang besteht? Signifikanzniveau 5%.

2) In folgender Tabelle ist der Intelligenzquotient von 7 eineiigen Zwillingen eingetragen, die nah der Geburt getrennt wurden. In der ersten Zeile steht der Intelligenzquotient des Kindes, das bei den Eltern aufgewachsen ist, in der zweiten jenes Kindes, das bei Pflegeeltern aufwuchs:

Leibliche Eltern:	98	100	104	104	102	102	104
Pflegeeltern:	94	94	103	105	99	102	103

Besteht zwischen dem Intelligenzquotienten von eineiigen Zwillingen ein signifikanter Zusammenhang? Signifikanzniveau 5%.

3) Besteht zwischen Humusgehalt und Stickstoffgehalt von Waldböden ein signifikanter Zusammenhang?

Humusgehalt:	102	50	181	8	140	81	66
Stickstoffgehalt:	1.38	0.71	2.05	0.12	1.95	1.09	1.01

Signifikanzniveau 5%.

4_4 Einfach-Regression

Kann man vom Alter der potentiellen Kunden für die neue Spielkonsole Yoki auf ihr monatliches Einkommen schließen? Eine Befragung von 10 Besuchern einer Werbeveranstaltung für die Spielkonsole brachte folgendes Ergebnis:

Alter in Jahren:	36	45	19	62	27	35	45	55	43	35
Einkommen in 100 €:	32	42	24	51	23	25	36	45	50	23

Das Alter der befragten Personen steht in der ersten Zeile und in der zweiten das jeweilige Monatseinkommen (in 100 €). Wenn man das Alter der Befragten auf der horizontalen Achse aufträgt und das entsprechende Einkommen auf der vertikalen, dann sieht man, wie stark die Wertepaare streuen. Liegen die Punkte eng um eine Gerade (hier durchgezogen eingetragen), der so genannten Regressionsgeraden, dann ist es möglich, vom Alter der potentiellen Kunden auf ihr monatliches Einkommen zu schließen.

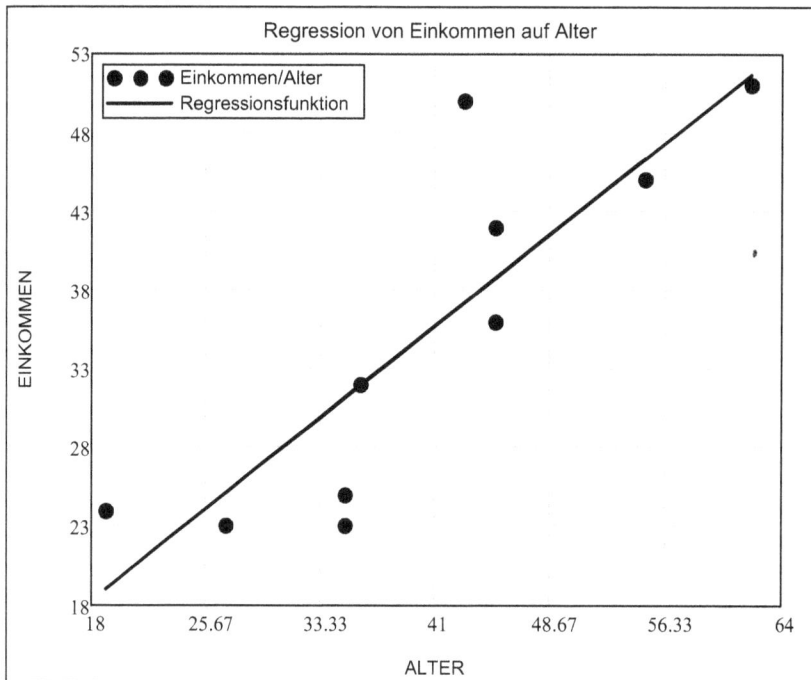

Um das Ergebnis vorwegzunehmen: Die beobachteten Wertepaare liegen eng genug um die Regressionsgerade. Man kann allgemein behaupten, dass die aus den Stichproben errechnete Regressionsfunktion zwischen Alter und Einkommen für alle potentiellen Kunden der Spielkonsole Yoki gilt. Diese lineare Regressionsfunktion ist

$$\text{Einkommen}_i = 4.585 + 0.759 \cdot \text{Alter}_i .$$

Mit dieser Funktion kann man für jedes Alter der potentiellen Kunden einen Schätzwert für das monatliche Einkommen bestimmen. Für einen 30-Jährigen ergibt sich z.B. durch Einsetzen ein monatliches Einkommen von 2735.5 € ($= 27.357 \cdot 100$)

$$27.357 = 4.585 + 0.759 \cdot 30$$

Ein 30-jähriger Kunde wird sicher nicht genau 2735.5 € verdienen. Die Wahrscheinlichkeit für diese Punktschätzung ist Null. Man kann jedoch mit einem Vertrauen von 95% erwarten, dass sein monatliches Einkommen zwischen 1163 € und 4308 € liegt.

Der Regressionskoeffizient von 0.759 (der der Steigung der Geraden entspricht) besagt, dass pro Altersjahr das Einkommen im Schnitt um 75.90 € ($= 0.759 \cdot 100$) zunimmt.

Wie kommt man zu diesem Ergebnis? Zuerst berechnet man aus den Stichprobenwerten die lineare Regressionsfunktion und prüft dann, ob die Beobachtungen eng genug um die Regressionsgerade liegen. Anders ausgedrückt: Man prüft, ob die Streuung der beobachteten Alters- und Einkommensangaben um die Regressionsfunktion klein genug ist, um allgemein zu behaupten, dass zwischen Alter und Einkommen eine lineare Abhängigkeit besteht.

Für die lineare Regressionsfunktion der Stichprobe

$$y_i = b_0 + b_1 \cdot x_i$$

werden die beiden Regressionskoeffizienten b_0 und b_1 mit Hilfe folgender Formeln bestimmt:

$$b_1 = \frac{s_{xy}^2}{s_x^2} = r_M \cdot \frac{s_y}{s_x} = \frac{\sum_{i=1}^{n}(x_i - \overline{x}) \cdot (y_i - \overline{y})}{\sum_{i=1}^{n}(x_i - \overline{x})^2} = \frac{\sum_{i=1}^{n}(x_i - \overline{x}) \cdot y_i}{\sum_{i=1}^{n}(x_i - \overline{x})^2}$$

$$b_0 = \overline{y} - b_1 \cdot \overline{x}$$

s_{xy}^2 ist die Kovarianz zwischen x_i und y_i, s_x^2 ist die Varianz von x_i und $\overline{x}$, $\overline{y}$ sind die beiden Durchschnitte. Folgende Tabelle zeigt die Berechnung für obiges Beispiel mit x = Alter (die so genannte unabhängige Variable) und y = Einkommen (die so genannte abhängige Variable):

Besucher	x_i	y_i	$x_i - \overline{x}$	$(x_i - \overline{x}) \cdot y_i$	$(x_i - \overline{x})^2$
1	36	32	-4.2	-134.4	17.64
2	45	42	4.8	201.6	23.04
3	19	24	-21.2	-508.8	449.44
4	62	51	21.8	1111.8	475.24
5	27	23	-13.2	-303.6	174.24
6	35	25	-5.2	-130	27.04
7	45	36	4.8	172.8	23.04
8	55	45	14.8	666	219.04
9	43	50	2.8	140	7.84
10	35	23	-5.2	-119.6	27.04
SUMMEN	402	351	*	1095.8	1443.6

Mit Hilfe dieser Zwischenergebnisse kann man nun die beiden Regressionskoeffizienten berechnen

$$b_1 = \frac{\sum_{i=1}^{n}(x_i - \overline{x}) \cdot y_i}{\sum_{i=1}^{n}(x_i - \overline{x})^2} = \frac{1095.8}{1443.6} = 0.759$$

$$b_0 = \overline{y} - b_1 \cdot \overline{x} = \frac{351}{10} - 0.759 \cdot \frac{402}{10} = 4.585$$

und hat als Ergebnis die Stichprobenregressionsfunktion

$$\hat{y}_i = 4.585 + 0.759 \cdot x_i$$

$\hat{y}$ ist der Schätzwert für das beobachtete y. Wenn diese Regressionsfunktion allgemein gültig ist, dann muss der Regressionskoeffizient β_1 in der Grundgesamtheit aller potentiellen Käufer der Spielkonsole von Null verschieden sein. Ein Regressionskoeffizient von Null bedeutet, dass die Steigung der linearen Funktion Null ist und daher die unabhängige Variable keinen Einfluss auf die abhängige Variable ausübt. Diese Hypothese wird formal wie folgt angeschrieben:

H_0: β_0 beliebig und $\beta_1 = 0$.

Eine Alternative zu dieser Nullhypothese ist die Vermutung, dass das Alter einen signifikanten Einfluss auf das Einkommen in der Grundgesamtheit hat.

H_1: β_0 beliebig und $\beta_1 \neq 0$.

An Hand der Ergebnisse der Stichprobe entscheidet man sich für die Annahme oder Ablehnung der Null- oder Alternativhypothese. Dazu berechnet man folgende Testmaßzahl:

$$F_{beob} = \frac{\sum_{i=1}^{n}(\hat{y}_i - \overline{y})^2}{\sum_{i=1}^{n}(y_i - \hat{y}_i)^2} \cdot \frac{v_2}{v_1}$$

n ist der Umfang der gesamten Stichprobe, y_i und $\hat{y}_i$ (gelesen y Dach i) sind die beobachteten und geschätzten Werte der abhängigen Variablen und $\overline{y}$ (gelesen y quer) ist der Durchschnitt aus den beobachteten Werten der Stichprobe. Diese Testmaßzahl folgt einer F-Verteilung mit

$v_1 = 1$

$v_2 = n - 2$

Freiheitsgraden. In folgender Tabelle sind die Zwischenschritte zur Berechnung der Testmaßzahl angegeben.

Besucher	y_i	$\hat{y}_i$	$y_i - \hat{y}_i$	$(y_i - \hat{y}_i)^2$	$\hat{y}_i - \bar{y}$	$(\hat{y}_i - \bar{y})^2$
1	32	31.912	0.088	0.008	-3.188	10.164
2	42	38.744	3.256	10.604	3.644	13.276
3	24	19.008	4.992	24.924	-16.092	258.965
4	51	51.648	-0.648	0.420	16.548	273.831
5	23	25.080	-2.080	4.327	-10.020	100.396
6	25	31.153	-6.153	37.857	-3.947	15.580
7	36	38.744	-2.744	7.527	3.644	13.276
8	45	46.334	-1.334	1.780	11.234	126.210
9	50	37.225	12.775	163.190	2.125	4.517
10	23	31.153	-8.153	66.468	-3.947	15.580
SUMMEN	351	*	*	317.105	*	831.795

Die Testmaßzahl kann nun wie folgt berechnet werden:

$$F_{beob} = \frac{\sum_{i=1}^{n}(\hat{y}_i - \bar{y})^2}{\sum_{i=1}^{n}(y_i - \hat{y}_i)^2} \cdot \frac{v_2}{v_1} = \frac{831.795}{317.105} \cdot \frac{8}{1} = 20.985$$

mit

$$v_1 = 1$$
$$v_2 = n - 2 = 10 - 2 = 8$$

Freiheitsgraden. Die Wahrscheinlichkeit für das Auftreten einer so großen oder größeren Testmaßzahl von $F_{boeb} = 20.985$ unter Gültigkeit der Nullhypothese ist gleich $1 - F_F(20.985, 1, 8) = 0.002$. (Diesen Wert liest man aus einer geeigneten Tabelle der F-Verteilung ab oder berechnet ihn mit Hilfe entsprechender Programme.) Ist man bereit, in 5 von 100 Fällen eine richtige Nullhypothese abzulehnen, dann ist das Signifikanzniveau α gleich 0.05. Da die Wahrscheinlichkeit für einen F-Wert von 20.985 oder größer gleich $1 - F_F(20.985, 1, 8) = 0.002$ ist und das Signifikanzniveau mit 0.05 angenommen wurde, kann die Nullhypothese abgelehnt werden:

$$1 - F_F(20.985, 1, 8) = 0.002 < 0.05 = \text{Signifikanzniveau}$$

Zum selben Ergebnis kommt man, wenn man den Testwert mit dem kritischen Wert vergleicht: Unter Gültigkeit der Nullhypothese sind die 5% seltenstem F-Werte nach unten beschränkt durch den kritischen Wert F_c gleich 5.318. Da das aus der Stichprobe errechnete F_{beob} von 20.985 größer ist als dieser kritische Wert, kann die Nullhypothese auch nach dieser Methode abgelehnt werden.

$$F_{beob} = 20.985 > 5.318 = F_c$$

Man kann auf Grund dieser Stichprobe behaupten, dass zwischen dem Alter als unabhängige Variable und dem Einkommen aller potentiellen Kunden als abhängige Variable allgemein ein linearer Zusammenhang besteht.

Die Grafik zeigt die F-Verteilung, den kritischen Wert F_c sowie den beobachteten Wert F_{boeb}:

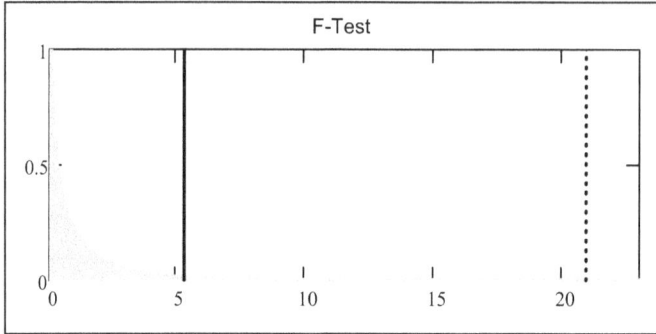

Beobachteter F-Wert	Kritischer Wert	p-Wahrscheinlichkeit
20.985	5.318	0.002

Um für einen Punktschätzwert ein Konfidenzintervall zu bestimmen (wird auch als Prognoseintervall bezeichnet), benötigt man die Streuung der Residuen, das sind die Differenzen zwischen beobachteten und geschätzten Werten der abhängigen Variablen. Diese Varianz ist gegeben durch

$$s_{res}^2 = \frac{1}{n-2} \cdot \sum_{i=1}^{n} \left(y_i - \hat{y}_i\right)^2 = \frac{1}{8} \cdot 317.105 = 39.638$$

Unter der Voraussetzung, dass die Residuen normalverteilt sind, bestimmt man die Konfidenzgrenzen mit Hilfe der Studentverteilung.

$$K_u = b_0 + b_1 \cdot x_0 - t_{1-\alpha/2, n-2} \cdot s_{res} \cdot \sqrt{1 + \frac{1}{n} + \frac{\left(x_0 - \overline{x}\right)^2}{\sum_{i=1}^{n}\left(x_i - \overline{x}\right)^2}}$$

$$K_o = b_0 + b_1 \cdot x_0 + t_{1-\alpha/2, n-2} \cdot s_{res} \cdot \sqrt{1 + \frac{1}{n} + \frac{\left(x_0 - \overline{x}\right)^2}{\sum_{i=1}^{n}\left(x_i - \overline{x}\right)^2}}$$

Setzt man 30 Jahre ein, dann erhält man folgende Konfidenzgrenzen für $\alpha = 0.05$:

$$K_u = 27.357 - 2.306 \cdot \sqrt{39.638} \cdot \sqrt{1 + \frac{1}{10} + \frac{\left(30 - \frac{402}{10}\right)^2}{1443.6}} = 11.63$$

$$K_o = 27.357 + 2.306 \cdot \sqrt{39.638} \cdot \sqrt{1 + \frac{1}{10} + \frac{\left(30 - \frac{402}{10}\right)^2}{1443.6}} = 43.08$$

Mit einem Vertrauen von 95% kann man das monatliche Einkommen eines 30-Jährigen zwischen 1163 € und 4308 € erwarten.

Dass man auch ein so komplexes Ergebnis wie die lineare Einfachregression nur an Hand der Dateneingabe wörtlich sinnvoll interpretieren kann, zeigt der Output der Software im Anhang.

Aufgaben

1) Um festzustellen, ob zwischen der Länge der Verkaufserfahrung und dem Umsatz von Versicherungsagenten ein Zusammenhang besteht, wurden 10 zufällig ausgewählt und folgende Daten erfasst:

Erfahrung in Jahren:	1	2	3	4	5	6	7	8	9	10
Umsatz in 100000 €:	3	2	5	4	6	8	9	9	12	10

Mit welchem Umsatz kann man bei einem Versicherungsagenten mit 5 Jahren Verkaufserfahrung rechnen? Signifikanzniveau 5%.

2) Starker Niederschlag verursachte einen erheblichen Versicherungsschaden in einer Gemeinde, die 850 m über NN liegt. Die Versicherung möchte die Niederschlagsmenge in der Gemeinde nun abschätzen. In näherer Umgebung befinden sich 10 Wetterstationen an denen folgende Niederschlagssummen gemessen wurden.

Station Höhe über NN (m):	750	770	812	880	1100	1050	910	930	1000	1020
Niederschlag (mm):	30	34	40	48	76	66	50	56	60	62

Bestimmen Sie einen Schätzwert für die Niederschlagsmenge in der Gemeinde auf 850 m über NN.

3) Bei der Untersuchung des Zusammenhangs zwischen regelmäßiger sportlicher Betätigung (in Std. pro Woche) und jährlichen Krankheitstagen von Mitarbeitern ergaben sich folgende Werte:

Sportliche Betätigung:	9	3	5	4	7	6	7	8	1	7
Krankheitstage:	3	6	6	4	4	5	3	4	12	8

Mit wie vielen Krankheitstagen kann man für einen Mitarbeiter rechnen, der sich pro Woche 5 Stunden sportlich betätigt?

4) Eine Sektkellerei möchte einen hochwertigen Rieslingsekt auf den Markt bringen. Für die Festlegung des Abgabepreises soll zunächst eine Preis-Absatz-Funktion ermittelt werden. Dazu wurde in 6 Geschäften ein Testverkauf durchgeführt. Man erhielt sechs Wertepaare mit dem Ladenpreis (in Euro) einer Flasche und die verkaufte Menge an Flaschen:

Preis einer Flasche:	20	16	15	16	13	10	12	17	14	11
Verkaufte Menge:	0	3	7	4	6	10	8	4	5	9

Mit welcher verkauften Menge an Sektflaschen kann man rechnen bei einem Ladenpreis von 9 Euro?

5) Der Markforschungsabteilung einer großen Handelskette ist bekannt, dass im internationalen Durchschnitt der Umsatz um 4.8 Mio. Geldeinheiten pro Tausend Quadratmeter zusätzliche Verkaufsfläche zunimmt. Die Umsatzzahlen (in Mio. Geldeinheiten) und die Verkaufsfläche (in Tausend Quadratmeter) der 10 Geschäfte der eigenen Handelskette sind in folgender Tabelle enthalten:

Verkaufsfläche:	0.48	0.31	1.29	0.98	0.94	1.21	0.78	1.29	1.49	1.12
Umsatzzahlen:	2.21	2.05	5.37	3.68	4.03	4.79	3.03	4.90	5.84	4.91

Weichen die Umsatzzahlen pro Tausend Quadratmeter der eigenen Geschäfte signifikant vom internationalen Durchschnitt ab? Signifikanzniveau 5%.

6) In einem Industrieunternehmen wurden ein Jahr lang folgende Daten gesammelt (Produktionsmenge in 1000, Gesamtkosten pro Monat in 1000€):

Produktionsmenge:	45	30	35	40	20	55	65	58	30	60	25	49
Gesamtkosten:	205	128	165	175	104	240	275	250	142	265	112	214

Bestimmen Sie fixe und variable Kosten für das Produktionsprogramm dieses Industriebetriebes. Anmerkung: b_0 liefert den Schnittpunkt der Regressionsgeraden mit der Gesamtkosten-Achse (Produktionsmenge= 0, daher Fixkosten). b_1 liefert die Steigung der Regressionsgeraden (variable Kosten).

7) Mit welchem Körpergewicht kann man bei einer 180 cm großen Person rechnen? Eine Zufallsstichprobe aus der Population, aus der die Person stammt, lieferte folgende Daten:

Größe in cm:	150	154	161	165	170	174	176	183	185	190
Gewicht in kg:	54	60	69	71	67	74	85	78	87	85

Konfidenzniveau 95%.

8) Mit welcher Schlafdauer kann man für einen Jugendlichen rechnen, der pro Tag 1 Stunde Sport betreibt? Sport- und Schlafdauer von 9 beobachteten Jugendlichen zeigt folgende Tabelle:

Sportdauer:	1.1	0.8	1.3	0.3	1.1	0.9	0.7	1.2	0.2
Schlafdauer:	7.9	7.6	8.1	7.6	7.9	7.5	7.5	7.7	7.0

Konfidenzniveau 95%.

9) Die zeitliche Entwicklung des Mineralwasserverbrauchs pro Kopf entwickelte sich in einem Land wie folgt:

Jahr:	1999	2000	2001	2002	2003	2004	2005	2006	2007
Liter:	64.7	66.6	74.1	81.8	85.0	88.0	94.0	96.4	97.9

Mit welchem pro Kopf Konsum an Mineralwasser kann man für 2008 rechnen? Konfidenzniveau 95%.

10) Eine Kaufhauskette hat festgestellt, dass der Umsatz in ihren 6 Kaufhäusern (in Mio. € pro Monat) wesentlich von der Passantenfrequenz (in Tausend pro Tag) abhängt:

Umsatz:	10	15	25	30	5	20
Passanten:	8	7	12	11	1	11

Ein neues Kaufhaus dieser Kette soll eröffnet werden. Mit welchem Umsatz ist zu rechnen, wenn die Passantenfrequenz 6000 pro Tag beträgt? Konfidenzniveau 95%.

5_0 DREI UND MEHR UNABHÄNGIGE STICHPROBEN

5_1 χ2-Test
5_2 H-Test
5_3 F-Test

Zwei und Drei Stichproben

Bei zwei Stichproben kann man ein- oder zweiseitig testen. Bei einem einseitigen Test ist das Fehlerrisiko allgemein geringer als beim zweiseitigen Test. Die Alternativhypothese lautet beim einseitigen Test üblicherweise "Der Parameter ist kleiner (oder größer) als der Parameterwert der Nullhypothese". Beim zweiseitigen Test ist die Alternativhypothese hingegen: "Der Parameter ist ungleich (also größer oder kleiner) dem der Nullhypothese.

Bei drei oder mehr Stichproben kann man nur zweiseitig testen. Eine einseitige Alternativhypothese macht keinen Sinn. Dafür ist das Testen bei drei oder mehr Stichproben noch nicht beendet, wenn man die Nullhypothese ablehnen kann. In diesem Fall will man wissen, zwischen welchen Paaren signifikante Unterschiede existieren. Bei drei Stichproben will man z. B. wissen, ob die gefundenen signifikanten Unterschiede sich in den Grundgesamtheiten der beiden ersten Stichproben, der ersten und dritten Stichprobe oder der zweiten und dritten Stichprobe auch manifestieren. Dazu müssen drei Tests für 2 Stichproben durchgeführt werden.

Vorschau

Ob sich die Käufer der Spielkonsole Yoki von den Nichtkäufern und Unentschlossenen im Hinblick auf die Beurteilung der Handlichkeit dieser Konsole unterscheiden, wird im Abschnitt 5_1 mit Hilfe des χ^2-Tests untersucht. Der χ^2-Test setzt nur nominal skalierte Antworten voraus. Bei der Beurteilung der Handlichkeit wurden ordinal skalierte Antworten vorgegeben: sehr gut, gut, mittelmäßig und schlecht. Diese ordinal skalierten Antworten können mit einem Test für nominal skalierte Antworten analysiert werden. Man verzichtet dabei auf einen Teil der Informationen, die in den Antworten stecken. Will man darauf nicht verzichten, dann muss man für die Lösung dieses Problems den H-Test verwenden. Dieser wird im Abschnitt 5_2 dargestellt. In diesem Abschnitt wird, wieder untersucht, ob sich die Unterschiede in der Beurteilung der Handlichkeit der Spielkonsole Yoki zwischen Käufern, Nichtkäufern und Unentschlossenen verallgemeinern lassen.

Wenn man beim χ^2-Test und H-Test zu unterschiedlichen Schlussfolgerungen kommt, dann ist für den Vergleich der Handlichkeit zwischen Käufern, Nichtkäufern und Unentschlossenen der H-Test relevant. Denn er berücksichtigt alle Informationen, die in den Antworten stecken und nicht nur einen Teil wie der χ^2-Test.

Stellt sich heraus, dass sich die 3 Stichproben Käufer, Nichtkäufer und Unentschlossene signifikant unterscheiden, dann kann man mit Hilfe des U-Tests für zwei unabhängige Stichproben feststellen, wo die signifikanten Unterschiede vorliegen. Dazu prüft man die Unterschiede zwischen Käufern und Nichtkäufern, Käufern und Unentschlossenen sowie Nichtkäufern und Unentschlossenen. Wenn der H-Test zu keinen signifikanten Ergebnissen führt, erübrigen sich natürlich die U-Tests für zwei unabhängige Stichproben.

Auch im dritten Abschnitt 5_3 werden Unterschiede zwischen den drei Stichproben Käufer, Nichtkäufer und Unentschlossene analysiert. Da der in diesem Abschnitt beschriebene F-Test metrisch skalierte Antworten voraussetzt, werden diese 3 Stichproben nicht im Hinblick auf die Beurteilung der Handlichkeit der Spielkonsole Yoki verglichen, sondern im Hinblick auf das Alter der Befragten. Auch hier gilt: Wenn sich die Grundgesamtheiten der drei Stichproben im Hinblick auf ihr Durchschnittsalter signifikant unterscheiden, dann kann man mit Hilfe des t-Tests für zwei unabhängige Stichproben prüfen, wo diese signifikanten Unterschiede auftreten.

Bonferroni Korrektur

Wenn man die Nullhypothese mit einem der drei Tests ablehnt, und man mit Hilfe der Tests für zwei unabhängige Stichproben feststellen will, wo die signifikanten Unterschiede sind, dann muss man die Bonferroni Korrektur des Signifikanzniveaus berücksichtigen. Plant man z. B. im Vorhinein drei Einzeltests und möchte das gemeinsame Signifikanzniveau kontrollieren, dann muss man das Signifikanzniveau der drei Einzeltests verkleinern. Will man z. B. ein gemeinsames Signifikanzniveau von 5% ($\alpha = 0.05$), dann muss jeder der drei Einzeltests auf einem Signifikanzniveau von

$$\alpha' = 0.05 / 3 = 0.0166$$

durchgeführt werden. Allgemein gilt

$$\alpha' = \alpha / n$$

mit

α = globales Signifikanzniveau,

α' = Signifikanzniveau des Einzeltests und

n = Anzahl der geplanten Einzeltests.

5_1 χ2-Test

Unterscheiden sich die Käufer der Spielkonsole Yoki von den Nichtkäufern und den Unentschlossenen im Hinblick auf die Beurteilung der Handlichkeit? Eine Befragung von 93 Besuchern einer Werbeveranstaltung brachte folgendes Ergebnis:

Handlichkeit	Kaufabsicht		
	Ja	Nein	Weiß nicht
Sehr gut	30	8	1
Gut	18	5	5
Mittelmäßig	5	5	5
Schlecht	5	5	1
SUMME	58	23	12

Wenn man diese Ergebnisse jeweils auf die Summe der Käufer, Nichtkäufer und Unentschlossenen bezieht, dann zeigt sich, dass 52% der Käufer die Handlichkeit der Spielkonsole sehr gut beurteilen, aber nur 35% der Nichtkäufer und nur 8% der Unentschlossenen. Die folgende Tabelle zeigt die Antwortkombinationen in Prozenten:

Handlichkeit	Kaufabsicht		
	Ja	Nein	Weiß nicht
Sehr gut	52%	35%	8%
Gut	31%	22%	42%
Mittelmäßig	9%	22%	42%
Schlecht	9%	22%	8%
SUMME	100%	100%	100%

Kann man auf Grund dieser Stichprobenergebnisse allgemein behaupten, dass sich Käufer, Nichtkäufer und Unentschlossene im Hinblick auf die Beurteilung der Handlichkeit der neuen Spielkonsole Yoki unterscheiden?

Die Unterschiede zwischen den Prozentsätzen sind groß genug. Es könnte zwar tatsächlich sein, dass die Käufer, Nichtkäufer und Unentschlossenen die Handlichkeit nicht unterschiedlich beurteilen. Das Risiko ist dafür mit 5% beschränkt. (Vergleiche den Softwareoutput im Anhang).

Wie kommt man zu diesem Ergebnis? Zuerst formuliert man zuerst die Hypothesen. Man nimmt als Nullhypothese an, dass die Verteilungen der Beurteilungen der Handlichkeit für die Käufer (= 1), Nichtkäufer (= 2) und Unentschlossenen (= 3) gleich sind. Diese Hypothese wird formal wie folgt angeschrieben:

H_0 : Verteilung$_1$ = Verteilung$_2$ = Verteilung$_3$

Mit F(x) wird die Verteilung der Beurteilung der Handlichkeit in der Grundgesamtheit aller Käufer, Nichtkäufer und Unentschlossenen bezeichnet. Eine Alternative zu dieser Nullhypothese ist

H_1 : Verteilung$_i$ ≠ Verteilung$_j$ für mindestens ein Paar i, j verschieden

Die Verteilungen der Handlichkeitsbeurteilung unterscheiden sich. An Hand der Ergebnisse der Stichprobe entscheidet man sich für die Annahme oder Ablehnung der Null- oder Alternativhypothese. Dazu berechnet man folgende Testmaßzahl:

$$\chi^2_{beob} = n \cdot \left[\left(\sum_{j=1}^{m} \sum_{k=1}^{t} \frac{h^2_{jk}}{h_j \cdot h_k} \right) - 1 \right]$$

n ist der Umfang der gesamten Stichprobe, h_j und h_k sind die Randhäufigkeiten der Zeilen und Spalten sowie h_{jk} die Häufigkeiten der Antwortkombinationen. In folgender Kreuztabelle sind neben den Häufigkeiten der Antwortkombinationen auch die Zeilen und Spaltensummen des Beispiels angeführt:

Handlichkeit	Kaufabsicht			SUMME
	Ja	Nein	Weiß nicht	
Sehr gut	30	8	1	39
Gut	18	5	5	28
Mittelmäßig	5	5	5	15
Schlecht	5	5	1	11
SUMME	58	23	12	93

Nun kann man die Werte in die Formel für die Chiquadratmaßzahl einsetzen und berechnen:

$$\chi^2_{beob} = 93 \cdot \left[\left(\frac{30^2}{39 \cdot 58} + \frac{8^2}{39 \cdot 23} + \dots + \frac{5^2}{11 \cdot 58} + \frac{5^2}{11 \cdot 23} + \frac{1^2}{11 \cdot 12} \right) - 1 \right] = 15.788$$

Die $\chi2$-Testmaßzahl folgt einer Chiquadratverteilung mit

$$\nu = (m-1) \cdot (t-1)$$

Freiheitsgraden. m ist die Anzahl der Antworten in den Zeilen und t die der Spalten der Kreuztabelle. Im obigen Beispiel sind die Freiheitsgrade gleich $\nu = (4-1) \cdot (3-1) = 6$ und die Wahrscheinlichkeit für das Auftreten einer so großen oder größeren Testmaßzahl von $\chi^2_{beob} = 15.788$ unter Gültigkeit der Nullhypothese gleich $1 - F_{\chi^2}(15.788, 6) = 0.015$. (Diesen Wert liest man aus einer geeigneten Tabelle der Chiquadratverteilung ab oder berechnet ihn mit Hilfe entsprechender Programme.) Ist man bereit, in 5 von 100 Fällen eine richtige Nullhypothese abzulehnen, dann ist das Signifikanzniveau α gleich 0.05. Da die Wahrscheinlichkeit für einen χ^2–Wert von $\chi^2_{beob} = 15.788$ oder größer gleich

$$1 - F_{\chi^2}(15.788, 6) = 0.015$$

ist und das Signifikanzniveau mit 0.05 angenommen wurde, kann die Nullhypothese abgelehnt werden:

$$1 - F_{\chi^2}(15.788, 6) = 0.015 < 0.05 = \text{Signifikanzniveau}$$

Zum selben Ergebnis kommt man, wenn man den beobachteten mit den kritischen Wert vergleicht: Unter Gültigkeit der Nullhypothese sind die 5% seltensten χ^2–Wert nach unten beschränkt durch den kritischen Wert χ^2_c gleich.12.592. Da das aus der Stichprobe errechnete χ^2_{beob} von 15.788 größer ist als dieser kritische Wert, kann die Nullhypothese auch nach dieser Methode abgelehnt werden.

$$\chi^2_{beob} = 15.788 > 12.592 = \chi^2_c$$

Man kann auf Grund dieser Stichproben behaupten, dass sich die Beurteilungen der Handlichkeit unterschiedlich auf Käufer, Nichtkäufer und Unentschlossene verteilen. Das Risiko, dass diese Entscheidung falsch ist, ist höchstens 5%.

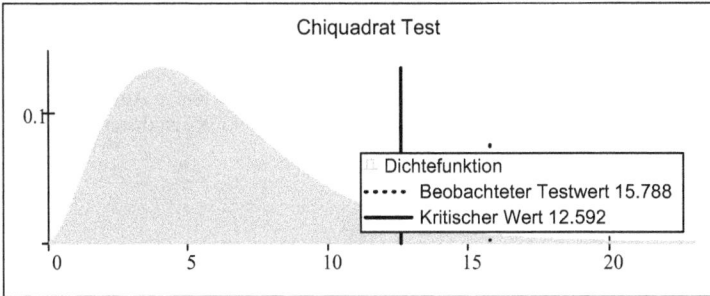

Chiquadrat Test

0.1

Dichtefunktion
····· Beobachteter Testwert 15.788
—— Kritischer Wert 12.592

Beobachteter Chiquadrat-Wert	Kritischer Wert	p-Wahrscheinlichkeit
15.788	12.592	0.015

Wo sind die signifikanten Unterschiede? Unterscheiden sich die Käufer, Nichtkäufer und Unentschlossenen im Hinblick auf die sehr gute, gute, mittelmäßige oder schlechte Beurteilung der Handlichkeit? Der Chiquadrattest kam nur zum Ergebnis, dass Unterschiede bestehen, nicht aber bei welcher Antwort. Tatsächlich unterscheiden sich die Käufer und Unentschlossenen im Hinblick auf die Beurteilung der Handlichkeit der Spielkonsole Yoki.

Zu diesem Ergebnis kommt man mit Hilfe der Konfidenzintervalle. In der folgenden Tabelle sind als letzte Spalte die Prozentwerte der Beurteilung der Handlichkeit angeführt, unabhängig von der Kaufabsicht.

Handlichkeit	Kaufabsicht			DURCH-SCHNITT
	Ja	Nein	Weiß nicht	
Sehr gut	52%	35%	8%	42%
Gut	31%	22%	42%	30%
Mittelmäßig	9%	22%	42%	16%
Schlecht	9%	22%	8%	12%
SUMME	100%	100%	100%	100%

42% von den insgesamt 93 Befragten haben die Handlichkeit der Spielkonsole mit "sehr gut" beurteilt. Bei den Käufern sind es 52%, bei den Nichtkäufern 35% und bei den Unentschlossenen 8%. Innerhalb welcher Grenzen kann man mit einem Vertrauen von 95% den "wahren" Prozentsatz für die Beurteilung "sehr gut" in der Grundgesamtheit aller potentiellen Kunden erwarten, wenn in der Stichprobe der Prozentsatz für "sehr gut" gleich 42 ist?

In der Grundgesamtheit ist der Prozentsatz für "sehr gut" mit 95% Vertrauen innerhalb der Grenzen 32% und 52.5% zu erwarten. Da der Prozentsatz von 51.7% der Käufer, die die Handlichkeit „sehr gut" beurteilen, nicht über der Obergrenze von 52.5% liegt, ist die Beurteilung "sehr gut" bei den Käufern nicht überdurchschnittlich stark vertreten, aber bei den Unentschlossenen mit nur 8% „sehr gut" Beurteilungen liegt der Prozentsatz signifikant unter dem Durchschnitt. Die folgende Tabelle zeigt die gesammelten Ergebnisse:

Handlichkeit	Kaufabsicht			DURCH-SCHNITT
	Ja	Nein	Weiß nicht	
Sehr gut	----	----	unter	42%
Gut	----	----	über	30%
Mittelmäßig	unter	----	über	16%
Schlecht	----	über	----	12%

Die Konfidenzgrenzen können mit Hilfe der F-Verteilung berechnet werden (siehe Auswertung einer Frage, nominal). Für die "sehr gut"- Antworten ist n = 93 und x = 39 (= 41.9%). K_u ist daher

$$K_u = \frac{39}{39 + 55 \cdot 1.522} = 0.318$$

mit

$$v_1 = 2 \cdot (93 - 39 + 1) = 110$$

$$v_2 = 2 \cdot 39 = 78$$

und

$$F_{0.975, 110, 78} = 1.522$$

K_o ist

$$K_o = \frac{40 \cdot 1.5}{354 + 40 \cdot 1.5} = 0.526$$

mit

$$v_1 = 2 \cdot (39 + 1) = 80$$

$$v_2 = 2 \cdot (93 - 39) = 108$$

und

$$F_{0.975, 78, 110} = 1.5$$

Der Chiquadrat-Test ist nur dann zulässig, wenn keine Antwortkombination Null Mal vorkommt (also keine Zelle der Kreuztabelle den Wert 0 hat) und wenn höchstens 20% aller Antwortkombinationen eine Häufigkeit, die kleiner als 5 ist, aufweisen (höchstens 20% aller Zellen in der Kreuztabelle mit einer Häufigkeit < 5). Ist dies nicht der Fall, dann sind die Schlussfolgerungen aus dem Chiquadrat-Test ungültig. Durch Zusammenfassen der Antwortmöglichkeiten oder durch Erhöhung des Stichprobenumfanges kann eventuell diese Voraussetzung des Chiquadrat-Tests erfüllt werden. Im oben angeführten Beispiel sind die Voraussetzungen des Chiquadrat-Tests gegeben.

Aufgaben

1) Die Befragung von Wahlberechtigten eines Landes mit 60 Million Wahlberechtigten durch drei Meinungsforschungsinstitute kam zu folgenden Ergebnissen:

Parteien	Meinungsforschungsinstitut		
	Institut 1	Institut 2	Institut 3
Partei A	550	410	320
Nicht Partei A	450	390	280

Prüfen Sie die Frage, ob sich der Anteil der Personen, die die Partei A wählen, signifikant in den drei Meinungsforschungsinstituten unterscheidet. Signifikanzniveau 5%.

2) Unterscheiden sich die drei Therapieformen signifikant? Für die Behandlung eier bestimmten Krankheit wird die Wirksamkeit von drei verschiedenen Therapien untersucht. Die Ergebnisse zeigt folgende Tabelle:

Therapeutischer Erfolg	Therapieform		
	Therapie 1	Therapie 2	Therapie 3
Geheilt in 4 Wochen	19	27	37
Geheilt in 8 Wochen	23	21	13
Gestorben	13	7	5

Signifikanzniveau 5%.

3) Unterscheiden sich die Armutsgefährdungsquoten der 9 österreichischen Bundesländer signifikant? Die Quoten des Jahres 2004 sowie die Anzahl der für die Berechnung zufällig ausgewählten Haushalte zeigt folgende Tabelle:

Kaufabsicht Parteien	Burgenland	Kärnten	Niederösterreich	Oberösterreich	Salzburg	Steiermark	Tirol	Vorarlberg	Wien
Quote in %	15.2	16.3	12.9	9.9	8.7	11.5	14.0	12.9	12.7
Umfang	229	372	994	916	289	841	408	226	875

Signifikanzniveau 5%.

5_2 H-Test

Unterscheiden sich die Käufer der Spielkonsole Yoki von den Nichtkäufern und den Unentschlossenen im Hinblick auf die Beurteilung der Handlichkeit? Eine Befragung von 93 Besuchern einer Werbeveranstaltung brachte folgendes Ergebnis:

Handlichkeit	Kaufabsicht		
	Ja	Nein	Weiß nicht
Sehr gut	30	8	1
Gut	18	5	5
Mittelmäßig	5	5	5
Schlecht	5	5	1
SUMME	58	23	12

Wenn man diese Ergebnisse jeweils auf die Käufer, Nichtkäufer und Unentschlossenen bezieht, dann zeigt sich, dass 52% der Käufer die Handlichkeit der Spielkonsole sehr gut beurteilen, aber nur 35% der Nichtkäufer und nur 8% der Unentschlossenen. Die folgende Tabelle zeigt die Antwortkombinationen in Prozent:

Handlichkeit	Kaufabsicht		
	Ja	Nein	Weiß nicht
Sehr gut	52%	35%	8%
Gut	31%	22%	42%
Mittelmäßig	9%	22%	42%
Schlecht	9%	22%	8%
SUMME	100%	100%	100%

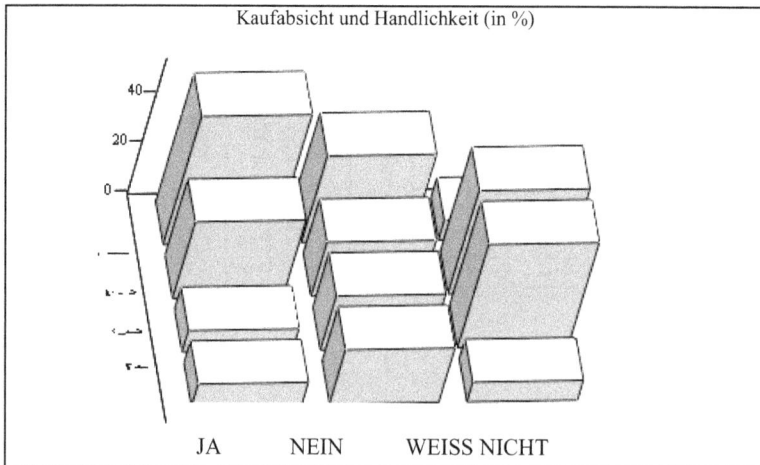

Kaufabsicht und Handlichkeit (in %)

Vertikale Balken:	1	2	3	4
Antworten:	Sehr gut	Gut	Mittelmäßig	Schlecht

Kann man auf Grund dieser Stichprobenergebnisse allgemein behaupten, dass sich Käufer, Nichtkäufer und Unentschlossene im Hinblick auf die Beurteilung der Handlichkeit der neuen Spielkonsole Yoki unterscheiden?

Die Unterschiede zwischen den Beurteilungen sind groß genug. Es könnte zwar tatsächlich sein, dass die Käufer, Nichtkäufer und Unentschlossenen die Handlichkeit nicht unterschiedlich beurteilen. Das Risiko ist dafür mit 5% beschränkt.

Wie kommt man zu diesem Ergebnis? Zuerst formuliert man die Hypothesen. Man nimmt als Nullhypothese an, dass die Verteilungen der Beurteilungen der Handlichkeit für die Käufer (= 1), Nichtkäufer (= 2) und Unentschlossenen (= 3) gleich sind. Diese Hypothese wird formal wie folgt angeschrieben:

$$H_0 : \text{Verteilung}_1 = \text{Verteilung}_2 = \text{Verteilung}_3$$

Mit $F(x)$ wird die Verteilung der Beurteilung der Handlichkeit in der Grundgesamtheit aller Käufer, Nichtkäufer und Unentschlossenen bezeichnet. Eine Alternative zu dieser Nullhypothese ist

$$H_1 : \text{Verteilung}_i \neq \text{Verteilung}_j \quad \text{für mindestens ein Paar i, j verschieden}$$

Die Verteilungen der Handlichkeitsbeurteilung unterscheiden sich. An Hand der Ergebnisse der Stichprobe entscheidet man sich für die Annahme oder Ablehnung der Null- oder Alternativhypothese. Dazu berechnet man folgende Testmaßzahl:

$$H = \frac{\dfrac{12}{n \cdot (n+1)} \cdot \left(\sum_{i=1}^{k} \dfrac{T_i^2}{n_i} \right) - 3 \cdot (n+1)}{1 - \dfrac{\sum_{i=1}^{k} \left(f_i^3 - f_i \right)}{n^3 - n}}$$

n ist die Summe der einzelnen Stichprobenumfänge $n = n_1 + n_2 + \ldots + n_l$. T_i ist die Summe der Rangzahlen der i-ten Stichprobe. Zur Berechnung der Rangzahlen bringt man die Einheiten der Stichproben in eine gemeinsame Reihenfolge und berechnet für jede Beurteilung die entsprechende Rangzahl. Zu jeder Rangzahl vermerkt man, aus welcher der Stichproben die Einheit stammt. Haben mehrere Einheiten die gleiche Merkmalsausprägung, dann ordnet man ihnen als Rangzahlen den Durchschnitt daraus zu. In folgender Tabelle sind die einzelnen Schritte dargestellt:

Beurteilung	h_{i1}	h_{i2}	h_{i3}	f_i	cf_i	R_i	$h_{i1} \cdot R_i$	$h_{i2} \cdot R_i$	$h_{i3} \cdot R_i$	f_i^3	$f_i^3 - f_i$
Sehr gut	30	8	1	39	39	20	600	160	20	59319	59280
Gut	18	5	5	28	67	53.5	963	267.5	267.5	21952	21924
Mittelmäßig	5	5	5	15	82	75	375	375	375	3375	3360
Schlecht	5	5	1	11	93	88	440	440	88	1331	1320
SUMME	58	23	12	93	*	*	2378	1242.5	750.5	*	85884

Die Rangzahlen für die vier Beurteilungen ergeben sich aus den kumulierten Häufigkeiten cf_i. 1 (= sehr gut) wird insgesamt 39 Mal genannt (= $f_1 = cf_1$). Die ersten 39 Rangzahlen (= 1, 2, ..., 39) werden daher zusammengezählt und durch 39 dividiert. Das Ergebnis ist der Durchschnittsrang R_1 von 20. Man kann ihn auch mit Hilfe folgender Formel berechnen:

$$R_1 = \frac{1}{2} \cdot (0 + 39 + 1) = 20$$

Die Beurteilung "gut" (= 2) wird insgesamt 28 Mal genannt (= f_2). Einschließlich der "sehr guten" Beurteilung sind dies insgesamt 67 Nennungen (= cf_2). Der Durchschnitt aus den weiteren 28 Rangzahlen (= 40, 41, ..., 67) wird mit folgender Formel bestimmt:

$$R_2 = \frac{1}{2} \cdot (39 + 67 + 1) = 53.5$$

"Mittelmäßig" (= 3) wird 15 Mal genannt (=f_3). Mit "sehr guter" und "guter" Beurteilung sind dies nun insgesamt 82 Nennungen (= cf_3). Der Durchschnitt aus den weiteren 15 Rangzahlen (= 68, 69, ..., 82) wird mit der folgenden Formel berechnet:

$$R_3 = \frac{1}{2} \cdot (67 + 82 + 1) = 75$$

"Schlecht" (= 4) wird 11 Mal genannt (= f_4). Mit "sehr guter", "guter" und "mittelmäßiger" Beurteilung sind dies nun insgesamt 93 Nennungen (= cf_4). Der Durchschnitt aus den weiteren 11 Rangzahlen (= 83, 84, ..., 93) wird mit der folgenden Formel bestimmt:

$$R_4 = \frac{1}{2} \cdot (82 + 93 + 1) = 88$$

Mit Hilfe dieser Zwischenergebnisse kann man nun den Zähler von H berechnen. Für jede der drei Stichproben wird die mit der Häufigkeit gewichtete Rangzahl bestimmt. Die Beurteilung "sehr gut" kommt bei den Käufern 30 Mal vor. Daher wird dort $30 \cdot 20 = 600$ eingetragen (= $h_{11} \cdot R_1$). Bei den Nichtkäufern wird "sehr gut" 8 Mal genannt. Daher ist dort der gewichtete Durchschnittsrang gleich $160 = 8 \cdot 20$ (= $h_{12} \cdot R_1$). Schließlich wird "sehr gut" bei den Unentschlossenen 1 Mal genannt. Der gewichtete Durchschnittsrang ist daher gleich 20 (= $h_{13}.R_1$). Die weiteren Beurteilungsränge werden analog auf die drei Stichproben aufgeteilt und dann jeweils für die einzelnen Stichproben summiert. Für die erste Stichprobe ergibt sich so eine Rangsumme von 2378 (=T_1), für die zweite von 1242.5 (=T_2) und für die dritte von 750.5 (=T_3). Berücksichtigt man noch die Stichprobenumfänge von 58, 23 und 12 Beurteilungen, dann kann man in H einsetzen:

$$H = \frac{\frac{12}{93 \cdot (93+1)} \cdot \left(\frac{2378^2}{58} + \frac{1242.5^2}{23} + \frac{750.5^2}{12} \right) - 3 \cdot (93+1)}{1 - \frac{85884}{93^3 - 93}} = 9.406$$

Für den Nenner von H müssen die Häufigkeiten der Rangzahlen wie folgt berücksichtigt werden: $f^3_i - f_i$. Die Beurteilung "sehr gut" wurde z.B. 39 Mal abgegeben. Daher ist $39^3 - 39 = 59.280$. Die weiteren Häufigkeiten werden analog berücksichtigt. Die Summe aus diesen Beträgen ergibt 85884.

Die Testmaßzahl H folgt einer Chiquadratverteilung mit

$$\nu = k - 1$$

Freiheitsgraden. k ist die Anzahl der Stichproben. Im obigen Beispiel sind die Freiheitsgrade gleich ν = (3

– 1) = 2 und die Wahrscheinlichkeit für das Auftreten einer so großen oder größeren Testmaßzahl von H = 9.406 unter Gültigkeit der Nullhypothese ist gleich 1- F_{χ^2}(9.406, 2) = 0.009 (Diesen Wert liest man aus einer geeigneten Tabelle der Chiquadratverteilung ab oder berechnet ihn mit Hilfe entsprechender Programme.) Ist man bereit, in 5 von 100 Fällen eine richtige Nullhypothese abzulehnen, dann ist das Signifikanzniveau α gleich 0.05. Da die Wahrscheinlichkeit für einen χ^2-Wert von 9.406 oder größer gleich 1- F_{χ^2}(9.406, 2) = 0.009 ist, und das Signifikanzniveau mit 0.05 angenommen wurde, kann die Nullhypothese abgelehnt werden.

$$1 - F_{\chi^2}\left(9.406, 2\right) = 0.009 < 0.05 = \text{Signifikanzniveau}$$

Zum selben Ergebnis kommt man, wenn man den beobachteten mit dem kritischen Wert vergleicht: Unter Gültigkeit der Nullhypothese sind die 5% seltensten χ^2–Werte nach unten beschränkt durch den kritischen Wert χ_c^2 gleich 5.991. Da das aus der Stichprobe errechnete χ^2_{beob} von 9.406 größer ist als dieser kritische Wert, kann die Nullhypothese abgelehnt werden.

$$\chi_{beob}^2 = 9.406 > 5.991 = \chi_c^2$$

Man kann auf Grund dieser Stichprobe behaupten, dass sich die verschiedenen Formen der Kaufabsicht hinsichtlich der Beurteilung der Handlichkeit der Spielkonsole Yoki signifikant unterscheiden. Das Risiko, dass diese Entscheidung falsch ist, ist höchstens 5%.

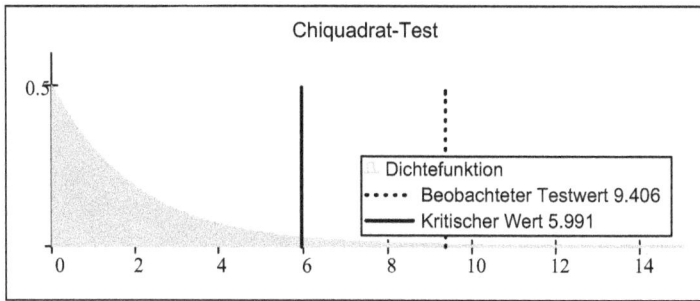

Chiquadrat-Test

Dichtefunktion
····· Beobachteter Testwert 9.406
— Kritischer Wert 5.991

Beobachteter Chiquadrat-Wert	Kritischer Wert	p-Wahrscheinlichkeit
9.406	5.991	0.009

Wo sind die signifikanten Unterschiede? Unterscheiden sich die Käufer, Nichtkäufer und Unentschlossenen im Hinblick auf die sehr gute, gute, mittelmäßige oder schlechte Beurteilung der Handlichkeit? Der H-Test kam nur zum Ergebnis, dass Unterschiede bestehen, nicht aber bei welcher Antwort. Um dies zu eruieren, muss man mit je zwei Stichproben U-Tests durchführen, also für das Beispiel mit drei Stichproben insgesamt drei Tests. Die Software führt diese Tests automatisch durch, auch wenn der H-Test zu keinem signifikanten Ergebnis führt. Im Anhang findet man den Output für dieses Beispiel samt den drei U-Tests.

Aufgaben

1) Die Marktforschungsabteilung einer Firma will feststellen, welche von drei Verpackungen die Kunden am besten anspricht. In einer Voruntersuchung erhielt man folgendes Ergebnis:

Beurteilung	Verpackung		
	A	B	C
Sehr gut	0	3	1
Gut	3	1	2
Schlecht	2	1	2

Besteht ein signifikanter Unterschied in der Beurteilung der Verpackung? $\alpha = 5\%$.

2) Bei einem Filmfestival wurden folgende 4 Filme von den jeweils anwesenden Juroren wie folgt beurteilt:

Film	Beurteilung			
	Erstklassig	Gut	Mittelmäßig	Schlecht
Alias Nick	6	27	47	20
Böser Bube	11	67	22	0
Verbrechen	0	25	30	25
Bestechung	26	38	16	0

Bestehen zwischen den gezeigten Filmen in der Beurteilung signifikante Unterschiede? $\alpha = 5\%$.

3) In einer Untersuchung wurden drei Methoden, um Wörter einer Fremdsprache zu lernen, miteinander verglichen. 24 Versuchspersonen wurden zufällig den drei Gruppen zugeteilt. Nach Beendigung der Lernphase wurde ein Wortetest mit 50 Wörtern durchgeführt. Es soll geprüft werden, ob sich die drei Methoden unterscheiden. In der nachfolgenden Tabelle sind die Resultate des Wortetests dargestellt

Methode A	19	37	28	31	29	25	36	33
Methode B	21	18	15	23	29	22	26	14
Methode C	17	20	28	30	13	18	19	23

Unterscheiden sich die 3 Methoden signifikant? Signifikanzniveau: $\alpha = 5\%$.

4) In einer Zufallsstichprobe von Selbständigen, Arbeitern und Angestellten wurde nach der Zufriedenheit mit dem Einkommen gefragt. Das Ergebnis zeigt folgende Tabelle:

Zufriedenheit / Beruf	Sehr unzufrieden	Ziemlich unzufrieden	Eher unzufrieden	Eher zufrieden	Ziemlich zufrieden	Sehr zufrieden
Selbständige	33	85	196	438	186	62
Arbeiter	25	17	153	273	375	157
Angestellte	36	57	146	332	304	125

Unterscheidet sich die Zufriedenheit mit dem Einkommen zwischen Selbständigen, Arbeitern und Angestellten signifikant? Signifikanzniveau: $\alpha = 5\%$.

5_3 F-Test

Unterscheiden sich die Käufer der Spielkonsole Yoki von den Nichtkäufern und den Unentschlossenen im Hinblick auf ihr Alter? Eine Befragung von 17 Besuchern einer Werbeveranstaltung brachte folgendes Ergebnis:

Käufer: 17, 25, 18, 22, 30, 18
Nichtkäufer: 23, 35, 61, 44, 56, 65
Unentschlossen: 33, 27, 18, 54, 27

Wenn man diese Ergebnisse jeweils auf die Käufer, Nichtkäufer und Unentschlossenen bezieht, dann zeigt sich, dass 100% der Käufer zwischen 15 und 30 Jahre alt sind, aber nur 17% der Nichtkäufer und 60.8% der Unentschlossenen. Die folgende Tabelle zeigt die Antwortkombinationen mit drei Altersklassen:

Alter	Kaufentschluss		
Unter- Obergrenze	Käufer	Nichtkäufer	Unentschlossen
Unter 30	6	1	3
30 bis unter 60	0	3	2
60 und mehr	0	2	0
SUMME	6	6	5

Die Durchschnitte aus den Altersangaben für die drei Stichproben zeigt folgende Grafik:

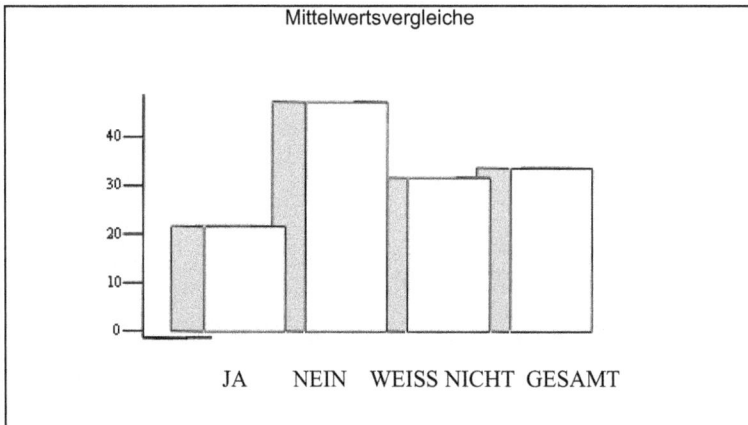

Mittelwertsvergleiche

Balken:	1	2	3	4
Antworten:	Ja	Nein	Weiß nicht	Insgesamt
Durchschnittsalter	21.667	47.333	31.800	33.706

Kann man auf Grund dieser Stichprobenergebnisse allgemein behaupten, dass sich Käufer, Nichtkäufer und Unentschlossene im Hinblick auf ihr Durchschnittsalter unterscheiden?

Die Unterschiede zwischen den Durchschnitten sind groß genug. Es könnte zwar tatsächlich sein, dass das

Durchschnittsalter der Käufer, Nichtkäufer und Unentschlossenen gleich ist. Das Risiko ist mit 5% beschränkt.

Wie kommt man zu diesem Ergebnis? Zuerst formuliert man die Hypothesen. Man nimmt als Nullhypothese an, dass das Durchschnittsalter der Käufer (= 1), Nichtkäufer (= 2) und Unentschlossenen (= 3) in der Grundgesamtheit aller potentiellen Kunden gleich ist. Diese Hypothese wird formal wie folgt angeschrieben:

$$H_0 : \mu_1 = \mu_2 = \mu_3$$

Mit μ wird der jeweilige Altersdurchschnitt in der Grundgesamtheit aller Käufer, Nichtkäufer und Unentschlossenen bezeichnet. Eine Alternative zu dieser Nullhypothese ist

$$H_1 : \mu_i \neq \mu_j \quad \text{für mindestens ein Paar i, j verschieden}$$

Das Durchschnittsalter der Käufer, Nichtkäufer und Unentschlossenen unterscheidet sich. An Hand der Ergebnisse der Stichprobe entscheidet man sich für die Annahme oder Ablehnung der Null- oder Alternativhypothese. Dazu berechnet man folgende Testmaßzahl:

$$F_{beob} = \frac{\sum\limits_{j=1}^{k} \left(\overline{x}_j - \overline{\overline{x}} \right)^2 \cdot n_j}{\sum\limits_{j=1}^{k} \sum\limits_{i=1}^{n_j} \left(x_{ij} - \overline{x}_j \right)^2} \cdot \frac{v_2}{v_1}$$

Im Nenner dieser Maßzahl stehen die Abweichungsquadrate innerhalb der Gesamtstichprobe und im Zähler die Abweichungsquadrate zwischen den Stichproben. Die Freiheitsgrade v_1 und v_2 sind wie folgt definiert:

$$v_1 = k - 1$$

$$v_2 = n - k$$

k ist die Anzahl der Stichproben und n ist der Umfang der Gesamtstichprobe. Die Berechnung des Nenners ist in folgender Tabelle für die erste Stichprobe dargestellt:

x_{i1}	$x_{i1} - 21.667$	$(x_{i1} - 21.667)^2$
17	-4.667	21.778
25	3.333	11.111
18	-3.667	13.444
22	0.333	0.111
30	8.333	69.444
18	-3.667	13.444
Käufer Ja	SUMME	129.333

In der ersten Spalte stehen die Altersangaben der Käufer und in der zweiten Spalte die Abweichungen des Alters vom Durchschnitt 21.667. In der dritten Spalte sind die Quadrate von Spalte 2 ausgewiesen. Die Summe dieser letzten Spalte ist 129.333, die Abweichungsquadratsumme der ersten Stichprobe von ihrem

Durchschnitt.

Die Abweichungsquadratsumme der zweiten Strichprobe ist 1329.333 und die der dritten Stichprobe ist 730.8. Der Nenner des Quotienten der Testmaßzahl ist die Summe aus diesen drei Werten, die sogenannte Abweichungsquadratsumme innerhalb der Stichproben:

$$\sum_{j=1}^{3}\sum_{i=1}^{n_j}\left(x_{ij}-\overline{x}_j\right)^2 = 129.333 + 1329.333 + 730.8 = 2189.466$$

Die Berechnung des Zählers des ersten Quotienten der Testmaßzahl F_{beob} ergibt sich wie folgt:

$$\left(21.667-33.706\right)^2 \cdot 6 + \left(47.333-33.706\right)^2 \cdot 6 + \left(31.8-33.706\right)^2 \cdot 5 = 2001.96$$

Die beiden Freiheitsgrade sind

$$\nu_1 = k - 1 = 3 - 1 = 2$$

$$\nu_2 = n - k = (6 + 6 + 5) - 3 = 14$$

Die Testmaßzahl F_{beob} ist daher

$$F_{beob} = \frac{2001.960}{2189.466} \cdot \frac{14}{2} = 6.401$$

Die Testmaßzahl F_{beob} ist F-verteilt mit ν_1 und ν_2 Freiheitsgraden. Die Wahrscheinlichkeit für das Auftreten einer so großen oder größeren Testmaßzahl F_{beob} wie im vorliegenden Beispiel ist bei Gültigkeit der Nullhypothese gleich

$$1 - F_F\left(3.269, 2, 14\right) = 0.011$$

(Diesen Wert liest man aus einer geeigneten Tabelle der Chiquadratverteilung ab oder berechnet ihn mit Hilfe entsprechender Programme.) Da diese Wahrscheinlichkeit kleiner ist, als das Signifikanzniveau von 5% ($\alpha = 0.05$), kann die Nullhypothese abgelehnt werden. Käufer, Nichtkäufer und Unentschlossene unterscheiden sich signifikant im Hinblick auf ihr Durchschnittsalter. Das Risiko, dass diese Entscheidung falsch ist, ist höchstens 5%.

Zum selben Ergebnis kommt man, wenn man F_{beob} mit dem kritischen Wert der F-Verteilung vergleicht: Unter Gültigkeit der Nullhypothese sind die 5% seltensten F-Werte nach unten beschränkt durch den kritischen Wert F_c gleich 3.739. Da das aus der Stichprobe errechnete F_{beob} von 6.401 größer ist als dieser kritische Wert, kann die Nullhypothese abgelehnt werden:

$$F_{beob} = 6.401 > 3.739 = F_c.$$

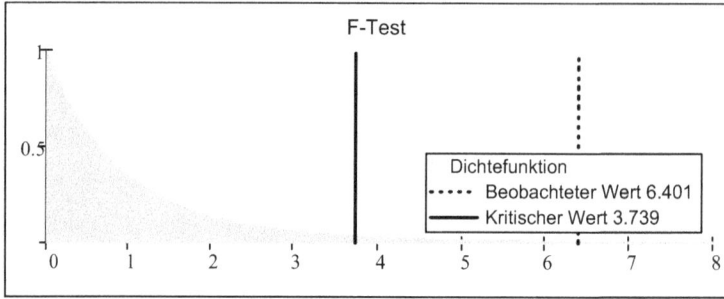

Beobachteter F-Wert	Kritischer Wert	p-Wahrscheinlichkeit
6.401	3.739	0.011

Wo sind die signifikanten Unterschiede? Unterscheiden sich die Käufer, Nichtkäufer und Unentschlosse-nen im Hinblick auf die sehr gute, gute, mittelmäßige oder schlechte Beurteilung der Handlichkeit? Der F-Test kam zum Ergebnis, dass Unterschiede bestehen, nicht aber bei welcher Antwort. Um dies zu eruieren, muss man mit je zwei Stichproben Tests durchführen, also für das Beispiel mit drei Stichproben insgesamt drei t-Tests. Dabei ist die Bonferroni Korrektur zu beachten.

Das Computerprogramm führt nicht nur den F-Test durch, sondern auch die möglichen t-Tests für zwei Stichproben. Die Ergebnisse für dieses Beispiel findet man im Anhang.

Aufgaben

1) Stichproben von 3 Sicherungen wurden während jeder Stunde eines Tages aus der laufenden Produk-tion von 10-Ampère-Sicherungen entnommen. Diese Sicherungen wurden angesteckt und der Strom ge-messen mit folgenden Ergebnis:

1	2	3	4	5	6	7	8
10.2	9.7	10.6	10.1	9.8	10.2	9.5	9.9
10.1	9.9	10.1	9.8	10.0	10.1	10.1	9.9
10.3	10.4	9.9	10.3	10.2	10.0	9.7	9.7

Angenommen, die Strommessungen sind innerhalb jeder Stichprobe normalverteilt mit einer gemeinsa-men Varianz für alle Ausgangsverteilungen: Testen Sie die Hypothese, dass der Produktionsprozess wäh-rend des ganzen Tages gleich gut war. Signifikanzniveau 5%.

2) Unterscheidet sich die durchschnittliche Brenndauer der Leuchtstoffröhren von drei potentiellen Liefe-ranten signifikant? Eine Stichprobe von je 5 Röhren lieferte folgendes Ergebnis (Lebensdauer in Stunden):

Lieferanten	1	2	3	4	5
Lieferant A	970	1062	1019	987	1024
Lieferant B	996	1018	984	1004	1019
Lieferant C	1048	997	1038	1028	1007

Signifikanzniveau 5%.

6_0 DREI UND MEHR ABHÄNGIGE STICHPROBEN

Vorschau

Im Abschnitt 6_1 wird untersucht, ob sich durch wiederholte Spielversuche die Quote der Spieler erhöht, die die Sollzeit des Spieles erreichen. Die ausgewerteten Antworten sind bei diesem Test nominal, nämlich "Sollzeit erreicht" oder "Sollzeit nicht erreicht". Die Abhängigkeit der Stichproben ist dadurch gegeben, dass die Auswertung nach den beiden Antworten für jeden Spieler bei seinen ersten drei Spielversuchen erfolgte.

Mit Hilfe des Friedman-Tests von Abschnitt 6_2 wurde die Frage analysiert, ob Fernsehwerbung die Beurteilung beeinflusst. Die Antworten sind in diesem Fall nicht "Sollzeit erreicht" und "Sollzeit nicht erreicht", sondern die Beurteilung eines Produktes. Die Antworten am Beginn der Fernsehwerbung, nach 2 Wochen und nach 4 Wochen werden verglichen.

Wenn man aus den gemessenen Zeiten für die Beendigung des im Abschnitt 6_1 erwähnten Spiels jeweils den Durchschnitt berechnet und diese für die drei Versuche miteinander vergleicht, dann kann dieser Vergleich mit Hilfe eines F-Tests durchgeführt werden. Mittels des Tests wird festgestellt, ob sich die Durchschnitte der drei Versuche auch in der Grundgesamtheit aller Spieler dieses Spiels unterscheiden oder nicht. Dieser Test wird im Abschnitt 6_3 dargestellt.

Sowohl für den Cochran-, Friedman- als auch den F-Test ist die Analyse der Daten abgeschlossen, wenn die Nullhypothese nicht abgelehnt werden kann. Kann man jedoch die Nullhypothese ablehnen, dann will man wissen, wo die signifikanten Unterschiede auftreten: Zwischen dem ersten und zweiten Versuch, dem ersten und dritten Versuch oder zwischen dem zweiten und dritten Versuch? Diese Fragen können mit Hilfe der entsprechenden Tests für zwei abhängige Stichproben geklärt werden. Dabei ist wieder die im Kapitel 6 erwähnte Bonferroni Korrektur des Signifikanzniveaus zu berücksichtigen.

6_1 Cochran-Test

Kann man davon ausgehen, dass wiederholtes Probieren zum Erreichen der Sollzeit des neuen Konsolen-spiels "Fantasy" führt? Bei einer Werbeveranstaltung für die neue Spielkonsole Yoki wurden 15 Besucher bei 3 Versuchen getestet, ob sie die Sollzeit des Spieles "Fantasy" erreichten (1 = Sollzeit erreicht, 0 = Sollzeit nicht erreicht. Durch diese 0-1 Kodierung anstelle einer 1-2 Kodierung wird die Berechnung per Hand wesentlich erleichtert):

1.Versuch:	1	0	0	1	0	0	1	0	1	1	0	0	0	0	0
2.Versuch:	0	1	1	1	0	0	1	1	0	1	1	1	0	0	1
3.Versuch:	1	1	1	1	1	1	0	1	1	1	1	1	0	1	1

Ausgezählt erhält man folgendes Ergebnis:

Sollzeit	Häufigkeit	In Prozent
1.Versuch	5	19
2.Versuch	9	33
3.Versuch	13	48
SUMME	27	100

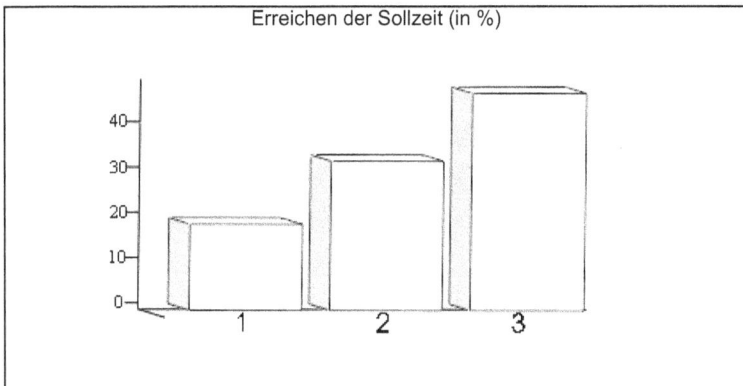

Balken:	1	2	3
Antworten:	1. Versuch	2. Versuch	3. Versuch
In %:	19%	33%	48%

Beim ersten Versuch hatten 19% der 15 Besucher die Sollzeit erreicht, beim zweiten Versuch schon 33% und beim dritten Versuch 48%. Ist diese Steigerung schon ausreichend, um allgemein zu behaupten, dass mehrfaches Probieren zum Erreichen der Sollzeit für das Spiel "Fantasy" führt?

Die Steigerungsquote ist groß genug. Man kann generell behaupten, dass sich durch mehrfaches Probieren das Erreichen der Sollzeit signifikant verändert. Zu diesem Ergebnis kommt man wie folgt: Zuerst werden Null- und Alternativhypothese formuliert. Als Nullhypothese nimmt man an, dass die Anteile der Perso-nen, die die Sollzeit erreichen, in jedem Versuch gleich hoch sind:

$$H_0 : \pi_{1.\text{Versuch}} = \pi_{2.\text{Versuch}} = \pi_{3.\text{Versuch}}$$

Die Alternative dazu ist

$$H_1 : \pi_{i.\text{Versuch}} \neq \pi_{j.\text{Versuch}} \quad \text{für mindestens ein Paar } i, j \text{ verschieden}$$

Durch mehrmaliges Probieren ändern sich die Erreichungsquoten der Sollzeit des Spiels "Fantasy". Um diese Hypothesen zu prüfen, berechnet man folgende Testmaßzahl:

$$Q_{\text{beob}} = \frac{(k-1) \cdot \left[k \cdot \sum_{j=1}^{k} T_j^2 - \left(\sum_{j=1}^{k} T_j \right)^2 \right]}{k \cdot \sum_{i=1}^{n} L_i - \sum_{i=1}^{n} L_i^2}$$

Diese Testmaßzahl ist chiquadratverteilt mit $v = k - 1$ Freiheitsgraden. k ist die Anzahl der Stichproben und n die Anzahl der Befragten. T_j ist jeweils die Summe der positiven Ergebnisse (= 1) der i Versuche und L_i die positiven Ergebnisse der i Befragten in den 3 Versuchen. Die Berechnung ist in folgender Tabelle angeführt:

1.Versuch	2.Versuch	3.Versuch	L_i	L_i^2
1	0	1	2	4
0	1	1	2	4
0	1	1	2	4
1	1	1	3	9
0	0	1	1	1
0	0	1	1	1
1	1	0	2	4
0	1	1	2	4
1	0	1	2	4
1	1	1	3	9
0	1	1	2	4
0	1	1	2	4
0	0	0	0	0
0	0	1	1	1
0	1	1	2	4
$T_1 = 5$	$T_2 = 9$	$T_3 = 13$	27	57
$T_1^2 = 25$	$T_2^2 = 81$	$T_3^2 = 169$	*	*

Eingesetzt erhält man für die Testmaßzahl

$$Q_{\text{beob}} = \frac{(3-1) \cdot \left[3 \cdot \sum_{j=1}^{3} T_j^2 - \left(\sum_{j=1}^{3} T_j \right)^2 \right]}{3 \cdot \sum_{i=1}^{15} L_i - \sum_{i=1}^{15} L_i^2} = \frac{(3-1) \cdot [3 \cdot 275 - 729]}{3 \cdot 27 - 57} = 8$$

Die Testmaßzahl Q_{beob} ist chiquadratverteilt mit 2 Freiheitsgraden. Für ein 5%-iges Signifikanzniveau ist daher der kritische Wert $\chi_c^2 = 5.991$. Da der beobachtete Wert (= 8) größer ist als der kritische Wert, kann die Nullhypothese abgelehnt werden. Der Trainingseffekt bei den 15 Besuchern ist groß genug, um daraus auf einen allgemeinen Trainingseffekt zu schließen. In unten stehender Grafik ist dieses Testergebnis veranschaulicht. Die Testmaßzahl Q_{beob} (= 8) liegt rechts nach dem kritischen Wert χ_c^2 (= 5.991):

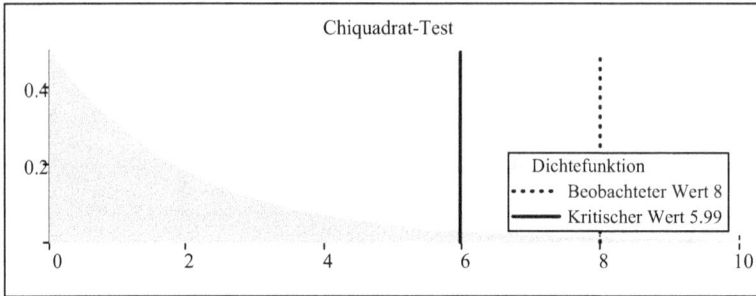

Beobachteter Chiquadrat-Wert	Kritischer Wert	p-Wahrscheinlichkeit
8	5.991	0.018

Den Output der Software für dieses Beispiel findet man im Anhang.

Voraussetzungen und Einschränkungen:

Der Cochran Test sollte nur angewendet werden, wenn $n \cdot k > 30$ ist. Im vorliegenden Beispiel ist $15 \cdot 3 = 45$ und daher die Voraussetzung erfüllt.

Aufgaben

1) Für die Aufnahme des Sportstudiums muss eine bestimmte komplexe Bodenübung beherrscht werden. Als Vorbereitung wird ein Trainingsprogramm angeboten. Um die Effizienz dieses Programms zu ermitteln, werden 15 Aufnahmekandidaten 3 Wochen lang mit diesem Programm trainiert. Nach jeder Woche wird geprüft, ob der Kandidat den Test bestehen würde. Das Ergebnis zeigt folgende Tabelle (1 = bestanden, 2 = nicht bestanden)

1.Versuch:	1	2	2	2	2	2	1	1	2	2	2	1	1	2	2
2.Versuch:	1	1	2	2	2	1	1	1	1	2	2	1	1	1	2
3.Versuch:	1	1	1	1	2	1	1	1	1	1	1	1	1	1	1

Verbessert das Trainingsprogram die Chancen, die Aufnahmeprüfung zu bestehen? Signifikanzniveau 5%.

2) Um die Wirksamkeit der Akupunktur bei Migräne zu prüfen, wurden 10 Patienten 4 Mal behandelt und jeweils festgehalten, ob sich das Schmerzbild verbessert hat (= 1) oder nicht (= 0):

1.Woche:	1	0	0	0	0	0	1	1	0	0
2.Woche:	1	1	0	0	0	1	1	1	1	0
3.Woche:	1	1	1	1	0	1	1	1	1	1
4. Woche:	1	1	0	1	0	1	1	1	0	1

Prüfen Sie die Wirksamkeit der Akupunktur auf einem Signifikanzniveau von 5%.

2 Friedman-Test

Kann man davon ausgehen, dass wiederholtes Sehen eines Fernsehspots einen Lerneffekt hat? 10 Personen wurden am Beginn einer für 4 Wochen geplanten Werbekampagne im Fernsehen danach befragt, wie sie die Handlichkeit einer neuen Spielkonsole beurteilen. Die gleichen 10 Personen wurden nach 2 Wochen und noch einmal nach 4 Wochen wieder befragt, wie sie die Handlichkeit beurteilen. Das Ergebnis zeigt folgende Tabelle (1 = sehr gut, ..., 5 = sehr schlecht):

Am Beginn:	2	4	3	4	5	2	3	4	4	2
Nach 2 Wochen:	2	3	2	1	4	1	3	3	2	1
Nach 4 Wochen:	1	2	2	2	3	1	1	4	1	1

Die erste Person beurteilte die Handlichkeit am Beginn der Werbekampagne mit gut (= 2), nach 2 Wochen noch immer mit gut (= 2) und nach 4 Wochen mit sehr gut (= 1). Die Verteilung der Beurteilungen zu den drei Befragungspunkten zeigt folgende Tabelle und Grafik:

Beurteilung	Am Beginn	Nach 2 Wochen	Nach 4 Wochen
Sehr gut	0	3	5
gut	3	3	3
neutral	2	3	1
schlecht	4	1	1
Sehr schlecht	1	0	0
SUMME	10	10	10

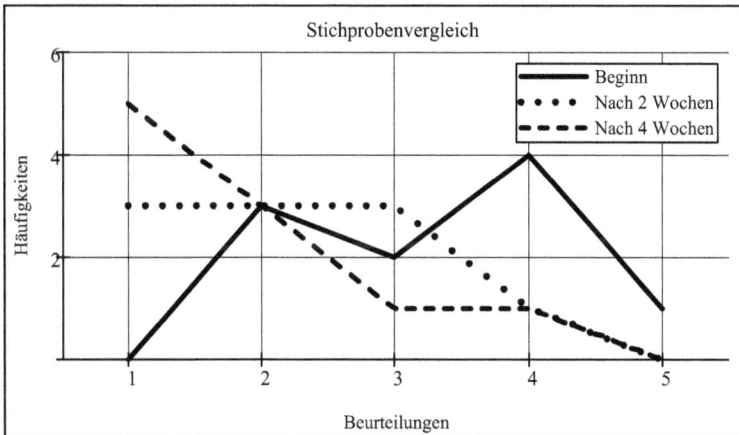

Ordinate:	1	2	3	4	5
Antworten:	Sehr gut	Gut	Neutral	Schlecht	Sehr schlecht

Am Beginn der Werbekampagne beurteilte keine der Personen die Handlichkeit mit sehr gut. Nach 2 Wochen waren es schon drei Personen und nach 4 Wochen 5 Personen, die die Handlichkeit mit sehr gut bezeichneten. Ist diese Verbesserung schon ausreichend, um allgemein zu behaupten, dass die Werbekampagne die Beurteilung der Handlichkeit verbesserte? (Vergleiche den Output im Anhang)

Die Verbesserung der Beurteilung ist groß genug. Man kann generell behaupten, dass die 4-wöchige Werbekampagne im Fernsehen die Beurteilung der Handlichkeit signifikant veränderte. Zu diesem Ergebnis kommt man wie folgt: Zuerst werden Null- und Alternativhypothese formuliert. Als Nullhypothese nimmt man an, dass die Verteilungen der Grundgesamtheiten, aus der die drei Stichproben stammen, gleich sind:

$$H_0 : \text{Verteilung}_{0\_\text{Wochen}} = \text{Verteilung}_{2\_\text{Wochen}} = \text{Verteilung}_{4\_\text{Wochen}}$$

Die Alternative dazu ist

$$H_1 : \text{Verteilung}_{i\_\text{Wochen}} \neq \text{Verteilung}_{j\_\text{Wochen}}$$

für mindestens ein Paar i, j verschieden

Um diese Hypothesen zu prüfen, berechnet man folgende Testmaßzahl:

$$FQ_{beob} = \frac{12}{n \cdot k \cdot (k+1) - B} \cdot \sum_{j=1}^{k} \left(\sum_{i=1}^{n} R_{ij} - \frac{n \cdot (k+1)}{2} \right)^2$$

n ist die Anzahl der Befragten, k die der Stichproben, R_{ij} sind die Rangzahlen und B eine Korrektur für Bindungen:

$$B = \frac{1}{k-1} \cdot \sum_{j=1}^{n} \sum_{i=1}^{g_j} \left(b_{ij}^3 - b_{ij} \right)$$

Diese Testmaßzahl ist chiquadratverteilt mit n = k − 1 Freiheitsgraden. Die Berechnung der Zwischensummen zeigt folgende Tabelle:

Besucher	Am Beginn	Nach 2 Wochen	Nach 4 Wochen	R_{i1}	R_{i2}	R_{i3}	b_i	$b_i^3 - b_i$
1	2	2	1	2.5	2.5	1.0	2	6
2	4	3	2	3.0	2.0	1.0	0	0
3	3	2	2	3.0	1.5	1.5	2	6
4	4	1	2	3.0	1.0	2.0	0	0
5	5	4	3	3.0	2.0	1.0	0	0
6	2	1	1	3.0	1.5	1.5	2	6
7	3	3	1	2.5	2.5	1.0	2	6
8	4	3	4	2.5	1.0	2.5	2	6
9	4	2	1	3.0	2.0	1.0	0	0
10	2	1	1	3.0	1.5	1.5	2	0
*	*	*	SUMME	28.5	17.5	14.0	*	36

Der erste Befragte beurteilte am Beginn der Werbekampagne die Handlichkeit der Spielkonsole mit gut (= 2), nach 2 Wochen immer noch mit gut und nach 4 Wochen mit sehr gut (= 1). Da 1 die kleinste Zahl ist, wird ihr der Rang 1 zugeordnet. Die Beurteilung gut kommt zweimal vor. Daher wird beiden Beurteilungen (am Beginn und nach 2 Wochen) der Durchschnitt aus den beiden Rangzahlen 2 und 3 nämlich 2.5 zugeordnet. Die Rangsummen für die 3 Stichproben sind 28.5, 17.5 und 14.
Mit diesen Zwischenergebnissen kann man nun FQ_{beob} berechnen:

$$FQ_{beob} = \frac{12}{10 \cdot 3 \cdot (3+1) - 18} \cdot \left(\left(28.5^2 - 20\right) + \left(17.5^2 - 20\right) + \left(14^2 - 20\right) \right) = 13.471$$

Die Bindungskorrektur B für gleiche Rangzahlen bei den einzelnen Befragten errechnet man mit Hilfe der letzten Spalte der Tabelle:

$$B = \frac{1}{3-1} \cdot \sum_{j=1}^{15} \sum_{i=1}^{g_j} \left(b_{ij}^3 - b_{ij} \right) = \frac{1}{2} \cdot 36 = 18$$

Die Testmaßzahl FQ_{beob} ist chiquadratverteilt mit n = 3 − 1 = 2 Freiheitsgraden. Für ein 5%-iges Signifikanzniveau ist daher der kritische Wert der χ^2-Verteilung $\chi_c^2 = 5.991$. Da der beobachtete Wert (= 13.471) größer ist als der kritische Wert, kann die Nullhypothese abgelehnt werden. Das Werbefernsehen verändert die Beurteilung der Handlichkeit der Spielkonsole. Das Risiko, das diese Behauptung falsch ist, ist höchstens 5%

In unten stehender Grafik ist dieses Testergebnis veranschaulicht. Die Testmaßzahl FQ_{beob} (= 13.471) liegt rechts vor dem kritischen Wert $\chi2_c$ (= 5.991):

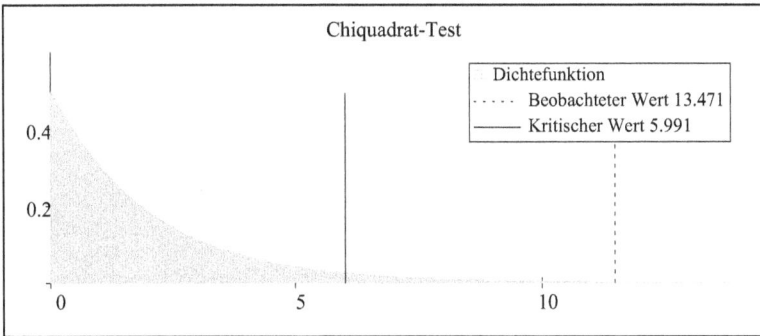

Beobachteter Chiquadrat-Wert	Kritischer Wert	p-Wahrscheinlichkeit
13.471	5.991	0.001

Aufgaben

1) An 10 Probanden wurde der Einfluss der Tageszeit auf die Sprungkraft untersucht. Dabei führten alle Probanden zu den Zeitpunkten 6:00, 12:00, 17:00 und 23:00 drei standardisierte Sprünge durch. Die Mittelwerte der drei Sprünge wurden für die Analyse verwendet (Sprunghöhe in cm):

06:00	30	34	26	31	28	30	27	29	32	32
12:00	31	34	28	31	30	32	30	31	31	35
17:00	33	35	30	33	29	34	31	33	34	34
23:00	34	36	30	31	28	32	30	32	30	32

Hat die Tageszeit einen Einfluss auf die Sprungleistung? Signifikanzniveau 5%.

2) Um den Einfluss eines Medikamentes auf den Puls zu untersuchen, wurde der Puls von 6 Versuchspersonen vor der Medikamenteneinnahme, 10 Minuten und 20 Minuten nach der Medikamenteneinnahme

gemessen.

Vor der Einnahme:	2.2	2.2	2.3	2.3	2.2	2.0
10 Minuten später:	2.1	2.1	2.4	2.4	2.2	2.1
20 Minuten später:	2.1	2.2	2.3	2.3	2.4	2.4

Kann man an Hand dieser Daten von einer Medikamentenwirkung auf den Puls geschlossen werden? Signifikanzniveau 5%.

3) Drei halbbittere Schokoladensorten A, B und C wurden von 6 Erwachsenen beurteilt. 1 ist die beste Beurteilung, 3 die schlechteste.

Schokolade A:	1	2	1	3	1	2
Schokolade B:	2	1	2	2	2	1
Schokolade C:	3	3	3	1	3	3

Kann man annehmen, dass sich die drei Schokoladesorten signifikant im Hinblick auf die Beurteilung unterscheiden? Signifikanzniveau 5%.

4) In einer Umfrage beurteilten 10 Personen 4 Unterhaltungsfilme auf einer Skala von 0 (gefällt mir überhaupt nicht) bis 5 (gefällt mir sehr gut). In der nachfolgenden Tabelle sind die Urteile dargestellt:

Film A:	0	1	2	5	3	2	2	3	2	5
Film B:	5	3	5	2	4	4	3	0	4	3
Film C:	1	4	3	1	0	3	2	4	1	0
Film D:	4	5	4	3	2	5	4	5	3	2

Kann man annehmen, dass sich die 4 Filme signifikant im Hinblick auf die Beurteilung unterscheiden? Signifikanzniveau 5%.

5) Um festzustellen, ob die Gebrauchszeit die Beurteilung einer bestimmten Automarke beeinflusst, wurden 10 Käufer ein Monat nach dem Kauf gefragt, wie sie das Auto beurteilen, weiteres beim ersten Jahresservice und beim Service nach zwei. Jahren. Die Ergebnisse der Befragung zeigt folgende Tabelle (1 = sehr zufrieden bis 5 = sehr unzufrieden):

Nach 1 Monat:	1	2	1	3	1	2	1	2	1	1
Nach 1 Jahr:	2	1	2	2	2	1	3	4	5	2
Nach 2 Jahren:	3	3	3	1	3	3	3	5	4	1

Kann man annehmen, dass sich die Beurteilung des Autos im Laufe der zwei Jahre nicht signifikant verändert hat? Signifikanzniveau 5%.

6) Drei Juroren haben 10 Kandidatinnen einer Schönheitskonkurrenz wie folgt gereiht (1 = erster Rang, 10 = 10. Rang:

Juror A:	2	3	1	4	6	5	10	9	8	7
Juror B:	1	3	2	7	6	8	9	10	4	5
Juror C:	2	3	1	5	4	6	9	10	7	8

Unterscheiden sich die Beurteilungen der 3 Juroren signifikant? Signifikanzniveau 5%.

6_3 F-Test

Kann man davon ausgehen, dass wiederholtes Spielen einen Lerneffekt aufweist? Verringert mehrfaches Spielen des neuen Konsolenspiels "Fantasy" die benötigte Zeit zum Erreichen des Spielzieles? Bei einer Werbeveranstaltung für die neue Spielkonsole Yoki wurde die Spielzeit von 10 Besuchern bei drei Versuchen gestoppt (in Minuten):

1.Versuch:	34	38	45	32	12	11	22	9	20	80
2.Versuch:	32	41	31	38	21	13	17	22	24	11
3.Versuch:	12	14	15	12	7	4	10	4	14	4

Der erste Besucher benötigte 34 Minuten beim ersten Versuch, 32 Minuten beim zweiten und nur mehr 12 beim dritten Versuch. Die Durchschnitte aus den benötigten Zeiten bei den drei Versuchen zeigt folgende Grafik

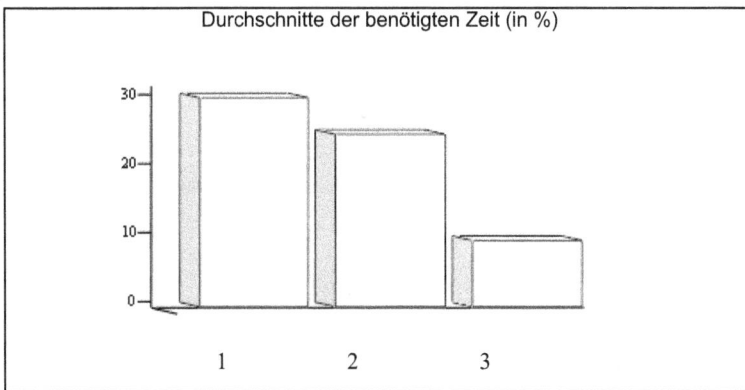

Durchschnitte der benötigten Zeit (in %)

Balken:	1	2	3
Antworten:	1. Versuch	2. Versuch	3. Versuch
Durchschnitte	30.3	25	9.6

Beim ersten Versuch benötigten die Besucher im Schnitt 30.3 Minuten, beim zweiten Versuch 25 Minuten und beim dritten Versuch nur mehr 9.6 Minuten. Ist diese Verringerung schon ausreichend, um allgemein zu behaupten, dass mehrfaches Spielen die Zeit zum Erreichen des Spielzieles des Computerspieles "Fantasy" reduziert?

Die Zeitverringerung ist groß genug. Man kann generell behaupten, dass sich durch mehrfaches Spielen die Durchschnittszeit zum Erreichen des Spielziels signifikant verändert. Zu diesem Ergebnis kommt man wie folgt: Zuerst werden Null- und Alternativhypothese formuliert. Als Nullhypothese nimmt man an, dass die Durchschnitte der Grundgesamtheiten, aus der die drei Stichproben stammen, gleich sind:

$$H_0 : \mu_{Versuch\_1} = \mu_{Versuch\_2} = \mu_{Versuch\_3}$$

Die Alternative dazu ist

$$H_1 : \mu_{Versuch\_i} \neq \mu_{Versuch\_j} \quad \text{für mindestens ein Paar i, j verschieden}$$

Durch mehrmaliges Spielen ändert sich die Durchschnittszeit zum Erreichen des Spielziels von "Fantasy". Um diese Hypothesen zu prüfen, berechnet man folgende Testmaßzahl:

$$F_{beob} = \frac{\dfrac{\sum\limits_{j=1}^{k} Q_j^2}{n} - \dfrac{\left(\sum\limits_{i=1}^{n} P_i\right)^2}{n \cdot k}}{\left(\dfrac{\left(\sum\limits_{i=1}^{n} P_i\right)^2}{n \cdot k} + \sum\limits_{i=1}^{n}\sum\limits_{j=1}^{k} x_{ij}^2\right) - \left(\dfrac{\sum\limits_{j=1}^{k} Q_j^2}{n} + \dfrac{\sum\limits_{i=1}^{n} P_i^2}{k}\right)} \cdot \frac{v_2}{v_1}$$

Diese Testmaßzahl ist F-verteilt mit

$$v_1 = k - 1$$

$$v_2 = (n-1)\cdot(k-1)$$

Freiheitsgraden. k ist die Anzahl der Stichproben und n die Anzahl der Befragten. P_i ist die i-te Zeilensumme

$$P_i = \sum_{j=1}^{k} x_{ij}$$

und Q_j die j-te Spaltensumme

$$Q_j = \sum_{i=1}^{n} x_{ij}$$

Die Berechnung der Zwischensummen P_i und Q_j zeigt folgende Tabelle:

Besucher	1.Versuch	2.Versuch	3.Versuch	P_i	$P_i/3$	P_i^2
1	34	32	12	78	26.00	6084
2	38	41	14	93	31.00	8649
3	45	31	15	91	30.33	8281
4	32	38	12	82	27.33	6724
5	12	21	7	40	13.33	1600
6	11	13	4	28	9.33	784
7	22	17	10	49	16.33	2401
8	9	22	4	35	11.67	1225
9	20	24	14	58	19.33	3364
10	80	11	4	95	31.67	9025
SUMME	303	250	96	649	216.33	48137

P_i ist die Summe aus den drei Versuchen und $P_i/3$ der Durchschnitt daraus. Die Summe der einzelnen Zeiten zum Quadrat ist 21571:

$$\sum_{i=1}^{n}\sum_{j=1}^{k}x_{ij}^{2} = 21571$$

Mit diesen Zwischenergebnissen kann man nun F_{beob} berechnen:

$$F_{beob} = \frac{\dfrac{303^2 + 250^2 + 96^2}{10} - \dfrac{649^2}{30}}{\left(\dfrac{649^2}{30} + 21571\right) - \left(\dfrac{303^2 + 250^2 + 96^2}{10} + \dfrac{48137}{3}\right)} \cdot \frac{18}{2} = 6.478$$

Die Testmaßzahl F_{beob} ist F-verteilt mit $\nu_1 = 3 - 1 = 2$ und $\nu_2 = (10 - 1) \cdot (3 - 1) = 18$ Freiheitsgraden. Für ein 5%-iges Signifikanzniveau ist daher der kritische Wert der F-Verteilung $F_c = 3.555$. Da der beobachtete Wert ($= 6.478$) größer ist als der kritische Wert, kann die Nullhypothese abgelehnt werden. Das mehrfache Spielen verringert die benötigte Zeit zum Erreichen des Spielziels. Das Risiko, dass diese Behauptung falsch ist, ist höchstens 5% (genau 0.8%).

In unten stehender Grafik ist dieses Testergebnis veranschaulicht. Die Testmaßzahl F_{beob} ($= 6.478$) liegt rechts vor dem kritischen Wert F_c ($= 3.555$):

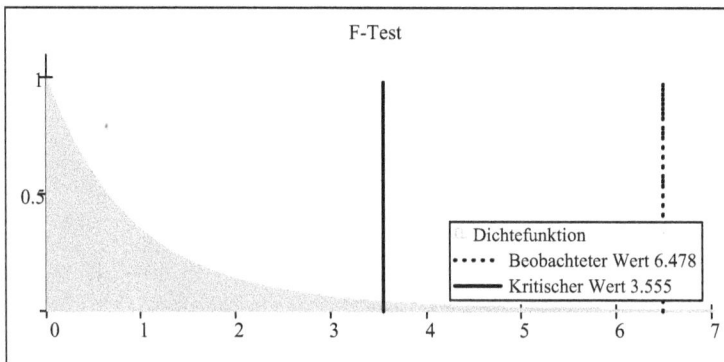

Beobachteter F-Wert	Kritischer Wert	p-Wahrscheinlichkeit
6.478	3.555	0.008

Mit Hilfe der Software kann man dieses Ergebnis erhalten, wenn man die Daten und das gewünschte Signifikanzniveau eingibt. Auch der Paarvergleich wird automatisch durchgeführt. Für dieses Beispiel findet man den Output im Anhang.

Aufgaben

1) Eine Diätassistentin möchte die Wirksamkeit einer bestimmten Diät testen. 10 Personen werden am Beginn der Diät gewogen, nochmals nach 2 Wochen und abschließend nach 4 Wochen Diät. Das Ergebnis der Gewichtskontrolle zeigt folgende Tabelle.

Am Beginn:	80	95	71	65	75	69	66	78	82	74
Nach 2 Wochen:	75	88	72	65	71	65	68	74	79	73
Nach 4 Wochen:	73	87	68	66	69	67	66	73	78	69

Ist die Diät wirksam? Signifikanzniveau 5%.

2) Kann man davon ausgehen, dass wiederholtes Zusammenbauen einer Maschinenbaukomponente einen Lerneffekt bei den Mitarbeitern hervorruft und somit die benötigte Durchlaufzeit bis zum Endprodukt verringert werden kann? 10 Mitarbeiter wurden getestet (Zeit in Minuten):

1.Versuch:	34	38	45	32	12	11	22	9	20	15
2.Versuch:	32	41	31	38	21	13	17	22	24	11
3.Versuch:	12	14	15	12	7	4	10	4	14	4

Signifikanzniveau 5%.

3) Eine Mineralwasserfirma behauptet, ihr Mineralwasser senke den Cholesterinspiegel. Acht Probanden tranken drei Wochen lang dieses Wasser. Die Werte zu Beginn des Versuchs sowie nach einer Woche, zwei Wochen und drei Wochen zeigt folgende Tabelle:

Am Beginn:	267	248	321	272	355	264	270	252
Nach 1 Woche:	238	232	307	295	348	260	266	249
Nach 2 Wochen:	191	246	295	270	330	262	295	220
Nach 3 Wochen:	206	207	282	269	275	281	263	219

Kann man der Behauptung der Mineralwasserfirma Glauben schenken? Signifikanzniveau 5%.

4) Welchen Einfluss hat der Alkohol auf die Fahrtüchtigkeit? An einem Fahrsimulator werden die Fehler gezählt, die 5 Versuchspersonen nüchtern, nach zwei Gläsern Bier und nach drei Gläsern Bier verursachen. Die Ergebnisse zeigt folgende Tabelle:

Nüchtern:	24	21	24	18	33
Nach 2 Gläsern Bier:	24	30	36	27	18
Nach 3 Gläsern Bier:	21	36	30	36	27

Kann man an Hand dieser Daten nachweisen, dass Alkohol die Fahrtüchtigkeit beeinträchtigt? Signifikanzniveau 5%.

7_0 MULTIVARIATE STICHPROBEN, NOMINAL

Univariat - Multivariat

Wenn man die Stichproben der Käufer der Spielkonsole Yoki, der Nichtkäufer und der Unentschlossenen im Hinblick auf ihr Durchschnittsalter analysiert, dann handelt es sich um eine univariate Analyse. Die einzige Variable die den eventuellen Unterschied in diesem Beispiel zwischen den drei Grundgesamtheiten der Käufer, Nichtkäufer und Unentschlossenen misst, ist das Alter. Wenn man noch zusätzlich das Einkommen der Befragten hinzunimmt, dann liegt eine multivariate Analyse vor. Der eventuelle Unterschied wird durch die zwei Variablen Alter und Einkommen gemessen.

Diese Unterscheidung kann man nicht nur bei metrisch skalierten Antworten wie Alter und Einkommen machen, sondern auch bei nominal skalierten Antworten. Werden die Käufer der Spielkonsole, die Nichtkäufer und die Unentschlossenen z.B. im Hinblick auf die Beurteilung der Handlichkeit der Spielkonsole analysiert, dann handelt es sich um eine univariate Analyse. Wird neben der Handlichkeit auch noch die Beurteilung des Designs herangezogen, dann ist die Analyse multivariat.

Im Fall der multivariaten Analyse werden also mindestens zwei Variablen bei der Analyse berücksichtigt, die den Unterschied bzw. den Zusammenhang messen. Dies gilt sowohl für nominal skalierte Antworten wie ordinal und metrisch skalierte Antworten. Einige multivariate Verfahren für nominal skalierte Antworten werden in diesem Kapitel dargestellt und einige multivariate Verfahren für metrisch skalierte Antworten im folgenden Kapitel.

Vorschau

Im Abschnitt 7_1, Loglineare Modelle, wird der Frage nachgegangen, welche Wechselwirkungen zwischen der Kaufabsicht, dem Geschlecht und dem Familienbestand bestehen. Kann man z.B. allgemein annehmen, dass zwischen Kaufabsicht und Geschlecht keine Wechselwirkung besteht, aber zwischen Kaufabsicht und Familienstand?

Interessiert man sich für die Frage, wie die Kaufabsicht für die Spielkonsole Yoki durch Geschlecht und Familienstand beeinflusst wird, dann findet man die Antwort im Abschnitt 7_2, Kategoriale Regression. In diesem Abschnitt wird untersucht, ob und wie es die beiden unabhängigen Variablen Geschlecht und Familienstand erlauben, die Kaufabsicht vorher zusagen.

Im Abschnitt 7_3 wird die Korrespondenzanalyse beschrieben. Sie dient dazu, Antworten verschiedener Fragen auf Grund ihrer so genannten Euklidischen Abstände zusammen zu fassen. Dies soll eine einfache Interpretation der komplexen Zusammenhänge zwischen den Antworten erlauben. Durch welche Merkmale sind z.B. die Käufer der Spielkonsole Yoki, die Nichtkäufer und die Unentschlossenen gekennzeichnet? Ist der typische Käufer männlich, ledig und unter 25 Jahre alt?

7_1 Loglineare Modelle

Welche Wechselwirkung besteht zwischen den Fragen nach dem Geschlecht, der Kaufabsicht und dem Familienstand? Welches Modell beschreibt diese Abhängigkeiten am besten? Kann man z.B. annehmen, dass männlich Ledige eine stärkere Kaufabsicht haben als weibliche Ledige oder umgekehrt? Bei einer Werbeveranstaltung für die neue Spielkonsole Yoki wurden 200 Besuchern folgende Fragen gestellt:

1. Geschlecht? mit den Antworten "Weiblich" oder "Männlich".
2. Werden Sie die Spielkonsole Yoki kaufen? mit den Antworten "Ja" oder "Nein".
3. Familienstand? mit den Antwortmöglichkeiten "Ledig" und "Verheiratet".

Das Ergebnis dieser Befragung zeigt folgende Tabelle:

Kombinationen	Geschlecht	Kaufabsicht	Familienstand	Häufigkeit
1	Männlich	Ja	Ledig	64
2	Männlich	Ja	Verheiratet	16
3	Männlich	Nein	Ledig	16
4	Männlich	Nein	Verheiratet	8
5	Weiblich	Ja	Ledig	24
6	Weiblich	Ja	Verheiratet	32
7	Weiblich	Nein	Ledig	16
8	Weiblich	Nein	Verheiratet	24

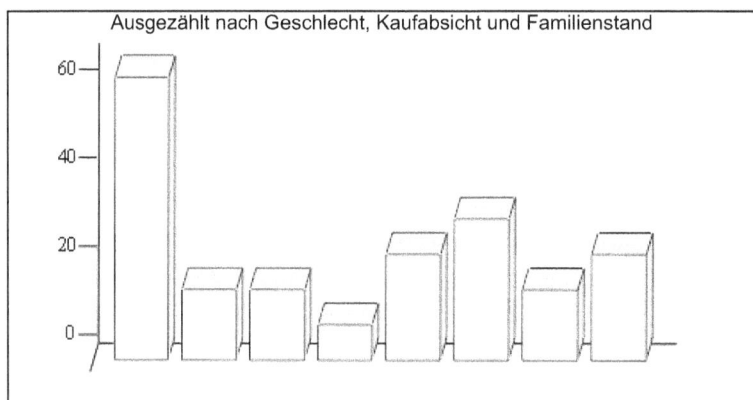
Ausgezählt nach Geschlecht, Kaufabsicht und Familienstand

Balken:	1	2	3	4	5	6	7	8
Häufigkeiten:	64	16	16	8	24	32	16	24
Kombinationen:	1	2	3	4	5	6	7	8

Von den möglichen 9 Modellen zur Erklärung der Abhängigkeiten zwischen diesen drei Fragen ist das Modell am besten geeignet, das einerseits zwischen Geschlecht und Kaufabsicht eine Wechselwirkung annimmt und andererseits zwischen Geschlecht und Familienstand. Mit Hilfe dieses Modells kann man zeigen, dass Männer überdurchschnittlich stark eine Kaufabsicht an der Spielkonsole Yoki bekunden,

Frauen hingegen unterdurchschnittliches Interesse am Kauf haben.

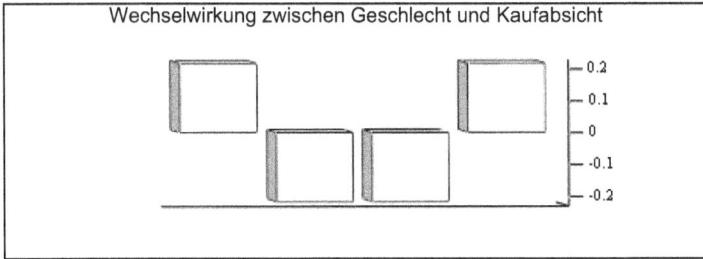

Wechselwirkung zwischen Geschlecht und Kaufabsicht

Geschlecht:	Kaufabsicht:	Koeffizienten:	Sig.-Niveau 5%	Wahrsch.
Männlich	Ja	0.217	signifikant	0.005
Männlich	Nein	-0.217	signifikant	0.005
Weiblich	Ja	-0.217	signifikant	0.005
Weiblich	Nein	0.217	signifikant	0.005

Weiteres kann man zeigen, dass ledige Männer und verheiratete Frauen überdurchschnittlich stark unter den potentiellen Käufern vertreten sind und verheiratete Männer und ledige Frauen unterdurchschnittlich stark.

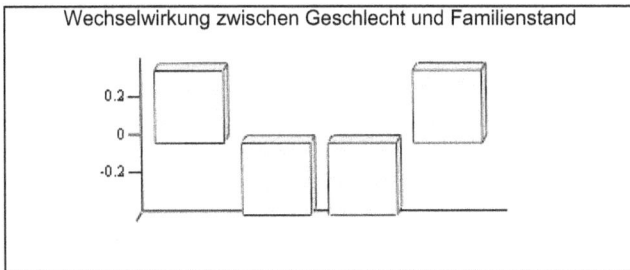

Wechselwirkung zwischen Geschlecht und Familienstand

Geschlecht:	Familienstand	Koeffizienten:	Sig.-Niveau 5%	Wahrsch.
Männlich	Ledig	0.385	signifikant	0.000
Männlich	Verheiratet	-0.385	signifikant	0.000
Weiblich	Ledig	-0.385	signifikant	0.000
Weiblich	Verheiratet	0.385	signifikant	0.000

Wie kommt man zu diesen Ergebnissen? Zuerst muss man feststellen, welches der neun Modelle die möglichen Wechselwirkungen am besten erklärt. Hier nochmals die Ausgangstabelle:

Kombinationen	Geschlecht x_1	Kaufabsicht x_2	Familienstand x_3	Häufigkeit
1	Männlich	Ja	Ledig	64
2	Männlich	Ja	Verheiratet	16
3	Männlich	Nein	Ledig	16
4	Männlich	Nein	Verheiratet	8
5	Weiblich	Ja	Ledig	24
6	Weiblich	Ja	Verheiratet	32
7	Weiblich	Nein	Ledig	16
8	Weiblich	Nein	Verheiratet	24

Die beobachteten Häufigkeiten in obiger Tabelle können durch folgende Komponenten beeinflusst werden:

μ_{x1} der Haupteffekt der Variablen x1 (= Geschlecht)

μ_{x2} der Haupteffekt der Variablen x2 (= Kaufabsicht)

μ_{x3} der Haupteffekt der Variablen x3 (= Familienstand)

$\mu_{x1,x2}$ die Wechselwirkung der Variablen x1 und x2 (= Geschlecht und Kaufabsicht)

$\mu_{x1,x3}$ die Wechselwirkung der Variablen x1 und x3 (= Geschlecht und Familienstand)

$\mu_{x2,x3}$ die Wechselwirkung der Variablen x2 und x3 (= Kaufabsicht und Familienstand)

$\mu_{x1,x2,x3}$ die Wechselwirkung der Variablen x1, x2 und x3 (= Geschlecht, Kaufabsicht und Familienstand)

Wenn man sich für ein Modell ohne Wechselwirkungen entscheidet, dann hat das Modell zur Erklärung der Antworthäufigkeiten folgende Struktur:

$$\ln\left(m_{ijk}\right) = \mu + \mu_{x1_i} + \mu_{x2_j} + \mu_{x3_k}$$

bzw.

$$m_{ijk} = e^{\mu + \mu_{x1_i} + \mu_{x2_j} + \mu_{x3_k}}$$

m_{ijk} sind die erwarteten Zellhäufigkeiten, $\ln(m_{ijk})$ sind die Logarithmen der erwarteten Zellhäufigkeiten für die Zellen in der Kontingenztabelle und e ist die Euler'sche Zahl. μ ist der Gesamtdurchschnitt aus den natürlichen Logarithmen der erwarteten Häufigkeiten. μ_z-Ausdrücke repräsentieren "Effekte", die die Variablen auf die Zellhäufigkeiten haben. x_1, x_2, und x_3 sind Variablen und i, j und k beziehen sich auf die Ausprägungen der Variablen. Für dieses Erklärungsmodell sind die berechneten Koeffizienten gleich

$$\mathbf{b} = \begin{pmatrix} 3.128 & 0.040 & -0.377 & -0.203 \end{pmatrix}$$

und eingesetzt

$$m_{ijk} = e^{\mathbf{X \cdot b}} = e^{3.128 + 0.040 \cdot x1_i - 0.377 \cdot x2_j - 0.203 \cdot x3_k}$$

Um mit dieser Formel die Schätzwerte für die Häufigkeiten zu bestimmen, müssen die Antworten auf die drei Fragen geeignet kodiert werden, um sie in $\mathbf{X}$ einsetzen zu können.

Bei der Effektkodierung erfolgt die Darstellung der Antworten auf eine Frage mit Dummy-Variablen.

$$X_i = \begin{pmatrix} -1 \text{ falls Kategorie i der Variablen A vorliegt} \\ 1 \text{ falls Kategorie k der Variablen A vorliegt} \\ 0 \text{ sonst} \end{pmatrix}$$

So wird z.B. "Weiblich" mit 1 und "Männlich" mit −1 kodiert, "Nein" mit 1 und "Ja" mit −1, "Verheiratet" mit 1 und "Ledig" mit −1. Die möglichen Antwortkombinationen von obigem Beispiel werden daher wie folgt kodiert: (für μ, die Modellkonstante wird ein Eins-Vektor eingeführt!)

Ge-schlecht	Kauf-absicht	Familien-stand	Kon-stante	Ge-schlecht	Kauf-absicht	Familien-stand
Männlich	Ja	Ledig	1	-1	-1	-1
Männlich	Ja	Verheiratet	1	-1	-1	1
Männlich	Nein	Ledig	1	-1	1	-1
Männlich	Nein	Verheiratet	1	-1	1	1
Weiblich	Ja	Ledig	1	1	-1	-1
Weiblich	Ja	Verheiratet	1	1	-1	1
Weiblich	Nein	Ledig	1	1	1	-1
Weiblich	Nein	Verheiratet	1	1	1	1

Die Matrix **X** ist daher

$$\mathbf{X} = \begin{pmatrix} 1 & -1 & -1 & -1 \\ 1 & -1 & -1 & 1 \\ 1 & -1 & 1 & -1 \\ 1 & -1 & 1 & 1 \\ 1 & 1 & -1 & -1 \\ 1 & 1 & -1 & 1 \\ 1 & 1 & 1 & -1 \\ 1 & 1 & 1 & 1 \end{pmatrix}$$

Zu dem Koeffizientenvektor **b** kommt man mit Hilfe der Newton-Raphson-Methode. Zuerst berechnet man einen Ausgangsvektor für $\mathbf{b}_0$ mit Hilfe folgender Formel:

$$\mathbf{b}_0 = \left[(\mathbf{X}^T \cdot \mathbf{X})^{-1} \cdot \mathbf{X}^T \cdot \ln(\mathbf{n}) \right] = \begin{pmatrix} 3.047 \\ 0.101 \\ -0.347 \\ -0.173 \end{pmatrix}$$

X ist die oben definierte Designmatrix und **n** der Vektor der beobachteten Häufigkeiten.

$$\mathbf{n}^T = \begin{pmatrix} 64 & 16 & 16 & 8 & 24 & 32 & 16 & 24 \end{pmatrix}$$

Mit Hilfe dieses Ausgangsvektors $\mathbf{b}_0$ kann man folgende Schätzwerte für die beobachteten Häufigkeiten bestimmen:

$$\mathbf{m}_0 = e^{\mathbf{X} \cdot \mathbf{b}_0} = \begin{pmatrix} 32.000 \\ 22.627 \\ 16.000 \\ 11.314 \\ 39.192 \\ 27.713 \\ 19.596 \\ 13.856 \end{pmatrix}$$

Die so genannte Hesse'sche Matrix $\mathbf{H}_0$ bestimmt man nun mit Hilfe von $\mathbf{m}_0$:

$$\mathbf{H}_0 = \mathbf{X}^T \cdot \mathrm{diag}(\mathbf{m}_0) \cdot \mathbf{X} = \begin{pmatrix} 182.298 & 18.416 & -60.766 & -31.277 \\ 18.416 & 182.298 & -6.139 & -3.160 \\ -60.766 & -6.139 & 182.298 & 10.426 \\ -31.277 & -3.160 & 10.426 & 182.298 \end{pmatrix}$$

diag($\mathbf{m}_0$) ist eine Diagonalmatrix mit den Werten von $\mathbf{m}_0$ als Diagonalelementen. Die Differenz zwischen den geschätzten und beobachteten Häufigkeiten gewichtet man mit der Designmatrix $\mathbf{X}$:

$$\mathbf{q}_0 = \mathbf{X}^T \cdot (\mathbf{n} - \mathbf{m}_0) = \begin{pmatrix} 17.702 \\ -26.416 \\ -11.234 \\ -8.723 \end{pmatrix}$$

Man multipliziert dieses Ergebnis mit der inversen Hesse'schen Matrix $\mathbf{H}_0$ und addiert dieses Produkt zu dem Ausgangsvektor $\mathbf{b}_0$ und erhält $\mathbf{b}_1$:

$$\mathbf{b}_1 = \mathbf{b}_0 + \mathbf{H}_0^{-1} \cdot \mathbf{q}_0 = \begin{pmatrix} 3.144 \\ -0.055 \\ -0.379 \\ -0.205 \end{pmatrix}$$

Nun berechnet man den Vektor $\mathbf{b}_2$ auf die gleiche Art indem man an Stelle von $\mathbf{b}_0$ $\mathbf{b}_1$ verwendet. $\mathbf{b}_2$ ist:

$$\mathbf{b}_2 = \mathbf{b}_1 + \mathbf{H}_1^{-1} \cdot \mathbf{q}_1 = \begin{pmatrix} 3.128 \\ -0.040 \\ -0.377 \\ -0.203 \end{pmatrix}$$

Da sich $\mathbf{b}_3$ von $\mathbf{b}_2$ auf 3 Dezimalstellen genau nicht unterscheidet, kann man den Iterationszyklus nach $\mathbf{b}_3$ beenden, wenn man mit dieser Genauigkeit zufrieden ist. Der Gewichtungsvektor $\mathbf{b}$ ist auf drei Dezimalstellen genau

$$\begin{pmatrix} 3.128 \\ -0.040 \\ -0.377 \\ -0.203 \end{pmatrix}$$

Die beobachteten Häufigkeiten **n** können nun mit Hilfe der kodierten Antwortmatrix **X** und den ermittelten **b**-Koeffizienten geschätzt werden

$$\mathbf{m} = e^{\mathbf{X \cdot b}} = e^{\begin{pmatrix} 1 & -1 & -1 & -1 \\ 1 & -1 & -1 & 1 \\ 1 & -1 & 1 & -1 \\ 1 & -1 & 1 & 1 \\ 1 & 1 & -1 & -1 \\ 1 & 1 & -1 & 1 \\ 1 & 1 & 1 & -1 \\ 1 & 1 & 1 & 1 \end{pmatrix} \begin{pmatrix} 3.128 \\ -0.040 \\ -0.377 \\ -0.203 \end{pmatrix}} = \begin{pmatrix} 42 \\ 28 \\ 20 \\ 13 \\ 39 \\ 26 \\ 18 \\ 12 \end{pmatrix}$$

In folgender Tabelle sind die beobachteten Häufigkeiten **n** den geschätzten **m** gegenüber gestellt.

Ge-schlecht	Kauf-absicht	Familien-stand	Beo-bachtet	in %	Ge-schätzt	in %
Männlich	Ja	Ledig	64	32%	42	21%
Männlich	Ja	Verheiratet	16	8%	28	14%
Männlich	Nein	Ledig	16	8%	20	10%
Männlich	Nein	Verheiratet	8	4%	13	7%
Weiblich	Ja	Ledig	24	12%	39	20%
Weiblich	Ja	Verheiratet	32	16%	26	13%
Weiblich	Nein	Ledig	16	8%	18	9%
Weiblich	Nein	Verheiratet	24	12%	12	6%

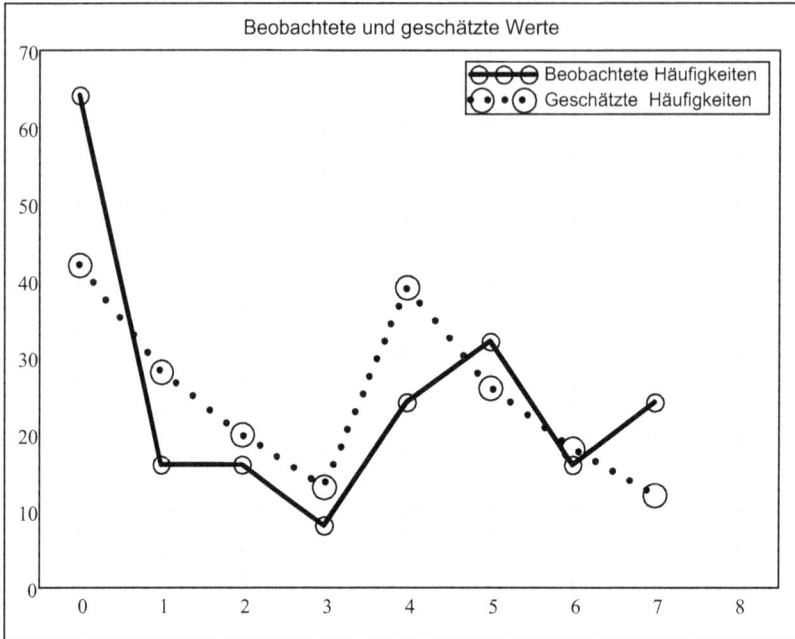

Ordinaten:	1	2	3	4	5	6	7	8
Häufigkeiten beobachtet:	64	16	16	8	24	32	16	24
Häufigkeiten geschätzt :	42	28	20	13	39	26	18	12

Aus der Grafik erkennt man, dass die geschätzten Werte mehr oder weniger stark von den beobachteten Häufigkeiten abweichen. Man muss daher als nächstes prüfen, ob diese Abweichungen signifikant sind. In diesem Fall wäre das Modell mit drei Haupteffekten nicht geeignet, die Beziehung zwischen Geschlecht, Kaufabsicht und Familienstand passend zu erklären. Ob die gefundenen Schätzwerte von den beobachteten signifikant abweichen, kann man mit einem Chiquadrattest oder einem Likelihood-Quotienten-Test prüfen. Die Likelihood-Quotienten-Testmaßzahl G wird nach folgender Formel berechnet:

$$G = 2 \cdot \sum_{i=1}^{q} n_i \cdot \ln\left(\frac{n_i}{m_i}\right)$$

n_i sind die beobachteten Häufigkeiten und m_i die geschätzten. q ist die Anzahl der Zellen. Für das Beispiel zeigt folgende Tabelle die Berechnung der Zwischensumme

n_i	m_i	$\dfrac{n_i}{m_i}$	$\ln\left(\dfrac{n_i}{m_i}\right)$	$n_i \cdot \ln\left(\dfrac{n_i}{m_i}\right)$
64	42.43	1.51	0.41	26.30
16	28.29	0.57	-0.57	-9.12
16	19.97	0.80	-0.22	-3.54
8	13.31	0.60	-0.51	-4.07
24	39.17	0.61	-0.49	-11.76
32	26.11	1.23	0.20	6.51
16	18.43	0.87	-0.14	-2.26
24	12.29	1.95	0.67	16.07
*	*	*	SUMME:	18.13

Die Summe aus 18.13 mal 2 ist G:

$$G = 2 \cdot 18.13 = 36.26$$

(Das nicht gerundete Ergebnis ist 36.241). Die Maßzahl G ist chiquadratverteilt mit 4 Freiheitsgraden für dieses Modell. Für ein Signifikanzniveau von 5% ist der kritische Wert der Chiquadratverteilung $\chi^2 = 9.488$. Da der beobachtete G-Wert größer ist, als der kritische Wert, muss man die Nullhypothese ablehnen. Die Abweichungen zwischen beobachteten und geschätzten Antworthäufigkeiten sind signifikant. Das Modell mit den drei Haupteffekten Geschlecht, Kaufabsicht und Familienstand eignet sich nicht für die Erklärung der Beziehungen dieser drei Fragen.

Welche weiteren Modelle stehen zur Verfügung, um die Beziehungen zwischen Geschlecht, Kaufabsicht und Familienstand zu analysieren? Wenn man alle Haupteffekte und alle Wechselwirkungen berücksichtigt, dann bietet sich das saturierte Modell an.

Da in diesem Modell alle Komponenten (x1 = Geschlecht, x2 = Yoki kaufen, x3 = Familienstand, [x1, x2] = Wechselwirkung "Geschlecht + Yoki kaufen", [x1, x3] = Wechselwirkung "Geschlecht + Familienstand", [x2, x3] = Wechselwirkung "Yoki kaufen+ Familienstand", [x1, x2, x3] = Wechselwirkung "Geschlecht + Yoki kaufen + Familienstand") enthalten sind, spricht man vom saturierten Modell. Die erwarteten Zellhäufigkeiten m fallen in diesem Modell immer mit den beobachteten Häufigkeiten n zusammen. Das Modell hat 0 Freiheitsgrade. Man sucht daher ein nichtsaturiertes Modell, das nicht nur eine gute Abbildung der Abhängigkeitsstruktur bietet, sondern auch die geringste Anzahl an Komponenten aufweist. Ein Modell, das die Abhängigkeit zwischen den Merkmalen ausreichend beschreibt, aber mit weniger Parametern auskommt als ein anderes Modell, wird bevorzugt.

Folgende nichtsaturierte Modelle stehen zur Wahl für die Modellierung der Beziehungsstruktur:

I) Totale Unabhängigkeit:

1. Modell [x1][x2][x3]: Es wird keinerlei Abhängigkeit zwischen den Faktoren "Geschlecht", "Yoki kaufen" und "Familienstand" angenommen. Die drei Variablen sind voneinander unabhängig.

II) Gemeinsame Unabhängigkeit:

2. Modell [x1, x2][x3]: Es wird angenommen, dass der Familienstand unabhängig ist von der Kaufabsicht und dem Geschlecht. Die Abhängigkeiten können durch Assoziationen zwischen Kaufabsicht und Geschlecht erklärt werden: Weibliche Befragte geben überzufällig häufig an, Yoki zu kaufen und/oder männliche Befragte Yoki nicht zu kaufen, und/oder Frauen geben überzufällig häufig an, Yoki nicht zu kaufen und/oder umgekehrt.

3. Modell [x1, x3][x2]: Es wird angenommen, dass die Kaufabsicht unabhängig ist vom Familienstand des Befragten und dem Geschlecht. Die Abhängigkeiten können durch Zusammenhänge zwischen Familienstand und Geschlecht erklärt werden: Weibliche Befragte sind überzufällig häufig verheiratet und/oder männliche Befragte sind häufig ledig, und/oder Frauen sind überzufällig häufig ledig und/oder umgekehrt.

4. Modell [x2, x3][x1]: Hier wird eine Abhängigkeit zwischen Familienstand und Kaufabsicht angenommen. Das Geschlecht spielt keine Rolle. Ledige geben überzufällig häufig an, Yoki zu kaufen und/oder Verheiratete Yoki nicht zu kaufen, und/oder Ledige geben überzufällig häufig an, Yoki nicht zu kaufen und/oder umgekehrt.

III) Bedingte Unabhängigkeit:

5. Modell [x1, x2][x2, x3]: Es wird angenommen, dass es (a) eine Abhängigkeit zwischen Geschlecht und Familienstand gibt und andererseits (b) eine Abhängigkeit zwischen Kaufabsicht und Familienstand. So kann die Tatsache, dass ein Befragter männlich ist, die Wahrscheinlichkeit dafür erhöhen, dass er auch ledig ist, unabhängig von der Kaufabsicht. Andererseits kann die Tatsache, dass ein Befragter ledig ist, auch die Kaufwahrscheinlichkeit erhöhen, unabhängig vom Geschlecht. Kaufabsicht und Geschlecht sind daher bedingt unabhängig vom Familienstand.

6. Modell [x1, x2][x1, x3]: Hier wird angenommen, dass es (a) eine Abhängigkeit zwischen Geschlecht und Kaufabsicht gibt und andererseits (b) eine Abhängigkeit zwischen Geschlecht und Familienstand. So kann die Tatsache, dass ein Befragter männlich ist, die Wahrscheinlichkeit dafür erhöhen, dass er auch ledig ist, unabhängig von der Kaufabsicht. Andererseits kann die Tatsache, dass ein Befragter männlich ist, auch die Kaufwahrscheinlichkeit erhöhen, unabhängig vom Familienstand. Kaufabsicht und Familienstand sind daher bedingt unabhängig vom Geschlecht.

7. Modell [x1, x2][x2, x3]: Es wird angenommen, dass es eine Abhängigkeit zwischen der Kaufabsicht und dem Geschlecht einerseits und zwischen Kaufabsicht und Familienstand andererseits gibt. Die Abhängigkeiten können durch Assoziationen zwischen Kaufabsicht und Geschlecht geklärt werden: Weibliche Befragte geben z.B. überzufällig häufig an, Yoki zu kaufen, unabhängig vom Familienstand und ledige Befragte haben die Kaufabsicht, unabhängig vom Geschlecht. Geschlecht und Familienstand sind daher bedingt unabhängig von der Kaufabsicht.

IV) Bedingte Abhängigkeit:

8. Modell [x1, x2][x1, x3][x2, x3]: Hier wird paarweise Unabhängigkeit zwischen den Variablenpaaren Kaufabsicht und Geschlecht, zwischen Familienstand des Befragten und Geschlecht und zwischen dem Variablenpaar Kaufabsicht und Familienstand angenommen.

Die folgende Tabelle zeigt für jedes der 8 Modelle die Testmaßzahl "G", den kritischen Wert der Chiquadratverteilung "c" für ein Signifikanzniveau von 5% und die entsprechenden Freiheitsgrade "df". Als letzte Spalte wird die Wahrscheinlichkeit für das Auftreten einer so großen oder größeren Testmaßzahl G angeführt, wenn in Wahrheit diese in der Grundgesamtheit Null ist.

Nummer	Modelle	G-Werte	c-Werte	Freiheits-grade	Wahrschein-lichkeit für G
1	[x1][x2][x3]	36.241	9.488	4	0.000
2	[x1, x2][x3]	32.355	7.815	3	0.000
3	[x1, x3][x2]	9.804	7.815	3	0.020
4	[x2, x3][x1]	28.261	7.815	3	0.000
5	[x1, x2][x2, x3]	1.824	5.991	2	0.402
6	[x1, x2][x1, x3]	24.375	5.991	2	0.000
7	[x1, x2][x2, x3]	5.918	5.991	2	0.052
8	[x1, x2][x1, x3][x2, x3]	0.739	3.841	1	0.390

In der Grafik wird der beobachtete Likelihoodquotient G dem theoretischen Wert c der Chiquadratvertei-lung gegenüber gestellt, wobei c unter der Voraussetzung bestimmt wird, dass in der Grundgesamtheit G gleich Null ist.

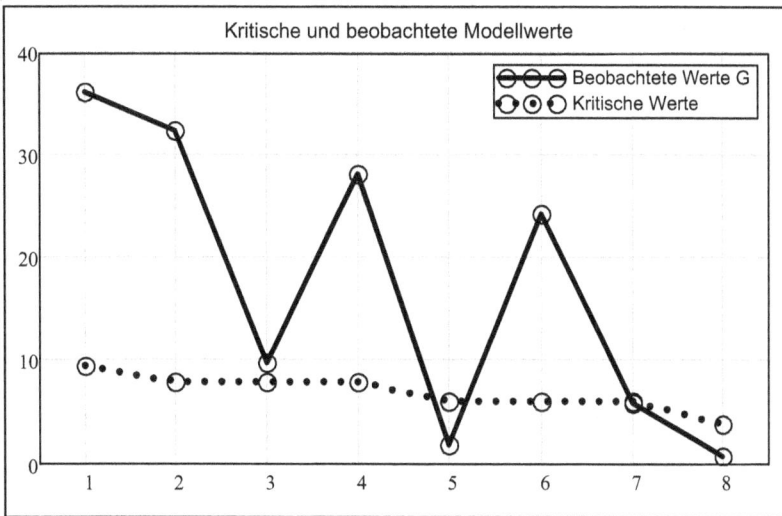

Modell Nummer:	1	2	3	4	5	6	7	8
Wahrscheinl. für G:	0.000	0.000	0.020	0.000	0.402	0.000	0.052	0.390

Man kann der Grafik (oder der Tabelle) entnehmen, dass die beobachteten G-Werte der ersten 4 Modelle alle größer sind als die entsprechenden kritischen Werte c. D.h. keines dieser Modelle ist zur Modellie-rung der Abhängigkeit zwischen den Variablen "Geschlecht", "Kaufabsicht" und "Familienstand" geeig-net. Beim fünften und siebten Modell sind die G-Werte kleiner als die c-Werte. Dies gilt auch für das ach-te Modell. Welches Modell soll nun für die Erklärung der Abhängigkeitsstruktur von Geschlecht, Kauf-absicht und Familienstand herangezogen werden? Folgende Grafik zeigt die Modellhierarchie für eine dreidimensionale Kontingenztabelle:

"Modell 1: [x1][x2][x3]"

("Modell 2: [x3][x1,x2]"   "Modell 3: [x2][x1,x3]"   "Modell 4: [x1][x2][x3]")

("Modell 7: [x1,x3][x2,x3]"   "Modell 6: [x1,x2][x2,x3]"   "Modell 5: [x1,x2][x1,x3]")

"Modell 8: [x1,x2][x1,x3][x2,x3]"

Nach Goodman geht man vom einfachsten Modell aus, das ist hier das Modell 1 (= [x1], [x2], [x3]). Lehnt man dieses Modell nicht ab, dann beendet man die Suche und verwendet dieses Modell zur Erklärung der Abhängigkeitsstruktur. Da der beobachtete Wert (G = 36.241) dieses Modells größer ist als der kritische Wert (c = 9.488), lehnt man dieses Modell ab. Die Anpassung ist nicht ausreichend. Nun vergleicht man dieses Modell 1 mit den drei nachgelagerten Modellen 2 (= [x1, x2], [x3]), 3 (= [x1, x3], [x2]) und 4 (= [x2, x3], [x1]). Man untersucht, ob die Anpassung durch den Übergang von Modell 1 zu Modell 2, 3 oder 4 signifikant verbessert wird. Dazu berechnet man die Differenzen aus den G-Werten.

$$G(1) - G(2) = 36.241 - 32.355 = 3.886$$

$$G(1) - G(3) = 36.241 - 9.804 = 26.437$$

$$G(1) - G(4) = 36.241 - 28.261 = 7.980$$

Die größte Verbesserung tritt beim Modell 3 ([x1, x3], [x2]) auf. Da diese Differenzen aus den G-Werten chiquadratverteilt sind mit Freiheitsgraden, die sich aus der Differenz der beiden Modelle ergeben, kann man prüfen, ob der Übergang die Anpassung signifikant verbessert. Da die Wahrscheinlichkeit einer so großen oder noch größeren Differenz (= 26.437) kleiner ist als das Signifikanzniveau von 5%, wird die Nullhypothese abgelehnt.

$$1 - F_{\chi^2}(26.437, 1) = 0.000$$

Die Verbesserung ist also signifikant. Nun prüft man, ob das Modell 3 ([x1, x3], [x2]) gut an die beobachteten Daten angepasst ist. Aus obiger Tabelle (oder Grafik) kann man entnehmen, dass dies nicht der Fall ist. Man testet daher, ob die Anpassung durch den Übergang von Modell 3 zu Modell 5 oder 7 signifikant verbessert wird.

$$G(3) - G(5) = 9.804 - 1.824 = 7.980$$

$$G(3) - G(7) = 9.804 - 5.918 = 3.886$$

Beim Übergang von Modell 3 auf Modell 5 tritt die größte Verbesserung auf. Diese Verbesserung ist signifikant. Da dieses Modell nicht signifikant von den beobachteten Werten abweicht (siehe Tabelle oder Grafik), ist das am besten geeignete Modell für die Beschreibung der Abhängigkeitsstruktur gefunden: Die Variablen "Geschlecht" und "Kaufabsicht" sind bedingt unabhängig von den Variablen "Geschlecht" und "Familienstand".

Bestes_Modell = [5   "[x1,x2][x1,x3]"   ("Geschlecht, Kaufabsicht"   "Geschlecht, Familienstand")]

Um zu testen, ob die ermittelten Schätzwerte **b** für β signifikant von Null abweichen, benötigt man die Varianz-Kovarianzmatrix dieser Schätzungen. Dies ist die Inverse der schon bekannten Hesse'schen Matrix **H**:

$$\mathrm{Var}(\mathbf{b}) = \mathbf{H}^{-1} = \left(\mathbf{X}^{\mathrm{T}} \cdot \mathrm{diag}(\mathbf{m}) \cdot \mathbf{X}\right)^{-1} =$$

$$= \begin{pmatrix} 200 & -8 & -72 & -40 & 40 & 72 & 40 \\ -8 & 200 & 40 & 72 & -72 & -40 & -29.781 \\ -72 & 40 & 200 & 40 & -8 & -29.781 & -40 \\ -40 & 72 & 40 & 200 & -29.781 & -8 & -72 \\ 40 & -72 & -8 & -29.781 & 200 & 40 & 72 \\ 72 & -40 & -29.781 & -8 & 40 & 200 & 40 \\ 40 & -29.781 & -40 & -72 & 72 & 40 & 200 \end{pmatrix}$$

Mit ihrer Hilfe kann man prüfen, ob die Koeffizienten b_i signifikant von Null abweichen. Dazu berechnet man die Wald-Testmaßzahl

$$W_i = \frac{b_i^2}{Var(b_i)}$$

mit den Diagonalelementen obiger Varianz- Kovarianzmatrix als $Var(b_i)$. Diese ist chiquadratverteilt mit einem Freiheitsgrad. In folgender Tabelle ist einerseits festgehalten, ob dieser Test zur Ablehnung der Nullhypothese bei einem 5%-igem Signifikanzniveau führt. Andererseits wird auch die Wahrscheinlichkeit angegeben, dass so eine große oder größere Testmaßzahl auftritt, wenn in der Grundgesamtheit diese Maßzahl Null ist.

VARIABLE	SIGNIFIKANZ	WAHRSCHEINLICHKEIT
Geschlecht [x1] 0.104	nicht signifikant	0.220
Yoki kaufen [x2] -0.371	signifikant	0.000
Familienstand [x3] -0.187	signifikant	0.024
Wechselwirkung [x1, x2] 0.187	signifikant	0.024
Wechselwirkung [x1, x3] 0.371	signifikant	0.000
Wechselwirkung [x2, x3] 0.086	nicht signifikant	0.297

Von den Faktoren hat lediglich der Haupteffekt "Geschlecht" keinen signifikanten Einfluss auf die Häufigkeitsschätzung, bei den Wechselwirkungen haben die Abhängigkeit x2 (= Kaufabsicht) und x3 (= Familienstand) keinen signifikanten Einfluss auf die Häufigkeitsschätzung. (Vergleiche den Output der Software für dieses Beispiel im Anhang)

Aufgaben

1) In unterschiedlichen Restaurants einer Stadt wurden von jedem Gast Geschlecht und Alter festgestellt und zusätzlich, ob er oder sie ein alkoholisches oder nichtalkoholisches Getränk bestellte. Dabei ergab sich folgende Kontingenztabelle:

Kombinationen	Geschlecht	Alkoholkonsum	Alter	Häufigkeit
1	Männlich	Ja	Unter 30 Jahre	64
2	Männlich	Ja	30 Jahre und mehr	300
3	Männlich	Nein	Unter 30 Jahre	73
4	Männlich	Nein	30 Jahre und mehr	130
5	Weiblich	Ja	Unter 30 Jahre	16
6	Weiblich	Ja	30 Jahre und mehr	93
7	Weiblich	Nein	Unter 30 Jahre	64
8	Weiblich	Nein	30 Jahre und mehr	90

Analysieren Sie den Alkoholkonsum in Restaurants.

2) Es wird untersucht, ob zwischen der Todesursache Lungenkrebs, Rauchen und Geschlecht ein Zusammenhang besteht. Eine Stichprobe, bestehend aus 200 tödlich verlaufenen Krankheitsgeschichten, wird zufällig aus den Aufzeichnungen eines Krankenhauses gezogen. Die Ergebnisse zeigt folgende Tabelle:

Kombinationen	Geschlecht	Rauchen	Lungenkrebs	Häufigkeit
1	Männlich	Ja	Ja	9
2	Männlich	Ja	Nein	40
3	Männlich	Nein	Ja	4
4	Männlich	Nein	Nein	60
5	Weiblich	Ja	Ja	9
6	Weiblich	Ja	Nein	23
7	Weiblich	Nein	Ja	8
8	Weiblich	Nein	Nein	57

Analysieren Sie den Zusammenhang zwischen Rauchen, Lungenkrebs und Geschlecht.

3) Hat die Hautfarbe von verurteilten Mördern und die Hautfarbe ihrer Opfer in den Vereinigten Staaten eine Auswirkung darauf, ob die mutmaßlichen Täter zum Tode verurteilt werden. Dazu werden 326 Urteile in Florida zwischen 1976 und 1977 analysiert und folgende Ergebnisse ermittelt:

Kombinationen	Hautfarbe des mutmaßlichen Täters	Hautfarbe des Opfers	Todesstrafe	Häufigkeit
1	Weiß	Weiß	Ja	19
2	Weiß	Weiß	Nein	132
3	Weiß	Farbig	Ja	0
4	Weiß	Farbig	Nein	9
5	Farbig	Weiß	Ja	11
6	Farbig	Weiß	Nein	52
7	Farbig	Farbig	Ja	6
8	Farbig	Farbig	Nein	97

Analysieren Sie den Zusammenhang zwischen der Hautfarbe von verurteilten Mördern und der Hautfarbe ihrer Opfer sowie der Todesstrafe.

7_2 Kategoriale (Logistische) Regression

Kann man vom Geschlecht und Familienstand potentieller Kunden der neuen Spielkonsole Yoki auf die Kaufabsicht schließen? (Vergleiche den Output für dieses Beispiel im Anhang). Folgende Grafik zeigt das Analyseergebnis von 200 Befragten:

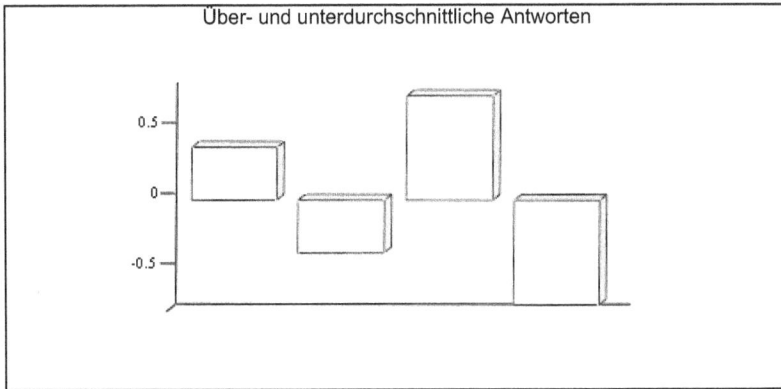

Über- und unterdurchschnittliche Antworten

Quader:	1	2	3	4
Antwort:	Männlich	Weiblich	Ledig	Verheiratet
Wahrscheinlichkeit p :	0.024	0.024	0.000	0.000

Sowohl das Geschlecht des Befragten als auch dessen Familienstand haben auf die Kaufabsicht einen signifikanten Einfluss: Männliche Befragte und Ledige weisen eine überdurchschnittliche Kaufabsicht auf, weibliche Befragte und Verheiratete eine unterdurchschnittliche Kaufabsicht.

Bei einer Werbeveranstaltung für die neue Spielkonsole Yoki wurden 200 Besuchern folgende Fragen gestellt:

1. Werden Sie die Spielkonsole Yoki kaufen? mit den Antworten "Ja" oder "Nein".
2. Geschlecht? mit den Antworten "Männlich" oder "Weiblich".
3. Familienstand? mit den Antwortmöglichkeiten "Ledig" und "Verheiratet".

Das Ergebnis dieser Befragung zeigt folgende Tabelle:

Kaufabsicht	Geschlecht	Familienstand	Beobachtet
Ja	Männlich	Ledig	64
Ja	Männlich	Verheiratet	16
Ja	Weiblich	Ledig	16
Ja	Weiblich	Verheiratet	8
Nein	Weiblich	Ledig	24
Nein	Weiblich	Verheiratet	32
Nein	Weiblich	Ledig	16
Nein	Weiblich	Verheiratet	24

Man kann diese Ergebnisse auch folgendermaßen zusammenfassen:

Ge-schlecht	Familien-stand	Nicht Kaufabsicht	Kauf-absicht	Anteile	Odds	Logit
Männlich	Ledig	24	64	0.727	2.667	0.981
Männlich	Verheiratet	32	16	0.333	0.500	-0.693
Weiblich	Ledig	16	16	0.500	1.000	0.000
Weiblich	Verheiratet	24	8	0.250	0.333	-1.099

Von den befragten ledigen Männern beabsichtigen 64 die Spielkonsole Yoki zu kaufen und 24 wollen sie nicht kaufen. 72.7% der ledigen Männer haben also eine Kaufabsicht (64 / (64 +24) = 0.727, siehe 5. Spalte und 1. Zeile) und 27.3% keine Kaufabsicht. Bezieht man die ledigen Männer mit Kaufabsicht auf jene ohne Kaufabsicht, dann erhält man die so genannten Odds:

$$Odds_1 = \frac{p_1}{1-p_1} = \frac{0.727}{1-0.727} = 2.667$$

Die Kaufabsicht ist also bei den ledigen Männern 2.667 Mal größer als die Nichtkaufabsicht (siehe Spalte 6 und Zeile 1). Wenn man die Odds logarithmiert, dann erhält man die Logits:

$$Logit_1 = \ln\left(\frac{p_1}{1-p_1}\right) = \ln(2.667) = 0.981$$

Wozu dienen die Logits? Man benötigt sie, um vom Geschlecht und Familienstand der Befragten auf die Kaufabsicht zu schließen. Geschlecht und Familienstand als die unabhängigen Variablen sind linear mit der abhängigen Variablen der Logits der Kaufabsicht verbunden. Diese so genannte Regressionsfunktion ermöglicht die Berechnung von Schätzwerten für die Logits der Kaufabsicht.

$$\ln\left(\frac{p_1}{1-p_1}\right) = \mathbf{X} \cdot \mathbf{b} = b_0 + b_1 \cdot x_{i1} + b_2 \cdot x_{i2} = -0.208 - 0.374 \cdot x_{i1} - 0.742 \cdot x_{i2}$$

Um die unabhängigen Variablen „Geschlecht" und „Familienstand" in der Analyse verwenden zu können, müssen die einzelnen Antworten durch Dummy-Variable kodiert werden. Bei der Effekt-Kodierung erfolgt die Darstellung der Antworten auf eine Frage mit Dummy-Variablen.

$$X_i = \begin{pmatrix} -1 \text{ falls Kategorie i der Variablen A vorliegt} \\ 1 \text{ falls Kategorie k der Variablen A vorliegt} \\ 0 \text{ sonst} \end{pmatrix}$$

So wird z. B. "Männlich" mit −1 und "Weiblich" mit 1 kodiert, "Ledig" mit −1 und "Verheiratet" mit 1. Die möglichen Antwortkombinationen von obigem Beispiel werden daher wie folgt kodiert

$$\mathbf{X} = \begin{pmatrix} 1 & -1 & -1 \\ 1 & -1 & 1 \\ 1 & 1 & -1 \\ 1 & 1 & 1 \end{pmatrix} = \begin{pmatrix} 1 & \text{männlich} & \text{ledig} \\ 1 & \text{männlich} & \text{verheiratet} \\ 1 & \text{weiblich} & \text{ledig} \\ 1 & \text{weiblich} & \text{verheiratet} \end{pmatrix}$$

Mit Hilfe dieser Kodierung und der oben angeführten linearen Regressionsfunktion kann man nun z.B. einen Schätzwert für die Logits von ledigen Männern berechnen.

$$\ln\left(\frac{p_1}{1-p_1}\right) = -0.208 - 0.374 \cdot (-1) - 0.742 \cdot (-1) = 0.908$$

Der tatsächliche beobachtete Wert war 0.981. Der Schätzwert von 0.908 weicht nur wenig von diesem ab. Exponentiert man beide Seiten und löst nach p_1 auf, dann erhält man einen Schätzwert für den Anteil lediger Männer mit Kaufabsicht:

$$\ln\left(\frac{p_1}{1-p_1}\right) = 0.908$$

$$\frac{p_1}{1-p_1} = e^{0.908}$$

$$p_1 = 0.713$$

Der beobachtete Anteil der ledigen Männer mit Kaufabsicht war 0.727. Auch hier zeigt sich nur eine geringe Abweichung des Schätzwertes vom beobachteten Wert. Die folgende Tabelle zeigt alle beobachteten und geschätzten Werte der Stichprobe, ebenso die Grafik.

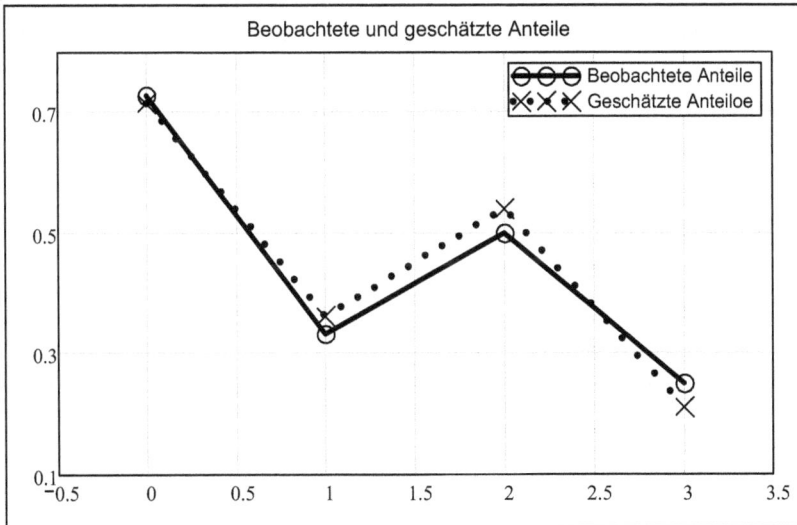

Ordinate:	0	1	2	3
Geschlecht:	Männlich	Weiblich	Weiblich	Weiblich
Familienstand :	Ledig	Verheiratet	Ledig	Verheiratet

Ge-schlecht	Familien-stand	Beobachtet in %	Geschätzt in %
Männlich	Ledig	72.7	71.3
Männlich	Verheiratet	33.3	36.0
Weiblich	Ledig	50.0	54.0
Weiblich	Verheiratet	25.0	21.0

Man kann die Transformation der geschätzten Logits in Anteilsschätzwerte für die gesamte Regressionsfunktion durchführen. Aus der linearen Regressionsfunktion für Logits wird dadurch eine (nichtlineare) logistische Regressionsfunktion für Anteilswerte.

$$\ln\left(\frac{\hat{p}}{1-\hat{p}}\right) = X \cdot b$$

$$\hat{p} = \frac{e^{X \cdot b}}{1+e^{X \cdot b}} = \frac{1}{1+e^{-X \cdot b}}$$

Die Regressionskoeffizienten b werden mit Hilfe der Maximum-Likelihood-Methode bestimmt. Da dafür keine Lösung in geschlossener Form angegeben werden kann, wird die Lösung iterativ bestimmt. Das Iterationsschema für das binäre Logit-Modell lautet:

$$b^{(k)} = b^{(k-1)} + \left[H^{(k-1)}\right]^{-1} \cdot s^{(k-1)}$$

$b^{(k)}$ ist die k-te Approximation des Regressionskoeffizientenvektors, H ist die Hesse'sche Matrix, die als Elemente die zweiten partiellen Ableitungen der Maximum-Likelihood-Funktion enthält und s ist der Score-Vektor, der die erste Ableitung der Log-Likelihoodfunktion nach b enthält:

$$s(b) = \frac{\partial}{\partial \beta} l(\beta, y)$$

mit der Log-Likelihoodfunktion

$$l(b,y) = \ln\left[L(b,y)\right] = \sum_i \left[y_i \cdot \ln(p_i) + (1-y_i) \cdot \ln(1-p_i)\right]$$

Als Startwert für die Berechnung des Regressionskoeffizientenvektors wird der Nullvektor verwendet. Für obiges Beispiel ist also

$$b^{(0)} = \begin{pmatrix} 0 \\ 0 \\ 0 \end{pmatrix}$$

und $\hat{p}$ gleich

$$\hat{p} = \frac{e^{X \cdot b}}{1 + e^{X \cdot b}} = \frac{1}{1 + e^{-X \cdot b}} = \begin{pmatrix} 0.5 \\ 0.5 \\ 0.5 \\ 0.5 \end{pmatrix}$$

mit

$$X = \begin{pmatrix} 1 & -1 & -1 \\ 1 & -1 & 1 \\ 1 & 1 & -1 \\ 1 & 1 & 1 \end{pmatrix}$$

p ist der Anteilsvektor, berechnet aus den Beobachtungen

$$p = \begin{pmatrix} 0.727 \\ 0.333 \\ 0.500 \\ 0.250 \end{pmatrix}$$

und n ist die Anzahl an Beobachtungen für die Antwortkombinationen

$$n = \begin{pmatrix} 88 \\ 48 \\ 32 \\ 32 \end{pmatrix}$$

$s^{(0)}$ ergibt sich daraus als

$$s^{(0)} = X^T \cdot \left[n \cdot (p - \hat{p}) \right] = \begin{pmatrix} 1 & -1 & -1 \\ 1 & -1 & 1 \\ 1 & 1 & -1 \\ 1 & 1 & 1 \end{pmatrix}^T \begin{pmatrix} 19.976 \\ -8.016 \\ 0 \\ -8 \end{pmatrix} = \begin{pmatrix} 4 \\ -20 \\ -36 \end{pmatrix}$$

Die Hesse'sche Matrix H berechnet man nach der Formel

$$H^{(0)} = X^T \cdot W \cdot X =$$

$$= \begin{pmatrix} 1 & -1 & -1 \\ 1 & -1 & 1 \\ 1 & 1 & -1 \\ 1 & 1 & 1 \end{pmatrix}^T \begin{pmatrix} 22 & 0 & 0 & 0 \\ 0 & 12 & 0 & 0 \\ 0 & 0 & 8 & 0 \\ 0 & 0 & 0 & 8 \end{pmatrix} \cdot \begin{pmatrix} 1 & -1 & -1 \\ 1 & -1 & 1 \\ 1 & 1 & -1 \\ 1 & 1 & 1 \end{pmatrix} = \begin{pmatrix} 50 & -18 & -10 \\ -18 & 50 & 10 \\ -10 & 10 & 50 \end{pmatrix}$$

Die Diagonalelemente der Matrix W sind $n_i \cdot \hat{p}_i \cdot (1 - \hat{p}_i)$.

22 ist z.B. gleich

$$22 = 88 \cdot 0.5 \cdot (1 - 0.5)$$

Die erste Approximation des Regressionskoeffizientenvektors ist nun

$$\mathbf{b}^{(1)} = \mathbf{b}^{(0)} + \mathbf{H}^{(0)-1} \cdot \mathbf{s}^{(0)} = \begin{pmatrix} 0 \\ 0 \\ 0 \end{pmatrix} + \begin{pmatrix} 50 & -18 & -10 \\ -18 & 50 & 10 \\ -10 & 10 & 50 \end{pmatrix}^{-1} \cdot \begin{pmatrix} 4 \\ -20 \\ -36 \end{pmatrix} = \begin{pmatrix} -0.175 \\ -0.325 \\ -0.690 \end{pmatrix}$$

Nun wird dieser erste Regressionsvektor als Ausgangspunkt für die nächste Iteration verwendet. In der Tabelle sind die ersten 6 Approximationen ausgewiesen. Da sich zwischen der 5. und 6. Approximation die Regressionskoeffizienten auf drei Dezimalstellen nicht mehr ändern, kann man nach der 5. Iteration abbrechen.

Regressions-koeffizienten	App_0	App_1	App_2	App_3	App_4	App_5
b_1	-0.175	-0.199	-0.205	-0.207	-0.208	-0.208
b_2	-0.325	-0.362	-0.371	-0.374	-0.374	-0.374
b_3	-0.690	-0.730	-0.739	-0.741	-0.742	-0.742

Um zu prüfen, ob die Abweichungen zwischen beobachteten und geschätzten Anteilen nur zufällig oder schon signifikant sind, verwendet man die Pearson'sche Chiquadratstatistik: Man bildet die Differenz zwischen der relativen Häufigkeit p_i und der aus dem Modell resultierenden Schätzung $\hat{p}_i$, quadriert diese und dividiert sie durch die Varianz $\hat{p}_i \cdot (1 - \hat{p}_i)$. Die Summe daraus liefert die Testmaßzahl:

$$\chi^2_{beob} = \sum_i n_i \cdot \frac{(p_i - \hat{p}_i)^2}{\hat{p}_i \cdot (1 - \hat{p}_i)}$$

Diese Maßzahl ist chiquadratverteilt mit

$$\nu = n - g$$

Freiheitsgraden. g ist die Anzahl der Parameter und n die Anzahl der Ausprägungskombinationen. Im vorliegenden Beispiel ist $n = 3 - 2 = 1$ und $\chi 2$ wird in folgender Tabelle berechnet:

p_i	$\hat{p}_i$	$(p_i - \hat{p}_i)^2$	$\hat{p}_i \cdot (1 - \hat{p}_i)$	n_i	$n_i \cdot \dfrac{(p_i - \hat{p}_i)^2}{\hat{p}_i \cdot (1 - \hat{p}_i)}$
0.727	0.713	0.000	0.205	88	0.091
0.333	0.360	0.001	0.230	48	0.148
0.500	0.540	0.002	0.248	32	0.205
0.250	0.210	0.002	0.166	32	0.307
*	*	*	SUMME	200	0.751

$$\chi^2_{beob} = \sum_i n_i \cdot \frac{(p_i - \hat{p}_i)^2}{\hat{p}_i \cdot (1 - \hat{p}_i)} = 0.751$$

Für ein Signifikanzniveau von 5% ist der kritische Wert der Chiquadratverteilung $\chi^2 = 3.841$. Da der beobachtete χ^2-Wert kleiner ist, als der kritische Wert, kann man die Nullhypothese nicht ablehnen. Die Abweichungen zwischen beobachteten und geschätzten Anteilswerten für die Kaufabsicht sind nicht signifikant. Das Regressionsmodell mit den zwei unabhängigen Variablen Geschlecht und Familienstand ist geeignet, die abhängige Variable Kaufabsichtsanteile vorher zu sagen. Mit Hilfe des Wald-Tests prüft man, ob die einzelnen Regressionskoeffizienten b_1 und b_2 einen signifikanten Einfluss auf die abhängige Variable haben. Die Testmaßzahl für den Wald-Test ist

$$W_i = \frac{b_i^2}{H_{i,i}^{-1}}$$

b_i sind die Regressionskoeffizienten und $H_{i,i}^{-1}$ sind die Diagonalelemente der inversen Hesse'schen Matrix, der Varianz-Kovarianzmatrix dieser Regressionskoeffizienten. Die Hesse'sche Matrix H berechnet man nach folgender Formel:

$$H = X^T \cdot W \cdot X$$

W ist eine Diagonalmatrix mit

$$n_i \cdot \hat{p}_i \cdot (1 - \hat{p}_i)$$

als Diagonalelemente. Für das Beispiel ist W gleich

$$W = \begin{pmatrix} 18.017 & 0 & 0 & 0 \\ 0 & 11.058 & 0 & 0 \\ 0 & 0 & 7.949 & 0 \\ 0 & 0 & 0 & 5.310 \end{pmatrix}$$

(z.B. $18.017 = 88 \cdot 0.713 \cdot (1 - 0.713)$) und H ist

$$H = \begin{pmatrix} 1 & -1 & -1 \\ 1 & -1 & 1 \\ 1 & 1 & -1 \\ 1 & 1 & 1 \end{pmatrix}^T \cdot \begin{pmatrix} 18.017 & 0 & 0 & 0 \\ 0 & 11.058 & 0 & 0 \\ 0 & 0 & 7.949 & 0 \\ 0 & 0 & 0 & 5.310 \end{pmatrix} \cdot \begin{pmatrix} 1 & -1 & -1 \\ 1 & -1 & 1 \\ 1 & 1 & -1 \\ 1 & 1 & 1 \end{pmatrix}$$

$$= \begin{pmatrix} 42.334 & -15.816 & -9.598 \\ -15.816 & 42.334 & 4.320 \\ -9.598 & 4.320 & 42.334 \end{pmatrix}$$

Mit Hilfe der Diagonalelemente der inversen Hesse'schen Matrix H kann man die Wald-Testmaßzahlen bestimmen:

$$H^{-1} = \begin{pmatrix} 0.029 & 0.010 & 0.005 \\ 0.010 & 0.027 & -0.001 \\ 0.005 & -0.001 & 0.025 \end{pmatrix}$$

$$W_1 = \frac{b_1^2}{H_{1,1}^{-1}} = \frac{-0.208^2}{0.029} = 1.507$$

$$W_2 = 5.104$$

$$W_3 = 22.115$$

W_i ist chiquadratverteilt mit einem Freiheitsgrad. Für ein 5%-iges Signifikanzniveau ist χ_c^2 gleich 3.841. Daher ist sowohl der Regressionskoeffizient des Geschlechts als auch des Familienstandes signifikant von 0 verschieden.

Wenn die unabhängige Variable Regressionskoeffizienten hat, die signifikant von 0 verschieden sind, dann ist es sinnvoll festzustellen, welchen Einfluss die einzelnen Antworten der unabhängigen Variablen auf die abhängige Variable haben. Dazu multipliziert man die jeweilige Designmatrix **X** mit den entsprechenden Regressionskoeffizienten. Für die unabhängige Variable "Geschlecht" und "Familienstand" erhält man folgende Koeffizienten:

$$-0.374 \cdot \begin{pmatrix} -1 \\ 1 \end{pmatrix} = \begin{pmatrix} 0.374 \\ -0.374 \end{pmatrix} = \begin{pmatrix} \text{Männlich} \\ \text{Weiblich} \end{pmatrix}$$

$$-0.742 \cdot \begin{pmatrix} -1 \\ 1 \end{pmatrix} = \begin{pmatrix} 0.742 \\ -0.742 \end{pmatrix} = \begin{pmatrix} \text{Ledig} \\ \text{Verheiratet} \end{pmatrix}$$

Diese Koeffizienten machen ersichtlich, dass männliche potentielle Käufer, die ledig sind, eine überdurchschnittlich starke Kaufabsicht für die Spielkonsole Yoki zeigen und weibliche, verheiratete Kunden eine unterdurchschnittliche Kaufabsicht.

Aufgaben

1) Inwieweit bestimmen Geschlecht und Studiendauer den Wunsch, ein Doktoratstudium zu absolvieren? Folgender Fragen wurden gestellt:

Wollen Sie ein Doktoratstudium abschließen? Antwortmöglichkeiten ja / nein
Geschlecht? Antwortmöglichkeiten männlich / weiblich
Wie lang studieren Sie schon? Antwortmöglichkeiten 10 Semester und weniger / über 10 Semester

Die Ergebnisse der Befragung sind in folgender Tabelle zusammengefasst:

Geschlecht	Studiendauer	Nicht Doktorat	Doktoratstudium
Männlich	Unter 10 S.	12	70
Männlich	Über 10 S.	38	15
Weiblich	Unter 10 S.	20	18
Weiblich	Über 10 S.	17	10

Untersuchen Sie den Einfluss von Geschlecht und Studiendauer auf den Wunsch, ein Doktoratstudium zu absolvieren.

2) Die Daten stammen von einer medizinischen Befragung zur speziellen Behandlung von Arthritis. Untersucht wurde die Beziehung einer wesentlichen Verbesserung des Krankheitsbildes zur Behandlungsmethode und Geschlecht der befragten Personen. Die abhängige Variable ist somit binär (Verbesserung ist eingetreten bzw. Verbesserung ist nicht eingetreten), weshalb sich hierfür als Modell die logistische Regression anbietet. Die unabhängigen Variablen sind einerseits die Behandlungsmethode (jeweils entweder in der Ausprägung „Aktiv" oder in der Ausprägung „Placebo") und anderseits das Geschlecht (Ausprägungen „Männlich" oder „Weiblich"). Es wurden die Daten von insgesamt 84 Patienten festgehalten. Die Antworten sind in folgender Tabelle dargestellt.

Ge-schlecht	Be-handlung	Nicht Verbesserung	Ver-besserung
Weiblich	Aktiv	6	21
Weiblich	Placebo	19	13
Männlich	Aktiv	7	7
Männlich	Placebo	10	1

Welchen Einfluss haben Geschlecht und Behandlung auf die Verbesserung des Krankheitsbildes Arthritis?

3) Haben Staatsangehörigkeit und Alter einen signifikanten Einfluss auf den Rotweinkonsum? 200 Befragte lieferten folgendes Ergebnis:

Staatsangehörigkeit	Alter	Nicht Rotweintrinker	Rotweintrinker
Deutscher	Bis 40 Jahre	38	12
Deutscher	Über 40 Jahre	45	5
Franzose	Bis 40 Jahre	14	36
Franzose	Über 40 Jahre	2	48

7_3 Korrespondenzanalyse

Durch welche Merkmale ist der Käufer bzw. Nichtkäufer der neuen Spielkonsole Yoki gekennzeichnet? Kann man behaupten, dass der typische Käufer männlich und unter 25 Jahre alt ist? Um das Ergebnis vorwegzunehmen, ja man kann behaupten, der typische Yoki-Käufer ist männlich und unter 25 Jahre alt. Der Nichtkäufer ist weiblich und 25 bis 50 Jahre alt.

Um das Kaufverhalten potentieller Kunden für die neue Spielkonsole zu eruieren, wurden bei einer Werbeveranstaltung den Besuchern folgende vier Fragen gestellt:

> Werden Sie die Spielkonsole kaufen? (1 = Ja, 2 = Nein, 3 = Weiß nicht)
> Geschlecht? (1 = Weiblich, 2 = Männlich)
> Wie alt sind Sie? (1 = bis 25 Jahre, 2 = 25 bis 50 Jahre, 3 = 50 und mehr Jahre)
> Familienstand? (1 = Nicht verheiratet, 2 = verheiratet)

Die ausgezählten Antworten zeigt folgende Tabelle:

Antworten	Ja	Nein	Weiß nicht
Weiblich	9	3	4
Männlich	7	1	1
Bis 25 Jahre	12	2	2
25 bis 50 Jahre	2	1	1
50 Jahre und mehr	2	1	2
Nicht verheiratet	8	2	2
Verheiratet	8	2	3

In folgender Grafik sind die Ergebnisse der Korrespondenzanalyse dargestellt:

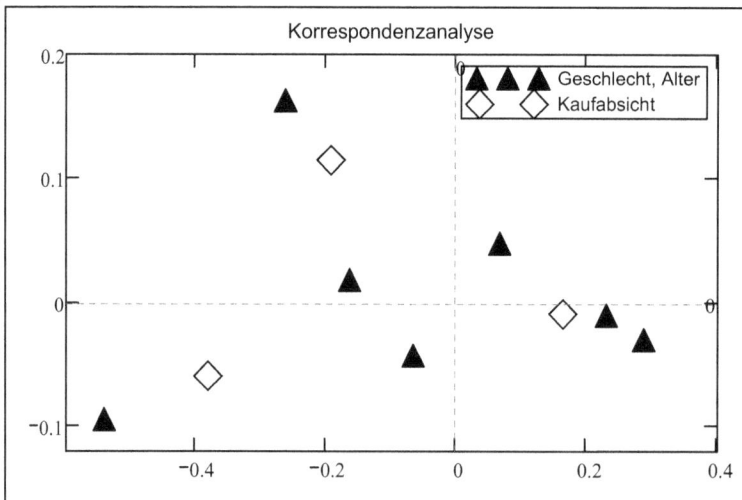

In den 4 Quadranten sind folgende Antworten zu finden:

"Geschlecht - Weiblich: 0.99"

"Alter - 25 bis 50 Jahre: 0.72"   ("Familienstand - Nicht verheiratet: 0.69")

"Kaufabsicht - Nein: 0.74"

"Alter - 50 Jahre und mehr: 0.97"   "Geschlecht - Männlich: 0.99"

"Familienstand - Verheiratet: 0.69"   "Alter - bis 25 Jahre: 0.99"

"Kaufabsicht - Weiss nicht: 0.98"   "Kaufabsicht - Ja: 0.99"

Berücksichtigt man nur jene Antworten, die den Faktor hoch laden, dann sieht man, dass dies die Antworten "Kaufabsicht-Nein" mit "Geschlecht-weiblich" und "Alter-25 bis 50 Jahre" im 2. Quadranten sind, im 3. Quadranten "Alter-50 Jahre und mehr" sowie "Kaufabsicht-Weiß nicht" und im 4. Quadranten die Antworten "Kaufabsicht-Ja" mit "Geschlecht-männlich" und Alter-bis 25 Jahre". Alle anderen Antwortkombinationen laden diesen so genannten Kauffaktor nicht hoch. Hoch laden heißt, die Antworten korrelieren mit dem Faktor mit mindestens 0.7. Bei einem Korrelationskoeffizienten von 0.7 werden rund 50% ($0.7^2 = 0.49$) der gemeinsamen Varianz erklärt.

Die potentiellen Käufer der Spielkonsole Yoki findet man also besonders häufig unter den Männern mit einem Alter bis zu 25 Jahren und die Nichtkäufer unter den Frauen zwischen 25 und 50 Jahren.

Wie kommt man zu diesen Ergebnissen? Zuerst bezieht man die Häufigkeiten der Antwortkombinationen auf die jeweiligen Spaltensummen:

SPALTENPROFIL	Ja	Nein	Weiß nicht
Weiblich	0.188	0.250	0.267
Männlich	0.146	0.083	0.067
Bis 25 Jahre	0.250	0.167	0.133
25 bis 50 Jahre	0.042	0.083	0.067
50 Jahre und mehr	0.042	0.083	0.133
Nicht verheiratet	0.167	0.167	0.133
Verheiratet	0.167	0.167	0.200
SUMME	1.000	1.000	1.000

Zwischen Befragten mit Kaufabsicht (= Ja) und jenen ohne Kaufabsicht (= Nein) besteht eine gewisse Ähnlichkeit der Profile, die auch in den Spaltenanteilen feststellbar ist.

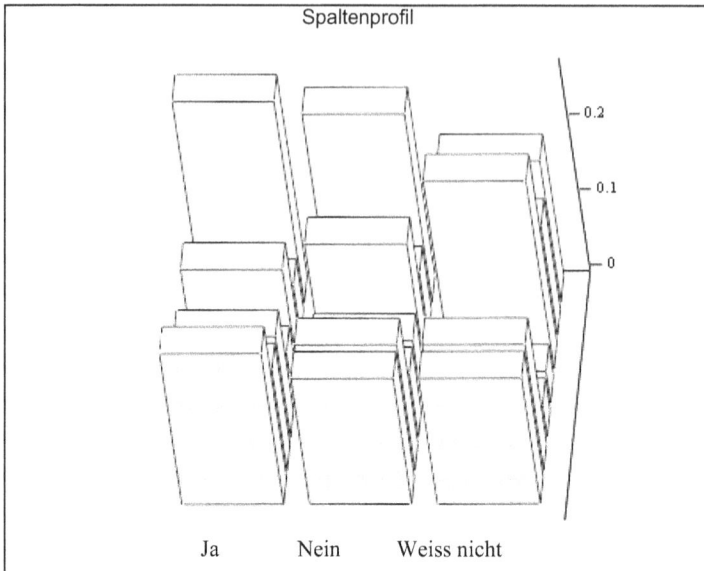

Will man die Zeilen der Kontingenztabelle vergleichen, dann geht man analog vor. Man dividiert die Elemente einer Zeile jeweils durch ihre Zeilensumme und erhält dadurch das entsprechende Zeilenprofil.

ZEILENPROFIL	Ja	Nein	Weiß nicht	SUMME
Weiblich	0.563	0.188	0.250	1.000
Männlich	0.778	0.111	0.111	1.000
Bis 25 Jahre	0.750	0.125	0.125	1.000
25 bis 50 Jahre	0.500	0.250	0.250	1.000
50 Jahre und mehr	0.400	0.200	0.400	1.000
Nicht verheiratet	0.667	0.167	0.167	1.000
Verheiratet	0.615	0.154	0.231	1.000

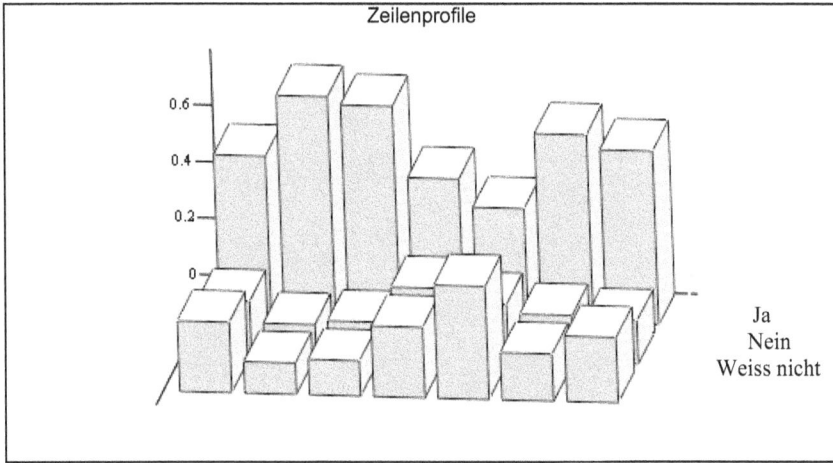

Zeilenprofile

Quaderreihe:	0	1	2	3	4	5	6
Antworten:	Weibl.	Männl.	Bis 25 J.	25 bis 50 J.	50 u. mehr	Ledig	Verheiratet

Auch hier kann man Ähnlichkeiten zwischen den Zeilenprofilen entdecken. So haben z.B. männliche Befragte und Personen bis 25 Jahre ähnliche Kaufabsichten. Bezieht man die absoluten Häufigkeiten der Kontingenztabelle auf die Summe der Häufigkeiten insgesamt, dann erhält man die Korrespondenzmatrix. Die Zeilen- und Spaltensummen bezogen auf die Gesamtsumme der Häufigkeiten werden in diesem Zusammenhang als Zeilen- und Spaltenmassen bezeichnet.

KORRESPONDENZTABELLE	Ja	Nein	Weiß nicht	ZEILENMASSEN
Weiblich	0.120	0.040	0.053	0.213
Männlich	0.093	0.013	0.013	0.120
Bis 25 Jahre	0.160	0.027	0.027	0.213
25 bis 50 Jahre	0.027	0.013	0.013	0.053
50 Jahre und mehr	0.027	0.013	0.027	0.067
Nicht verheiratet	0.107	0.027	0.027	0.160
Verheiratet	0.107	0.027	0.040	0.173
SPALTENMASSEN	0.640	0.160	0.200	1.000

Ziel der Korrespondenzanalyse ist die Darstellung der Profile durch Punkte in einem möglichst niedrig dimensionalen (meist 2-dimensionalen) Euklidischen Raum. Die einfachen Euklidischen Distanzen zwischen zwei Profilen sollen in guter Näherung ihren Chiquadratabständen entsprechen. Ausgangspunkt dafür sind nicht die Chiquadratabstände, sondern die so genannten Residuen **P**:

$$\mathbf{P} = \mathbf{D}(\mathbf{z}^{-\frac{1}{2}}) \cdot \left(\mathbf{K} - \mathbf{z} \cdot \mathbf{s}^{\mathrm{T}} \right) \cdot \mathbf{D}(\mathbf{s}^{-\frac{1}{2}})$$

K ist der Teil der Korrespondenzmatrix, der die relativen Häufigkeiten enthält

$$\chi^2 = \sum_{i=1}^{z} \sum_{j=1}^{s} \frac{\left(h_{ij} - e_{ij}\right)^2}{e_{ij}} = \sum_{i=1}^{z} n_i \cdot \sum_{j=1}^{s} \frac{\left(\dfrac{h_{ij}}{n_i} - \dfrac{e_{ij}}{n_i}\right)^2}{\dfrac{e_{ij}}{n_i}} = n \cdot \sum_{i=1}^{z} \frac{n_i}{n} \cdot \sum_{j=1}^{s} \frac{\left(p_{ij} - c_j\right)^2}{c_j}$$

mit

$$n_i = \sum_{i=1}^{z} h_{ij}$$

z ist die Anzahl der Zeilen,

$$n_j = \sum_{i=1}^{s} h_{ij}$$

s ist die Anzahl der Spalten und e_{ij}

$$e_{ij} = \frac{n_i \cdot n_j}{n}$$

sind die erwarteten Häufigkeiten.

Der i-te Summand der äußeren Summe ist der quadrierte und mit der Zeilenmasse $r_i = n_i/n$ gewichtete χ^2-Abstand des i-ten Zeilenprofils p_i vom Zeilenrandprofil c.

$$|p_i - c| = \sqrt{\sum_{j=1}^{s} \frac{\left(p_{ij} - c_j\right)^2}{c_j}}$$

Mit dieser Vereinbarung kann die Chiquadratstatistik als gewichtetes Euklidisches Distanzmaß geschrieben werden:

$$\chi^2 = n \cdot \sum_{i=1}^{z} r_i \cdot \left(|p_i - c|\right)^2$$

Dieser Ausdruck wird umso größer, je stärker sich die Zeilenprofile unterscheiden. Er quantifiziert also die gesamte Variation die in einer Kontingenztabelle steckt. Der Quotient aus diesem Ausdruck und der Gesamtanzahl n bezeichnet man als Inertia:

$$\text{Inertia}\left(K\right) = \frac{\chi^2}{n}$$

Im Unterschied zur Chiquadratstatistik ist die Inertia normiert und damit leichter zu interpretieren:

$$0 \leq \text{Inertia}\left(K\right) \leq \min\left(z, s\right) - 1$$

Da die Anzahl der Zeilen gleich 7 und die der Spalten gleich 3 ist, ist die Obergrenze für die Inertia durch 2 beschränkt:

$$\min(7,3)-1=2$$

χ^2 kann wie üblich aus der Kontingenztabelle errechnet werden. Es ist

$$\chi^2 = 4.093$$

und die Inertia daher gleich

$$\text{Inertia} = \frac{\chi^2}{n} = \frac{4.02}{75} = 0.055$$

$$\mathbf{K} = \begin{pmatrix} 0.120 & 0.040 & 0.053 \\ 0.093 & 0.013 & 0.013 \\ 0.160 & 0.027 & 0.027 \\ 0.027 & 0.013 & 0.013 \\ 0.027 & 0.013 & 0.027 \\ 0.107 & 0.027 & 0.027 \\ 0.107 & 0.027 & 0.040 \end{pmatrix}$$

$\mathbf{z}$ ist die letzte Zeile der Korrespondenzmatrix, die relativen Häufigkeiten der Zeilensummen

$$\mathbf{z} = \begin{pmatrix} 0.2133 \\ 0.1200 \\ 0.2133 \\ 0.0533 \\ 0.0667 \\ 0.1600 \\ 0.1733 \end{pmatrix}$$

und $\mathbf{s}$ ist der Vektor der relativen Häufigkeiten der Spaltensummen

$$\mathbf{s} = \begin{pmatrix} 0.640 \\ 0.160 \\ 0.200 \end{pmatrix}$$

$\mathbf{D}(\mathbf{z}^{(-1/2)})$ und $\mathbf{D}(\mathbf{s}^{(-1/2)})$ sind Diagonalmatrizen, die die reziproken Wurzeln der Elemente von $\mathbf{z}$ und $\mathbf{s}$ als Diagonalelemente enthalten. Eingesetzt und ausgerechnet erhält man die Residualmatrix $\mathbf{P}$

$$
\mathbf{P} = \begin{pmatrix}
-0.0447 & 0.0318 & 0.0501 \\
0.0585 & -0.0447 & -0.0710 \\
0.0636 & -0.0386 & -0.0758 \\
-0.0385 & 0.0484 & 0.0227 \\
-0.0759 & 0.0225 & 0.1183 \\
0.0144 & 0.0087 & -0.0280 \\
-0.0117 & -0.0044 & 0.0287
\end{pmatrix}
$$

Auf diese Matrix **P** wird nun die Singulärwertzerlegung angewandt, um die Koordinaten sowohl der Zeilenprofile als auch der Spaltenprofile zu erhalten. Die Singulärwertzerlegung einer Matrix beruht auf der Tatsache, dass man für jede Datenmatrix folgende zwei Eigenwertgleichungen anschreiben kann:

$$
\mathbf{P}^T \cdot \mathbf{P} = \mathbf{V} \cdot \mathbf{D}_1 \cdot \mathbf{V}^T
$$

mit der Diagonalmatrix $\mathbf{D}_1$ der Eigenwerte und den Eigenvektoren **V** mit $\mathbf{V}^T \cdot \mathbf{V} = \mathbf{I}$ (**I** = Einheitsmatrix), und

$$
\mathbf{P}^T \cdot \mathbf{P} = \mathbf{U} \cdot \mathbf{D}_1 \cdot \mathbf{U}^T
$$

mit der Diagonalmatrix $\mathbf{D}_1$ der Eigenwerte und den Eigenvektoren **U** mit $\mathbf{U}^T \cdot \mathbf{U} = \mathbf{I}$.
Diese beiden Gleichungen implizieren, dass es die folgende Zerlegung der Matrix **P** gibt, die Singulärwertzerlegung genannt wird:

$$
\mathbf{P} = \mathbf{U} \cdot \mathbf{D}_q \cdot \mathbf{V}^T
$$

wobei

$$
\mathbf{D}_q = \mathbf{D}_1^{\frac{1}{2}}
$$

eine Diagonalmatrix ist, die als Diagonalelemente die Singulärwerte q enthält. Diese Singulärwerte ergeben sich als Wurzel der Eigenwerte.

Die Singulärwerte der Residualmatrix **P** sind

$$
\mathbf{sw} = \begin{pmatrix}
0.2274 \\
0.0534 \\
0.0000
\end{pmatrix}
$$

die entsprechende Eigenvektormatrix **U** ist

$$\mathbf{U} = \begin{pmatrix} -0.3295 & 0.1456 & 0.5145 \\ 0.4394 & -0.1942 & -0.0552 \\ 0.4744 & -0.0933 & 0.4310 \\ -0.2641 & 0.6985 & 0.0358 \\ -0.6125 & -0.4579 & -0.0513 \\ 0.1214 & 0.3494 & 0.3526 \\ -0.1167 & -0.3357 & 0.6467 \end{pmatrix}$$

und die Eigenvektormatrix $\mathbf{V}$ ist

$$\begin{pmatrix} 0.5818 & -0.1465 & -0.8000 \\ -0.3352 & 0.8530 & -0.4000 \\ -0.7410 & -0.5009 & -0.4472 \end{pmatrix}$$

Werden nun die ersten beiden Spalten von $\mathbf{U}$ bzw. die ersten beiden Zeilen von $\mathbf{V}$ benutzt, dann lässt sich $\mathbf{P}$ approximativ darstellen als

$$\mathbf{P} = \left(\mathbf{U} \cdot \mathbf{D}_q^{\frac{1}{2}} \right) \cdot \left(\mathbf{D}_q^{\frac{1}{2}} \cdot \mathbf{V}^{\mathrm{T}} \right)$$

Die Koordinaten für die Zeilenprofile ergeben sich daraus als

$$\begin{pmatrix} u_{11} \cdot \sqrt{\theta_1} & u_{12} \cdot \sqrt{\theta_2} \\ u_{21} \cdot \sqrt{\theta_1} & u_{22} \cdot \sqrt{\theta_2} \\ \cdots\cdots & \cdots\cdots \\ u_{n1} \cdot \sqrt{\theta_1} & u_{n2} \cdot \sqrt{\theta_2} \end{pmatrix}$$

und die Spaltenprofile durch die Koordinaten

$$\begin{pmatrix} v_{11} \cdot \sqrt{\theta_1} & v_{12} \cdot \sqrt{\theta_2} \\ v_{21} \cdot \sqrt{\theta_1} & v_{22} \cdot \sqrt{\theta_2} \\ \cdots\cdots & \cdots\cdots \\ v_{n1} \cdot \sqrt{\theta_1} & v_{n2} \cdot \sqrt{\theta_2} \end{pmatrix}$$

Für das Beispiel sind die entsprechenden Zeilen-Koordinaten

ZEILENKOORDINATEN	1. Achse	2. Achse
Weiblich	-0.162	0.017
Männlich	0.288	-0.030
Bis 25 Jahre	0.234	-0.011
25 bis 50 Jahre	-0.260	0.162
50 Jahre und mehr	-0.539	-0.095
Nicht verheiratet	0.069	0.047
Verheiratet	-0.064	-0.043

und Spalten-Koordinaten

SPALTENKOORDINATEN	1. Achse	2. Achse
Ja	0.165	-0.010
Nein	-0.191	0.114
Weiß nicht	-0.377	-0.060

Die Kommunalitäten (die Quadrate der Faktorladungen) können nun aus diesen Zeilen- und Spaltenkoordinaten bestimmt werden. Für die Spaltenkoordinaten zeigt folgende Tabelle die Berechnung:

s_i	x_{i1}	x_{i2}	x_{i1}^2	x_{i2}^2	$s_i \cdot x_{i1}^2$	$s_i \cdot x_{i2}^2$	1)	2)	3)
0.64	0.1654	0.0098	0.0274	0.0001	0.0175	0.0001	0.0176	0.9965	0.0035
0.16	0.1906	0.1139	0.0363	0.0130	0.0058	0.0021	0.0079	0.7367	0.2633
0.20	0.3768	0.0598	0.1420	0.0036	0.0284	0.0007	0.0291	0.9754	0.0246

1) $\sum_{j=1}^{2} s_i \cdot x_{ij}^2 = s$ 2) $\frac{s_i \cdot x_{i1}^2}{s}$ 3) $\frac{s_i \cdot x_{i2}^2}{s}$

In der ersten Spalte steht der Vektor der relativen Häufigkeiten der Spaltensummen. Die 2. und 3. Spalte enthält die Spalten-Koordinaten. Das Quadrat dieser Spalten-Koordinaten steht in der 4. und 5. Spalte und die mit den relativen Häufigkeiten gewichteten Quadrate in den Spalten 6 und 7. In der 8. Spalte steht die Summe aus den jeweiligen Elementen der 6. und 7. Spalte. Dividiert man diese beiden Spalten durch diese Summe, dann erhält man die Kommunalitäten, die in der 9. und 10. Spalte stehen. Diese Kommunalitäten sind die quadrierten Korrelationskoeffizienten der Ausprägung mit den Achsen. Man sieht, dass die Antworten "Ja", "Nein" und "Weiß nicht" stark mit der ersten Achse korrelieren, nicht aber mit der zweiten Achse.

Dividiert man die Elemente der 6. und 7. Spalte nicht durch die jeweilige Zeilensumme, sondern durch die Spaltensummen, dann erhält man die Inertia:

$s_i \cdot x_{i1}^2$	$s_i \cdot x_{i2}^2$	$\dfrac{s_i \cdot x_{i1}^2}{0.0517}$	$\dfrac{s_i \cdot x_{i2}^2}{0.0029}$
0.0175	0.0001	0.3385	0.0345
0.0058	0.0021	0.1122	0.7241
0.0284	0.0007	0.5493	0.2414
0.0517	0.0029	*	*

Anhand der Inertia kann abgelesen werden, wie stark die einzelnen Antworten die Ausrichtung der Achsen determinieren. Die Antwort "Weiß nicht" hat mit 0.5493 den stärksten Einfluss auf die Ausrichtung der ersten Achse. Sie erklärt rund 55% der Streuung dieser Achse. Die Antwort "Nein" hat mit 0.7241 den stärksten Einfluss auf die zweite Achse. 72% der Variation dieser Achse wird durch die Antwort "Nein" erklärt.

Auf die gleiche Art berechnet man die Kommunalitäten für die Zeilenkoordinaten:

1. Achse	2. Achse	KOMMUNALITÄTEN DER ZEILENKOORDINATEN
0.989	0.011	Weiblich
0.989	0.011	Männlich
0.998	0.002	Bis 25 Jahre
0.721	0.279	25 bis 50 Jahre
0.970	0.030	50 Jahre und mehr
0.686	0.314	Nicht verheiratet
0.686	0.314	Verheiratet

Auch hier zeigt sich, dass die Antworten stark mit der ersten Achse korrelieren, nicht aber mit der zweiten. Die größten Korrelationen findet man beim Geschlecht und Alter. Etwas schwächer korreliert der Familienstand mit der ersten Achse.

1. Achse	2. Achse	INERTIA DER ZEILENKOORDINATEN
0.109	0.021	Weiblich
0.193	0.038	Männlich
0.225	0.009	Bis 25 Jahre
0.070	0.488	25 bis 50 Jahre
0.375	0.210	50 Jahre und mehr
0.015	0.122	Nicht verheiratet
0.014	0.113	Verheiratet

Den stärksten Einfluss auf die Ausrichtung der 1. Achse hat mit 0.375 die Antwort "Alter-50 Jahre und mehr". Auf die Ausrichtung der 2. Achse hat die Antwort "Alter-25 bis 50 Jahre" den stärksten Einfluss. Sie erklärt 48.8% der Variation dieser Achse.

Die Berechnung einer Korrespondenzanalyse ist auch für kleine Stichproben nur mit einer geeigneten Software sinnvoll durchführbar. Der ausführlich dargestellte Rechengang kann aber zum besseren Verständnis dienen, wenn man mit den mathematischen Hilfsmitteln vertraut ist. Den Output für dieses Beispiel findet man im Anhang. Dort sind jedoch nur die Hauptergebnisse angeführt. Detailergebnisse findet man im Programm unter dem Abschnitt "DETAILS".

Aufgaben

1) Ein Restaurantbetrieb in einer bestimmten Stadt befragt 150 Einwohner:

> Sind Sie Kunde des Restaurants? Antwortmöglichkeiten: Nicht-Kunde / Manchmal / Stammkunde
> Geschlecht? Antwortmöglichkeiten: männlich / weiblich
> Alter? Antwortmöglichkeiten: Bis 25 Jahre / 25 bis 50 Jahre / 50 Jahre und älter
> Schichteinschätzung? Antwortmöglichkeiten: Oberschicht / Mittelschicht / Unterschicht

Die Ergebnisse der Befragung sind in folgender Tabelle zusammengefasst:

Merkmale	Nicht-Kunde	Manchmal	Stammkunde
Männlich	59	25	16
Weiblich	15	28	7
Bis 25 Jahre	10	30	10
25 bis 50 Jahre	20	15	15
50 Jahre und älter	30	12	8
Oberschicht	9	8	3
Mittelschicht	20	15	5
Unterschicht	39	40	11

Untersuchen und charakterisieren Sie die Kundenstruktur des Restaurants.

2) Nach einer Busrundreise befragte der Reiseunternehmer die Teilnehmer, nach ihrer Zufriedenheit mit dieser Reise, nach ihrer Schulbildung, nach ihrem Alter und Geschlecht. Das Ergebnis zeigt folgende Tabelle:

Merkmale	Nicht-zufrieden	Weder noch	Zufrieden
Pflichtschulabschluss	10	5	5
Mittelschulabschluss	3	4	3
Hochschulabschluss	2	2	6
Männlich	10	7	3
Weiblich	3	8	11
Bis 25 Jahre	5	2	3
25 bis 50 Jahre	6	8	6
50 Jahre und älter	1	2	7

Für welche Personengruppe ist diese Busreise besonders geeignet?

8_0 MULTIVARIATE STICHPROBEN METRISCH

Vorschau

Im Abschnitt 8_1, Multivariate Varianzanalyse, wird untersucht, ob sich Käufer der Spielkonsole Yoki von den Nichtkäufern im Hinblick auf Alter und Einkommen unterscheiden. Da nicht nur das Durchschnittsalter von Käufern und Nichtkäufern verglichen wird, sondern auch das Durchschnittseinkommen, ist es eine multivariate Analyse. Voraussetzung für die Unterschiedsprüfung ist die multivariate Normalverteilung der Grundgesamtheiten und ihre Homoskedastizität. Beide Voraussetzungen können mit den im Abschnitt 9 angeführten Verfahren überprüft werden.

Mit Hilfe der multivariaten Regressionsanalyse von Abschnitt 8_2 wird versucht, vom Alter der Befragten und seiner täglichen Fernsehzeit auf sein monatliches Einkommen zu schließen. Die abhängige Variable Einkommen soll durch die beiden unabhängigen Variablen Alter und tägliche Fernsehzeit erklärt werden. Auch hier wird vorausgesetzt, dass die Fehlervariable normalverteilt ist.

Im Abschnitt 8_3, Faktorenanalyse, werden die 4 Variablen Alter, tägliche Fernsehzeit, tägliche Computerzeit und Einkommen auf 2 Faktoren reduziert. Diese beiden Faktoren, soziodemographischer Faktor und Zeitfaktor, werden so gewählt, dass sie den Informationsgehalt der vier Variablen ausreichend reproduzieren.

8_1 Multivariate Varianzanalyse

Unterscheiden sich die Käufer der Spielkonsole Yoki von den Nichtkäufern im Hinblick auf ihr Alter und monatliches Einkommen? Eine Befragung von 10 Besuchern einer Werbeveranstaltung brachte folgendes Ergebnis:

Käufer = 1 Nichtkäufer = 2	Alter	Einkommen
1	17	10
1	25	21
1	18	15
1	22	20
1	30	22
1	18	18
2	23	22
2	35	35
2	61	41
2	56	32

Die Durchschnitte aus den Alters- und Einkommensangaben für die zwei Stichproben zeigt folgende Grafik:

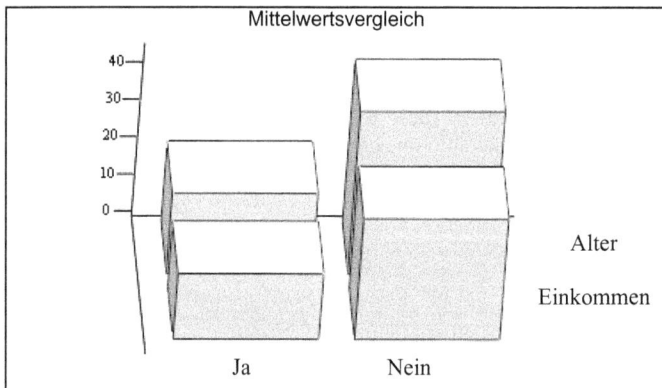

Mittelwertsvergleich

Kaufabsicht:	Ja	Nein
Alter	21.67	43.75
Einkommen	17.67	32.50

Kann man auf Grund dieser Stichprobenergebnisse allgemein behaupten, dass sich Käufer und Nichtkäufer im Hinblick auf ihr Durchschnittsalter und -Einkommen unterscheiden?

Die Unterschiede zwischen den Durchschnitten sind groß genug. Es könnte zwar tatsächlich sein, dass das Durchschnittsalter und -Einkommen die Käufer und Nichtkäufer nicht unterschiedlich ist. Das Risiko ist dafür mit 5% beschränkt. (Vergleiche den Softwareoutput für dieses Beispiel im Anhang).

Wie kommt man zu diesem Ergebnis? Zuerst formuliert man die Hypothesen. Man nimmt als Nullhypothese an, dass das Durchschnittsalter und -Einkommen der Käufer und Nichtkäufer in der Grundgesamtheit aller potentiellen Kunden gleich ist. Diese Hypothese wird formal wie folgt angeschrieben:

$$H_0 : \begin{bmatrix} \text{Durchschnittsalter} \\ \text{Durchschnittseinkommen} \end{bmatrix}_{\text{Käufer}} = \begin{bmatrix} \text{Durchschnittsalter} \\ \text{Durchschnittseinkommen} \end{bmatrix}_{\text{Nichtkäufer}}$$

Eine Alternative zu dieser Nullhypothese ist

$$H_1 : \begin{bmatrix} \text{Durchschnittsalter} \\ \text{Durchschnittseinkommen} \end{bmatrix}_{\text{Käufer}} \neq \begin{bmatrix} \text{Durchschnittsalter} \\ \text{Durchschnittseinkommen} \end{bmatrix}_{\text{Nichtkäufer}}$$

Das Durchschnittsalter und -Einkommen der Käufer und Nichtkäufer unterscheidet sich. An Hand der Ergebnisse der Stichprobe entscheidet man sich für die Ablehnung oder Nichtablehnung der Nullhypothese. Dazu berechnet man folgende Testmaßzahl:

$$F_{\text{beob}} = \frac{1-\Lambda}{\Lambda} \cdot \frac{v_2}{v_1}$$

mit

$$\Lambda = \frac{|\mathbf{W}|}{|\mathbf{T}|}$$

Im Zähler von Λ steht die Determinante aus den Abweichungsquadraten und -produkten innerhalb der Stichproben $\mathbf{W}$ und im Nenner die Determinante aus den Abweichungsquadraten und -produkten der Gesamtstichprobe $\mathbf{T}$. Die Freiheitsgrade v_1 und v_2 sind wie folgt definiert:

$$v_1 = t$$
$$v_2 = n - t - 1$$

t ist die Anzahl der Stichproben und n ist der Umfang der Gesamtstichprobe. Die Berechnung des Zählers ist in folgenden Tabellen für die erste Stichprobe dargestellt:

$x_{i1}^{\langle 1 \rangle}$	$x_{i1}^{\langle 1 \rangle} - \bar{x}_1^{\langle 1 \rangle}$	$\left(x_{i1}^{\langle 1 \rangle} - \bar{x}_1^{\langle 1 \rangle} \right)^2$
17	-4.667	21.778
25	3.333	11.111
18	-3.667	13.444
22	0.333	0.111
30	8.333	69.444
18	-3.667	13.444
*	SUMME	129.333

In der 1. Spalte stehen die Altersangaben der Käufer und in der 2. Spalte die Abweichungen des Alters vom Durchschnitt 21.667. In der 3. Spalte sind die Quadrate von Spalte 2 ausgewiesen. Die Summe dieser letzten Spalte ist 129.333, die Abweichungsquadratsumme des Alters von ihrem Durchschnitt in der Käufer-Stichprobe. Die gleiche Berechnung für das Einkommen zeigt die folgende Tabelle:

$x_{i1}^{(2)}$	$x_{i1}^{(2)} - \bar{x}_1^{(2)}$	$\left(x_{i1}^{(2)} - \bar{x}_1^{(2)} \right)^2$
10	-7.667	58.778
21	3.333	11.111
15	-2.667	7.111
20	2.333	5.444
22	4.333	18.778
18	0.333	0.111
*	SUMME:	101.333

Als dritte Tabelle wird die Berechnung der Abweichungsprodukte zwischen Alter und Einkommen für die Käuferstichprobe gezeigt:

$x_{i1}^{(1)}$	$x_{i1}^{(2)}$	$x_{i1}^{(1)} - \bar{x}_1^{(1)}$	$x_{i1}^{(2)} - \bar{x}_1^{(2)}$	$\left(x_{i1}^{(1)} - \bar{x}_1^{(1)} \right) \cdot \left(x_{i1}^{(2)} - \bar{x}_1^{(2)} \right)$
17	10	-4.667	-7.667	35.778
25	21	3.333	3.333	11.111
18	15	-3.667	-2.667	9.778
22	20	0.333	2.333	0.778
30	22	8.333	4.333	36.111
18	18	-3.667	0.333	-1.222
*	*	*	SUMME:	92.334

Für die Käufer-Stichprobe ergibt sich folgende Abweichungsquadrat- und -Produktmatrix:

$$\mathbf{W}_1 = \begin{pmatrix} 129.333 & 92.334 \\ 92.334 & 101.333 \end{pmatrix}$$

In der Hauptdiagonalen stehen die Abweichungsquadrate, in der Nebendiagonale die Abweichungsprodukte. Für die Nichtkäuferstichprobe erhält man auf die gleiche Art folgende Abweichungsquadrat- und Produktmatrix:

$$\mathbf{W}_2 = \begin{pmatrix} 954.75 & 336.50 \\ 336.50 & 189.00 \end{pmatrix}$$

Die Summe beider Matrizen ergibt die Matrix der Abweichungsquadrate und -produkte innerhalb der Stichproben

$$\mathbf{W} = \mathbf{W}_1 + \mathbf{W}_2 = \begin{pmatrix} 129.333 & 92.334 \\ 92.334 & 101.333 \end{pmatrix} + \begin{pmatrix} 954.75 & 336.50 \\ 336.50 & 189.00 \end{pmatrix} = \begin{pmatrix} 1084.083 & 428.834 \\ 428.834 & 290.333 \end{pmatrix}$$

Die Determinante dieser Matrix $\mathbf{W}$ ist

$$|\mathbf{W}| = 1084.083 \cdot 290.333 - 428.834^2 = 130846.47$$

Die Matrix $\mathbf{T}$ der Abweichungsquadrate und -produkte insgesamt errechnet man aus der Gesamtstichprobe auf die gleiche Art:

$$\mathbf{T} = \begin{pmatrix} 2254.5 & 1215.0 \\ 1215.0 & 818.4 \end{pmatrix}$$

Die Determinante dieser Matrix ist

$$|\mathbf{T}| = 2254.5 \cdot 818.4 - 1215^2 = 368857.8$$

Für Λ ergibt sich nun

$$\Lambda = \frac{|\mathbf{W}|}{|\mathbf{T}|} = \frac{130846.47}{368857.80} = 0.355$$

und für die Testmaßzahl F_{beob}

$$F_{beob} = \frac{1-\Lambda}{\Lambda} \cdot \frac{v_2}{v_1} = \frac{1-0.355}{0.355} \cdot \frac{7}{2} = 6.359$$

mit

$$v_1 = t = 2$$

$$v_2 = n - t - 1 = 10 - 2 - 1 = 7$$

Die Testmaßzahl F_{beob} ist F-verteilt mit v_1 und v_2 Freiheitsgraden. Die Wahrscheinlichkeit für das Auftreten einer höchstens so großen Testmaßzahl F_{beob} wie im vorliegenden Beispiel ist bei Gültigkeit der Nullhypothese gleich

$$F_F(6.359, 2, 7) = 0.973$$

(Diesen Wert liest man aus einer geeigneten Tabelle der F-Verteilung ab oder berechnet ihn mit Hilfe entsprechender Programme.) Die Wahrscheinlichkeit für eine so große oder größere Testmaßzahl ist dann gleich

$$1 - F_F(6.359, 2, 7) = 0.027$$

Da diese Wahrscheinlichkeit kleiner ist, als das Signifikanzniveau von 5% ($\alpha = 0.05$), kann die Nullhypothese abgelehnt werden. Käufer und Nichtkäufer unterscheiden sich signifikant im Hinblick auf ihr Durchschnittsalter und/oder Durchschnittseinkommen. Das Risiko, dass diese Entscheidung falsch ist, ist höchstens 5%.

Zum selben Ergebnis kommt man, wenn man F_{beob} mit dem kritischen Wert der F-Verteilung vergleicht: Unter Gültigkeit der Nullhypothese sind die 5% seltensten F-Werte nach unten beschränkt durch den kritischen Wert F_c gleich 4.737. Da das aus der Stichprobe errechnete F_{beob} von 6.359 größer ist als dieser kritische Wert, kann die Nullhypothese abgelehnt werden.

$$F_{beob} = 6.359 > 4.737 = F_c$$

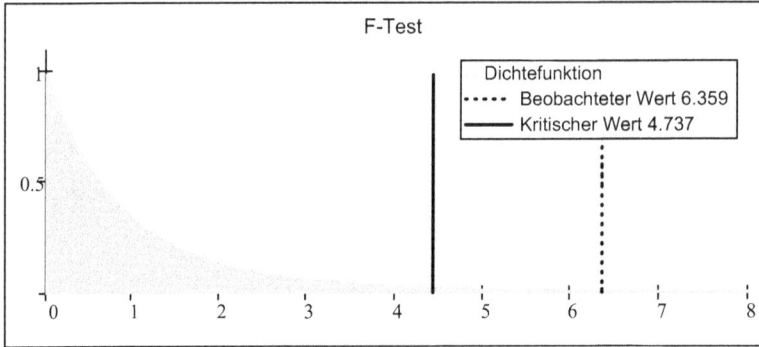

	Beobachteter Wert	Kritischer Wert	p-Wahrscheinlichkeit	
	6.359	4.737	0.027	

Wo sind die signifikanten Unterschiede? Unterscheiden sich die Käufer und Nichtkäufer im Hinblick auf ihr Durchschnittsalter oder Durchschnittseinkommen oder in beiden Durchschnitten? Der F-Test kam zum Ergebnis, dass Unterschiede bestehen, nicht aber bei welcher Frage. Um dies zu eruieren, muss man Tests durchführen, die die Unterschiede beim Alter und beim Einkommen prüfen.

Der Scheffé-Test liefert folgendes Ergebnis: Für das Alter sind die Unterschiede zwischen den Durchschnitten der Käufer und Nichtkäufer groß genug, um allgemein zu behaupten, dass sich Käufer und Nichtkäufer im Durchschnittsalter signifikant unterscheiden.

Alter	Kritischer Wert:	17.328	5%
Kaufabsicht	Kaufabsicht	Differenz	Signifikanzniveau
Ja	Nein	22.083	signifikant

Beim Einkommen sind die Unterschiede zwischen Käufer und Nichtkäufer ebenfalls groß genug. Man kann allgemein behaupten, dass sich das Durchschnittseinkommen der Käufer und Nichtkäufer signifikant unterscheidet.

Einkommen	Kritischer Wert:	8.967	5%
Kaufabsicht	Kaufabsicht	Differenz	Signifikanzniveau
Ja	Nein	14.833	signifikant

Zu diesen Ergebnissen kommt man mit Hilfe folgender Formel

$$\text{Diff}_{c,i} = \sqrt{\left(\frac{1}{n_1} + \frac{1}{n_2} \right) \cdot \frac{t-1}{n-t} \cdot \mathbf{W}_{i,i} \cdot F_{1-\alpha, t-1, n-t}}$$

Diese Formel liefert die kritischen Werte für die Mittelwertsdifferenzen. n_1 und n_2 sind die beiden Stichprobenumfänge, n ist der Gesamtstichprobenumfang und t die Zahl der Stichproben. W_{ii} sind die Abweichungsquadrate der jeweiligen Stichproben innerhalb der Stichproben, also die Diagonalelemente der Matrix W. Sind die Mittelwertsdifferenzen (absolut) kleiner als die kritischen Werte, dann kann die Gleichheit der Mittelwerte nicht abgelehnt werden. Nur wenn die beobachteten Mittelwertsdifferenzen größer als die kritischen Werte sind, kann man die Nullhypothese ablehnen. Für das Beispiel sind die kritischen Werte gleich

$$\text{Diff}_{c,1} = \sqrt{\left(\frac{1}{6} + \frac{1}{4}\right) \cdot \frac{2-1}{10-2} \cdot 1084.083 \cdot 5.318} = 17.328$$

$$\text{Diff}_{c,1} = \sqrt{\left(\frac{1}{6} + \frac{1}{4}\right) \cdot \frac{2-1}{10-2} \cdot 290.333 \cdot 5.318} = 8.968$$

wie oben schon ausgewiesen.

Voraussetzungen für diese multivariate Varianzanalyse sind multivariate Normalverteilungen der beobachteten Daten und Homoskedastizität, d.h. Gleichheit der Varianzen und Kovarianzen in der Grundgesamtheit.

Aufgaben

1) Um festzustellen, ob die Mitgliedschaft bei einem Sportverein die physische Tauglichkeit signifikant steigert, wählte ein Turnlehrer aus einer Klasse sechs Mitglieder eines Sportvereins aus (Nr. 1 bis 6) und vier Schüler, die keinem Sportverein angehören (Nr. 7 – 10). Bei allen 10 Schülern stellte er folgende Leistungen fest: Weitsprung in Meter, Hochsprung in Meter, Hundertmeterlauf in Sekunden und Kugelstoßen in Meter:

Schüler Nr.:	Weitsprung	Hochsprung	Hundertmeterlauf	Kugelstoßen
1	3.70	1.40	13.2	7.80
2	4.10	1.50	13.0	8.20
3	4.15	1.45	12.8	7.90
4	3.80	1.40	13.0	7.60
5	3.40	1.50	13.4	7.50
6	3.60	1.40	13.8	7.20
7	3.70	1.30	13.5	6.70
8	3.60	1.40	13.4	7.50
9	3.60	1.35	13.6	7.40
10	3.50	1.30	13.9	7.00

Verbessert die Mitgliedschaft zu einem Sportverein die physische Kondition? $\alpha = 0.05$.

8_2 Multivariate Regressionsanalyse

Kann man von der täglichen Fernsehzeit und vom Alter der potentiellen Kunden für die neue Spielkonsole Yoki auf ihr monatliches Einkommen schließen? Eine Befragung von 6 Besuchern einer Werbeveranstaltung für die Spielkonsole brachte folgendes Ergebnis:

Fernsehzeit	Alter	Monatseinkommen
2	36	32
1	45	42
1	19	24
4	62	51
3	27	23
2	35	25

In der ersten Spalte steht die tägliche Fernsehzeit (in Stunden) der befragten Person und in der zweiten das Alter. Das jeweilige Monatseinkommen (in 100 €) steht in der dritten Spalte. In folgender Grafik sind als Ordinate die beobachteten Einkommen der 6 Besucher eingetragen. Auf der Abszisse findet man die entsprechenden Schätzwerte (als durchgezogene Linie).

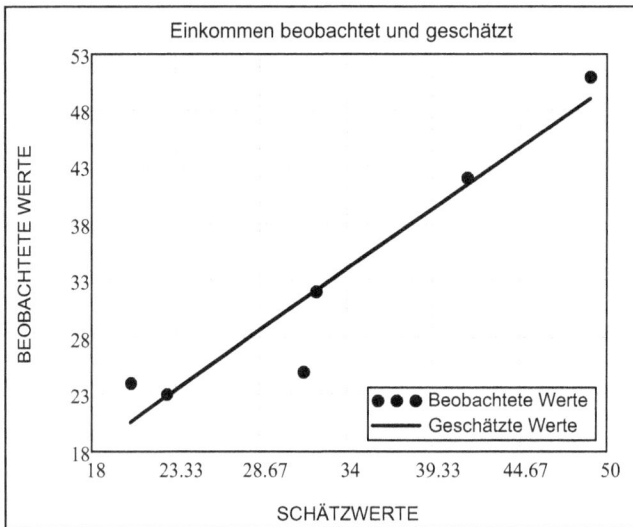

Ist es möglich mit Hilfe einer linearen Regressionsfunktion von der täglichen Fernsehzeit und dem Alter eines potentiellen Kunden auf sein monatliches Einkommen zu schließen? Um das Ergebnis vorwegzunehmen: die beobachteten Wertepaare liegen eng genug um die Regressionsgerade. Man kann allgemein behaupten, dass die aus den Stichproben errechnete Regressionsfunktion zwischen Fernsehzeit, Alter und Einkommen für alle potentiellen Kunden der Spielkonsole Yoki gilt. Diese lineare Regressionsfunktion der Stichprobe ist allgemein

$$\hat{y}_i = 7.095 + 2.044 \cdot x_{i,1} + 0.808 \cdot x_{i,2}$$

und eingesetzt

$$\text{Schätzwert}\_ \text{für}\_ \text{Einkommen} = 7.095 + 2.044 \cdot \text{Fernsehen}_i + 0.808 \cdot \text{Alter}_i$$

Mit dieser Funktion kann man für jede Fernsehzeit und jedes Alter der potentiellen Kunden einen Schätzwert für das monatliche Einkommen bestimmen. Für einen 30-Jährigen, der täglich 2 Stunden fernsieht, ergibt sich z. B. durch Einsetzen ein monatliches Einkommen von 2724.7 € (= 27.247 · 100)

$$7.095 - 2.044 \cdot 2 + 0.808 \cdot 30 = 27.247$$

Der Regressionskoeffizient von −2.044 besagt, dass bei einer Erhöhung der Fernsehzeit um eine Stunde das Einkommen um 204.4 € (= 2.044 · 100) abnimmt, wenn man das Alter konstant hält. Der Regressionskoeffizient des Alters von 0.808 drückt aus, dass sich das Einkommen um 80.8 € (= 0.808 · 100) erhöht, wenn das Alter um ein Jahr erhöht wird und die Fernsehzeit konstant bleibt.

Wie kommt man zu diesem Ergebnis? Zuerst berechnet man aus den Stichprobenwerten die lineare Regressionsfunktion und prüft dann, ob die Beobachtungen eng genug um die Regressionsgerade liegen. Anders ausgedrückt: Man prüft, ob die Streuung der beobachteten Fernsehzeiten, Alters- und Einkommensangaben um die Regressionsfunktion klein genug ist, um allgemein zu behaupten, dass zwischen Fernsehzeit, Alter und Einkommen eine lineare Abhängigkeit besteht.

Für die lineare Regressionsfunktion der Stichprobe

$$\hat{y}_i = b_0 + b_1 \cdot x_{i,1} + b_2 \cdot x_{i,2}$$

oder in Matrixschreibweise

$$\hat{\mathbf{y}} = \mathbf{X} \cdot \mathbf{b}$$

werden die Regressionskoeffizienten b_0, b_1 und b_2 mit Hilfe folgender Formel bestimmt:

$$\mathbf{b} = \left(\mathbf{X}^\mathrm{T} \cdot \mathbf{X}\right)^{-1} \cdot \mathbf{X}^\mathrm{T} \cdot \mathbf{y}$$

$\mathbf{b}$ ist der Regressionsvektor

$$\mathbf{b} = \begin{pmatrix} b_0 \\ b_1 \\ b_2 \end{pmatrix}$$

$\mathbf{X}$ die Matrix der unabhängigen Variablen (= Fragen), ergänzt um einen 1-Vektor in der ersten Spalte und $\mathbf{y}$ ist der Vektor der abhängigen Variable (=Frage). Für das Beispiel ist die Matrix $\mathbf{X}$ gleich

$$\mathbf{X} = \begin{pmatrix} 1 & 2 & 36 \\ 1 & 1 & 45 \\ 1 & 1 & 19 \\ 1 & 4 & 62 \\ 1 & 3 & 27 \\ 1 & 2 & 35 \end{pmatrix}$$

In der ersten Spalte steht der 1-Vektor, in der zweiten die Fernsehzeiten und in der dritten Spalte das Alter. Die beobachteten Werte des Einkommens stehen im **y** Vektor

$$\mathbf{y} = \begin{pmatrix} 32 \\ 42 \\ 24 \\ 51 \\ 23 \\ 25 \end{pmatrix}$$

b ist daher

$$\mathbf{b} = \left[\begin{pmatrix} 1 & 2 & 36 \\ 1 & 1 & 45 \\ 1 & 1 & 19 \\ 1 & 4 & 62 \\ 1 & 3 & 27 \\ 1 & 2 & 35 \end{pmatrix}^{\mathrm{T}} \cdot \begin{pmatrix} 1 & 2 & 36 \\ 1 & 1 & 45 \\ 1 & 1 & 19 \\ 1 & 4 & 62 \\ 1 & 3 & 27 \\ 1 & 2 & 35 \end{pmatrix} \right]^{-1} \cdot \begin{pmatrix} 1 & 2 & 36 \\ 1 & 1 & 45 \\ 1 & 1 & 19 \\ 1 & 4 & 62 \\ 1 & 3 & 27 \\ 1 & 2 & 35 \end{pmatrix}^{\mathrm{T}} \cdot \begin{pmatrix} 32 \\ 42 \\ 24 \\ 51 \\ 23 \\ 25 \end{pmatrix} = \begin{pmatrix} 7.095 \\ -2.044 \\ 0.808 \end{pmatrix}$$

Die lineare Stichprobenfunktion ist daher

$$\hat{y}_i = 7.095 + 2.044 \cdot x_{i,1} + 0.808 \cdot x_{i,2}$$

$\hat{y}$ ist der Schätzwert für das beobachtete y. Wenn diese Regressionsfunktion allgemein gültig ist, dann müssen die Regressionskoeffizienten **b** in der Grundgesamtheit aller potentiellen Käufer der Spielkonsole von Null verschieden sein. Ein Regressionskoeffizient von Null bedeutet, dass die Steigung der partiellen linearen Funktion Null ist und daher die unabhängige Variable keinen Einfluss auf die abhängige Variable ausübt.

Diese Hypothese wird formal wie folgt angeschrieben:

$$H_0 : \boldsymbol{\beta} = \mathbf{0}.$$

Eine Alternative zu dieser Nullhypothese ist die Vermutung, dass zumindest ein Regressionskoeffizient von Null verschieden ist, also zumindest eine Variable einen signifikanten Einfluss auf das Einkommen in der Grundgesamtheit hat. Formal

$$H_1 : \beta \neq 0$$

An Hand der Ergebnisse der Stichprobe entscheidet man sich für die Annahme oder Ablehnung der Null- oder Alternativhypothese. Dazu berechnet man folgende Testmaßzahl:

$$F_{beob} = \frac{\mathbf{b}^T \cdot \mathbf{X}^T \cdot \mathbf{y} - n \cdot \bar{y}^2}{\mathbf{y}^T \cdot \mathbf{y} - \mathbf{b}^T \cdot \mathbf{X}^T \cdot \mathbf{y}} \cdot \frac{v_2}{v_1}$$

Diese Testmaßzahl folgt einer F-Verteilung mit

$$v_1 = p$$

und

$$v_2 = n - p - 1$$

Freiheitsgraden. n ist der Umfang der Stichprobe und p die Anzahl unabhängiger Variablen. Die Zwischenschritte zur Berechnung der Testmaßzahl sind

$$\mathbf{b}^T \cdot \mathbf{X}^T \cdot \mathbf{y} = \begin{pmatrix} 7.095 \\ -2.044 \\ 0.808 \end{pmatrix}^T \cdot \begin{pmatrix} 1 & 2 & 36 \\ 1 & 1 & 45 \\ 1 & 1 & 19 \\ 1 & 4 & 62 \\ 1 & 3 & 27 \\ 1 & 2 & 35 \end{pmatrix}^T \begin{pmatrix} 32 \\ 42 \\ 24 \\ 51 \\ 23 \\ 25 \end{pmatrix}$$

$$n \cdot \bar{y}^2 = 6 \cdot 32.833^2 = 6468.035$$

$$\mathbf{y}^T \cdot \mathbf{y} = \begin{pmatrix} 32 \\ 42 \\ 24 \\ 51 \\ 23 \\ 25 \end{pmatrix}^T \begin{pmatrix} 32 \\ 42 \\ 24 \\ 51 \\ 23 \\ 25 \end{pmatrix} = 7119$$

Die Testmaßzahl kann nun wie folgt berechnen werden:

$$F_{beob} = \frac{7061.831 - 6468.167}{7119 - 7061.831} \cdot \frac{6 - 2 - 1}{2} = 15.685$$

Die Wahrscheinlichkeit für das Auftreten einer so großen Testmaßzahl von $F_{beob} = 15.685$ unter Gültigkeit der Nullhypothese ist gleich $F_F(15.685, 2,3) = 0.974$. (Diesen Wert liest man aus einer geeigneten Tabelle der F-Verteilung ab oder berechnet ihn mit Hilfe entsprechender Programme.)

Ist man bereit, in 5 von 100 Fällen eine richtige Nullhypothese abzulehnen, dann ist das Signifikanzniveau α gleich 0.05. Unter Gültigkeit der Nullhypothese sind die 5% seltensten F-Werte nach unten beschränkt durch den kritischen Wert F_c gleich 9.552. Da das aus der Stichprobe errechnete F_{beob} von 15.685 größer ist als dieser kritische Wert, kann die Nullhypothese abgelehnt werden.

$$F_{beob} = 15.685 > 9.552 = F_c$$

Die Grafik zeigt die F-Verteilung, den kritischen Wert F_c sowie den beobachteten Wert F_{beob}:

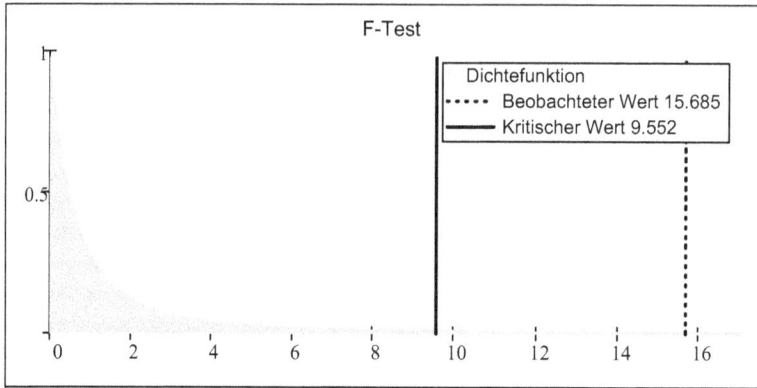

Beobachteter F-Wert	Kritischer Wert	p-Wahrscheinlichkeit
15.685	9.552	0.026

Man kann auf Grund der Stichprobe behaupten, dass zwischen der Fernsehzeit und dem Alter als unabhängige Variablen einerseits und dem Einkommen aller potentiellen Kunden als abhängige Variable andererseits allgemein ein linearer Zusammenhang besteht. Tragen beide unabhängigen Variablen signifikant zur Vorhersage der abhängigen Variablen bei? Weichen die Regressionskoeffizienten von Fernsehzeit oder Alter oder beide signifikant von Null ab? Folgende Grafik zeigt die Regressionskoeffizienten einschließlich der Konstanten:

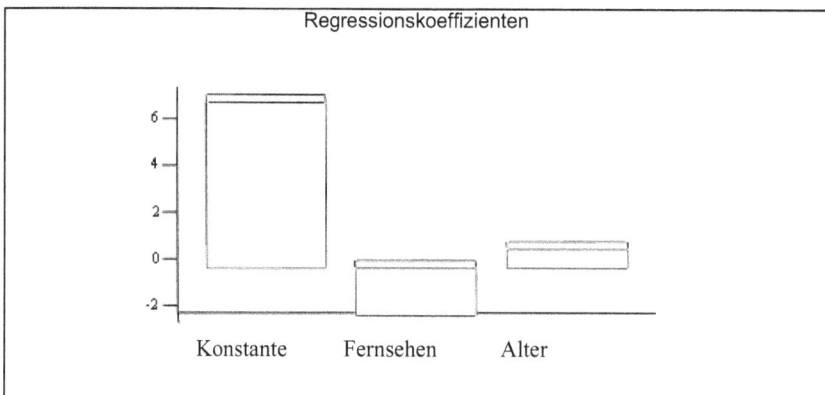

Um zu prüfen, welcher der Regressionskoeffizienten in der Grundgesamtheit von Null verschieden ist, berechnet man die Testmaßzahl

$$t_i = \frac{b_i}{\sqrt{V_{i,i}}}$$

V_{ii} ist das i-te Diagonalelement der Kovarianzmatrix der Regressionskoeffizienten. Diese Matrix wird aus der **X**-Matrix errechnet:

$$\mathbf{V} = s_{res}^2 \cdot \left(\mathbf{X}^T \cdot \mathbf{X}\right)^{-1}$$

s_{res}^2 ist der Schätzwert für die Fehlervarianz, geschätzt aus der Varianz der Residuen $y_i - \hat{y}_i$.

$$s_{res}^2 = \frac{1}{n-p-1} \cdot \sum_{i=1}^{n}(y_i - \hat{y}_i)^2 = \frac{\mathbf{y}^T \cdot \mathbf{y} - \mathbf{b}^T \cdot \mathbf{X}^T \cdot \mathbf{y}}{n-p-1}$$

Für das Beispiel ist s_{res}^2 gleich

$$s_{res}^2 = \frac{7119 - 7061.831}{6-2-1} = 19.056$$

und

$$\mathbf{V} = 19.059 \cdot \left[\begin{pmatrix} 1 & 2 & 36 \\ 1 & 1 & 45 \\ 1 & 1 & 19 \\ 1 & 4 & 62 \\ 1 & 3 & 27 \\ 1 & 2 & 35 \end{pmatrix}^T \begin{pmatrix} 1 & 2 & 36 \\ 1 & 1 & 45 \\ 1 & 1 & 19 \\ 1 & 4 & 62 \\ 1 & 3 & 27 \\ 1 & 2 & 35 \end{pmatrix} \right]^{-1} = \begin{pmatrix} 28.011 & -2.090 & -0.544 \\ -2.090 & 4.120 & -0.183 \\ -0.544 & -0.183 & 0.025 \end{pmatrix}$$

Mit Hilfe der Diagonalelemente von **V** kann man nun prüfen, ob die beiden Regressionskoeffizienten von Fernsehzeit und Alter signifikant von Null abweichen. Die Varianz des Regressionskoeffizienten für die Fernsehzeit ist 4.12 und für das Alter 0.025. t_2 und t_3 sind daher

$$t_2 = \frac{-2.044}{\sqrt{4.120}} = -1.007$$

$$t_3 = \frac{0.808}{\sqrt{0.025}} = 5.110$$

t_i ist studentverteilt mit $n - p - 1$ Freiheitsgraden. Für ein 5%-iges Signifikanzniveau ist der kritische Wert der Studentverteilung für $6 - 2 - 1 = 3$ Freiheitsgrade

$$t_c = 2.353.$$

Da t_3 größer ist als t_c, nicht aber t_2 (absolut genommen), kann man annehmen, dass der Regressionskoeffizient des Alters auch in der Grundgesamtheit von Null verschieden ist, nicht aber der der Fernsehzeit.

Um für einen individuellen Punktschätzwert ein Konfidenzintervall zu bestimmen (wird auch als Prognoseintervall bezeichnet), benötigt man ebenfalls die Streuung der Residuen. Diese Varianz ist gegeben durch

$$s_{res}^2 = \frac{1}{n-p-1} \cdot \sum_{i=1}^{n} (y_i - \hat{y}_i)^2 = 19.056$$

Unter der Voraussetzung, dass die Residuen normalverteilt sind, bestimmt man die Konfidenzgrenzen mit Hilfe der Studentverteilung.

$$K_u = \mathbf{x}_0 \cdot \mathbf{b} - t_{1-\alpha/2, n-p-1} \cdot s_{res} \cdot \left(1 + \mathbf{x}_0^T \cdot \mathbf{V} \cdot \mathbf{x}_0\right)^{1/2}$$

$$K_u = \mathbf{x}_0 \cdot \mathbf{b} + t_{1-\alpha/2, n-p-1} \cdot s_{res} \cdot \left(1 + \mathbf{x}_0^T \cdot \mathbf{V} \cdot \mathbf{x}_0\right)^{1/2}$$

Für 2 Stunden Fernsehen pro Tag und für ein Alter von 30 Jahren ist $\mathbf{x}_0$ gleich

$$\begin{pmatrix} 1 \\ 2 \\ 30 \end{pmatrix} = \begin{pmatrix} \text{Fix} \\ \text{Fernsehen} \\ \text{Alter} \end{pmatrix}$$

und $1_{1-\frac{\alpha}{2}, n-p-1}$ für ein Konfidenzniveau von 95% gleich

$$t_{0.95,3} = 2.353$$

Und K_u, K_o gleich

$$K_u = 27.247 - 2.353 \cdot \sqrt{19.056} \cdot \sqrt{1 + 4.031} = 4.208$$

$$K_o = 27.247 + 2.353 \cdot \sqrt{19.056} \cdot \sqrt{1 + 4.031} = 50.286$$

mit

$$\mathbf{x}_0^T \cdot \mathbf{V} \cdot \mathbf{x}_0 = \begin{pmatrix} 1 \\ 2 \\ 30 \end{pmatrix}^T \cdot \begin{pmatrix} 28.011 & -2.090 & -0.544 \\ -2.090 & 4.120 & -0.183 \\ -0.544 & -0.183 & 0.025 \end{pmatrix} \cdot \begin{pmatrix} 1 \\ 2 \\ 30 \end{pmatrix} = 4.031$$

Mit einem Vertrauen von 95% kann man das monatliche Einkommen eines 30-Jährigen, der täglich 2 Stunden fernsieht, zwischen 420.8 € und 5028.6 € erwarten. Voraussetzung für die Anwendung des F-Tests und die Studentverteilung ist die Normalverteilung der Residuen. Dies kann mit einem Kolmogorov-Smirnov-Test überprüft werden. Den Softwareoutput für dieses Beispiel findet man im Anhang.

Aufgaben

1) Eine Volkspartei wollte wissen: Wie stark ist der Einfluss (wenn es ihn gibt) der Wahlkampagne (in 1000€) und die Anzahl wahlberechtigter Frauen (in 1000 Personen) auf das Wahlergebnis (in 1000 Personen)? Eine Analyse von 7 Wahlen brachte folgendes Ergebnis:

Wahlergebnis	9000	8500	8000	8000	7500	8500	7000
Wahlkampagne	600	550	500	400	400	500	350
Frauen	5000	4800	4700	4500	4000	5000	4000

Kann man auf Grund dieser Ergebnisse annehmen, dass die Wahlkampagne und die Anzahl wahlberechtigter Frauen einen signifikanten Einfluss auf das Wahlergebnis haben? Signifikanzniveau 5%.

2) Ein Versicherungskonzern wollte wissen: Wie stark ist der Einfluss (wenn es ihn gibt) der monatlichen Reklameausgaben (in 1000€) und der Kundenbesuche (in 100000 Personen) auf den Umsatz (in 100000€)? Eine Untersuchung von 7 Monaten brachte folgendes Ergebnis:

Kundenbesuche	109	107	99	70	81	102	110
Reklameausgaben	1000	800	600	400	300	200	200
Umsatz im Monat	2000	1800	1000	600	500	500	300

Haben die monatlichen Reklameausgaben und die Kundenbesuche einen signifikanten Einfluss auf den Umsatz? Signifikanzniveau 5%.

3) 10 Betriebe wurden zufällig aus einer bestimmten Branche ausgewählt und hinsichtlich ihrer Kapitalstruktur analysiert. Es wurde jeweils das Fremdkapital, die Rückstellungen und das Eigenkapital festgestellt:

Fremdkapital	97.7	110.9	142.5	50.1	47.1	47.2	47.1	48.2	40.8	28.9
Rückstellungen	111.4	137.6	133.4	3.3	5.9	11.3	9.7	4.6	7.8	8.4
Eigenkapital	200	300	300	46	50	50	51	52	70	65

Mit welchem Fremdkapital ist bei einem Betrieb zu rechnen, von dem man weiß, dass er 13 Geldeinheiten Rückstellungen und 80 Geldeinheiten Eigenkapital ausweist?

4) Die Ergebnisse in drei psychologischen Tests sowie den entsprechenden Effizienzindex von 10 Arbeitern einer Fabrik zeigt nachstehende Tabelle:

Test 1	15	77	18	8	16	54	95	22	69	75
Test 2	38	79	53	33	12	34	61	31	82	75
Test 3	29	29	16	18	18	20	34	18	31	39
Effizienzindex	47	67	38	30	26	44	72	40	67	72

Ein neuer Bewerber hat bei den drei psychologischen Tests die Punkte 83, 49 und 29 erreicht. Welchen Effizienzindex wird er vermutlich erreichen?

8_3 Faktorenanalyse

Um das Kaufverhalten potentieller Kunden für die neue Spielkonsole zu eruieren, wurden bei einer Werbeveranstaltung den Besuchern folgende vier Fragen gestellt:

Wie alt sind Sie?
Wie viele Stunden sehen Sie täglich fern?
Wie hoch ist Ihr monatliches Einkommen?
Wie viele Stunden verbringen Sie täglich vor dem Computer?

Die Antworten zeigt folgende Tabelle:

Alter	36	45	19	62	27	35	45	55	43	35	36	21
Fernsehen	2	1	2.5	1	3	0.5	3	5	2	2.5	4.5	7
Einkommen	32	42	24	51	23	25	36	45	50	23	26	16
Computer	6	4	3	3	0	2.5	0.5	6	3	0	5	4

Zwischen diesen 4 Variablen bestehen folgende Korrelationen:

Korrelationen	Alter	Fernsehen	Einkommen	Computer
Alter	1.000	-0.316	0.875	0.193
Fernsehen	-0.316	1.000	-0.393	0.252
Einkommen	0.875	-0.393	1.000	0.249
Computer	0.193	0.252	0.249	1.000

Zwischen Alter und Einkommen besteht die stärkste Korrelation (0.875). Zwischen Fernsehen und Einkommen besteht eine negative Korrelation von −0.393. Diese Korrelationen drücken aus, dass man von der ersten Variable auf die zweite schließen kann und umgekehrt, dass also Redundanz vorliegt. Erlaubt diese Redundanz eine Reduktion dieser 4 Variablen auf 2 Faktoren? Kann man zwei hypothetische Variablen (= Faktoren) so konstruieren, dass sie den Informationsgehalt der 4 beobachteten Variablen wiedergeben? Diese Möglichkeit besteht. Folgende Grafik zeigt das Ergebnis der Analyse:

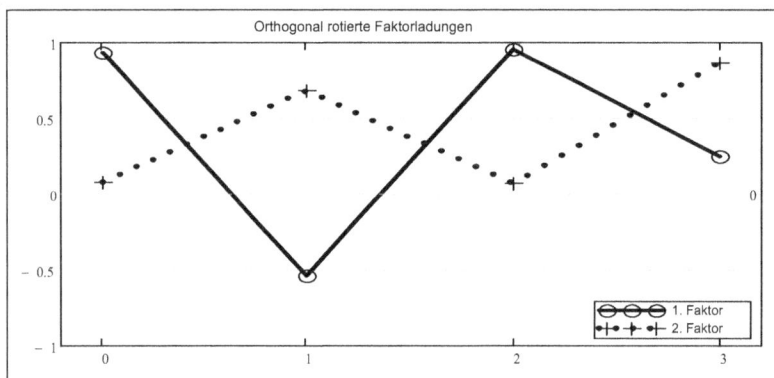

Ordinate: 0   1   2   3
Variable: Alter Fernsehen Einkommen Computer

Alter und Einkommen laden den 1. Faktor hoch und Fernsehzeit sowie Computerzeit den 2. Faktor. Hoch laden heißt, die Variablen korrelieren mit dem Faktor mit mindestens 0.7. Bei einem Korrelationskoeffizienten von 0.7 werden rund 50% ($0.7^2 = 0.49$) der gemeinsamen Varianz erklärt. Den 1. Faktor kann man daher als soziodemografischen Faktor bezeichnen, den zweiten als Zeitfaktor. (Vergleiche den Output für dieses Beispiel im Anhang). Wie kommt man zu diesem Ergebnis? Zuerst prüft man die Korrelationsmatrix der beobachteten Variablen. Wenn alle nichtdiagonalen Elemente Null sind, wenn also eine Einheitsmatrix vorliegt, dann enthält die Korrelationsmatrix keine Redundanz, die eine Reduktion der Variablen auf weniger hypothetische Variablen ermöglicht. Die Nullhypothese ist daher

$$H_0 : \mathbf{R} = \mathbf{I}$$

Die Korrelationsmatrix $\mathbf{R}$ der Grundgesamtheit ist gleich der Einheitsmatrix $\mathbf{I}$. Die Alternative besagt, dass zumindest eine Korrelation von Null verschieden ist.

$$H_1 : \mathbf{R} \neq \mathbf{I}$$

Nur bei Ablehnung der Nullhypothese ist es sinnvoll, zumindest einen Faktor aus der Korrelationsmatrix zu extrahieren. Die Testmaßzahl zur Prüfung dieser Hypothesen ist

$$\chi^2_{beob} = -\left[n - \frac{2 \cdot t + 11}{6} \right] \cdot \ln(\Lambda)$$

mit

$$\Lambda = |\mathbf{R}|$$

Die Wilk'sche Prüfvariable Λ ist die Determinante der Korrelationsmatrix und t die Zahl der Variablen. Diese Maßzahl ist chiquadratverteilt mit

$$\nu = \frac{t \cdot (t-1)}{2}$$

Freiheitsgraden. Für das Beispiel ist Λ gleich

$$\begin{vmatrix} 1.000 & -0.316 & 0.875 & 0.193 \\ -0.316 & 1.000 & -0.393 & 0.252 \\ 0.875 & -0.393 & 1.000 & 0.249 \\ 0.193 & 0.252 & 0.249 & 1.000 \end{vmatrix} = 0.155$$

und

$$\chi^2_{beob} = -\left[12 - \frac{2 \cdot 4 + 11}{6} \right] \cdot \ln(0.155) = 16.468$$

Für ein 5%-iges Signifikanzniveau ist

$$\chi_c^2 = 12.592$$

Da χ_{beob}^2 größer ist als der kritische Wert der Chiquadratverteilung, kann man die Nullhypothese ablehnen. Die Korrelationsmatrix ist so redundant, dass sich zumindest die Extraktion eines Faktors lohnt. Um Faktoren aus der Korrelationsmatrix zu extrahieren, berechnet man zuerst die Eigenwerte dieser Matrix. Die Korrelationsmatrix hat folgende 4 Eigenwerte

$$\lambda = \begin{pmatrix} 2.134 & 1.239 & 0.512 & 0.115 \end{pmatrix}$$

Nach dem Kaiser-Guttman-Kriterium sind so viele Faktoren gerechtfertigt, wie Eigenwerte größer gleich 1 vorkommen. Zwei Faktoren erklären

$$\frac{\lambda_1 + \lambda_2}{4} = \frac{2.134 + 1.239}{4} = 0.843$$

also 84.3% der Gesamtvarianz. Die Korrelationen der 4 Variablen mit den zwei Faktoren, die so genannten Ladungen, berechnet man mit Hilfe der beiden Eigenwerte und der Eigenvektoren. Die Eigenvektoren der beiden Eigenwerte sind

$$\mathbf{E} = \begin{pmatrix} 0.637 & 0.073 \\ -0.367 & 0.615 \\ 0.656 & 0.070 \\ 0.171 & 0.782 \end{pmatrix}$$

Die Ladungsmatrix $\mathbf{L}$, die die Korrelationen der Variablen mit den beiden Faktoren enthält, bestimmt man mit folgender Formel

$$\mathbf{L} = \mathbf{E} \cdot \mathbf{D}^{1/2}$$

$\mathbf{D}^{1/2}$ ist eine Diagonalmatrix mit den positiven Quadratwurzeln aus den Eigenwerten:

$$\mathbf{D}^{1/2} = \begin{pmatrix} \sqrt{2.134} & 0.000 \\ 0.000 & \sqrt{1.239} \end{pmatrix}$$

$\mathbf{L}$ ist daher gleich

$$\begin{pmatrix} 0.637 & 0.073 \\ -0.367 & 0.615 \\ 0.656 & 0.070 \\ 0.171 & 0.782 \end{pmatrix} \cdot \begin{pmatrix} \sqrt{2.134} & 0.000 \\ 0.000 & \sqrt{1.239} \end{pmatrix} = \begin{pmatrix} 0.931 & 0.081 \\ -0.536 & 0.685 \\ 0.958 & 0.078 \\ 0.250 & 0.870 \end{pmatrix}$$

In der ersten Spalte der Ladungsmatrix $\mathbf{L}$ stehen die Korrelationen (= Ladungen) der 4 Variablen mit dem ersten Faktor, in der zweiten Spalte die mit dem zweiten Faktor. Die Varianz der i-ten Variablen wird in der Faktorenanalyse in zwei Teile zerlegt

$$\mathrm{Var}\left(X_i\right) = h_i^2 + u_i^2 = 1$$

h_i^2 sind die so genannten Kommunalitäten. Sie messen den Anteil der Varianz der i-ten Variablen, der auf die gemeinsamen Faktoren entfällt. u_i^2 sind die Einzelrestvarianzen. Aus der Ladungsmatrix $\mathbf{L}$ schätzt man die Kommunalitäten und Einzelrestvarianzen nach den Formeln

$$h_i^2 = \sum_{i=1}^{k} l_{ij}^2$$

$$u_i^2 = 1 - h_i^2$$

Die Ergebnisse sind in folgender Tabelle zusammengestellt:

Variablen	Faktor 1	Faktor 2	h_i^2	$1 - h_i^2$
Alter	0.931	0.081	0.873	0.127
Fernsehen	-0.536	0.685	0.757	0.243
Einkommen	0.958	0.078	0.924	0.076
Computer	0.250	0.870	0.819	0.181

Berücksichtigt man nur Korrelationen größer gleich 0.7 ($0.7^2 = 0.49$), die also 50% der Varianz erklären, dann wird der erste Faktor durch das Alter und Einkommen hoch geladen. Der zweite Faktor wird durch die Computerzeit hoch geladen. Die Korrelation der Fernsehzeit mit den Faktoren liegt unter 0.7.

Um das Ergebnis besser interpretieren zu können, wird die Ladungsmatrix orthogonal rotiert. Man multipliziert dazu die Ladungsmatrix mit einer geeigneten Transformationsmatrix.

$$\mathbf{L^*} = \mathbf{L} \cdot \mathbf{M}$$

Das Ergebnis ist wieder in folgender Tabelle zusammengefasst:

Variablen	Faktor 1	Faktor 2	h_i^2	$1 - h_i^2$
Alter	0.934	0.031	0.873	0.127
Fernsehen	-0.498	0.713	0.757	0.243
Einkommen	0.961	0.026	0.924	0.076
Computer	0.296	0.855	0.819	0.181

Kommunalitäten und Einzelrestvarianzen haben sich durch die orthogonale Rotation nicht verändert. Auch der erste Faktor wird weiterhin durch die Variablen Alter und Einkommen hoch geladen. Der zweite Faktor wird nun neben der Computerzeit auch durch die Fernsehzeit hoch geladen. Will man Schätzwerte für die nicht direkt beobachtbaren Faktoren bestimmen, dann kann man sie mit Hilfe folgender Formel berechnen:

$$\mathbf{F^*} = \mathbf{Z} \cdot \mathbf{R}^{-1} \cdot \mathbf{L^*}$$

$\mathbf{Z}$ ist die Matrix der standardisierten Beobachtungen. Jeder Wert einer Antwort wird vom Mittelwert der Antworten von der entsprechenden Frage abgezogen und durch die Standardabweichung der Antworten dividiert.

$$z_{ij} = \frac{x_{ij} - \bar{x}_j}{s_j}$$

Für das Beispiel erhält man auf diese Art die Matrix der standardisierten Antworten auf diese Fragen:

$$\mathbf{Z} = \begin{pmatrix}
-0.185 & -0.464 & -0.066 & 1.452 \\
0.554 & -1.021 & 0.819 & 0.456 \\
-1.579 & -0.186 & -0.775 & -0.041 \\
1.948 & -1.021 & 1.616 & -0.041 \\
-0.923 & 0.093 & -0.863 & -1.535 \\
-0.267 & -1.300 & -0.686 & -0.290 \\
0.554 & 0.093 & 0.288 & -1.286 \\
1.374 & 1.207 & 1.085 & 1.452 \\
0.390 & -0.464 & 1.528 & -0.041 \\
-0.267 & -0.186 & -0.863 & -1.535 \\
-0.185 & 0.928 & -0.598 & 0.954 \\
-1.415 & 2.321 & -1.483 & 0.456
\end{pmatrix}$$

Die Matrix der Faktorenschätzwerte $\mathbf{F}^*$ ist nun

$$\mathbf{F}^* = \mathbf{Z} \cdot \begin{pmatrix}
1.000 & -0.316 & 0.875 & 0.193 \\
-0.316 & 1.000 & -0.393 & 0.252 \\
0.875 & -0.393 & 1.000 & 0.249 \\
0.193 & 0.252 & 0.249 & 1.000
\end{pmatrix}^{-1} \cdot \begin{pmatrix}
0.934 & 0.031 \\
-0.498 & 0.713 \\
0.961 & 0.026 \\
0.296 & 0.855
\end{pmatrix} = \begin{pmatrix}
0.216 & 0.735 \\
0.909 & -0.207 \\
-1.009 & -0.230 \\
1.805 & -0.462 \\
-1.053 & -1.086 \\
-0.185 & -0.976 \\
0.154 & -0.806 \\
1.052 & 1.792 \\
0.957 & -0.215 \\
-0.703 & -1.216 \\
-0.408 & 1.157 \\
-1.733 & 1.515
\end{pmatrix}$$

Im Hinblick auf den ersten Faktor (soziodemografischer Faktor) weisen die Besucher Nr. 3, 5, 6, 10, 1 und 12 unterdurchschnittliche Werte auf, beim 2. Faktor (Zeitfaktor) die Besucher 1, 8, 11 und 12 überdurchschnittliche Werte.

Aufgaben

1) Versuchen Sie 12 erhobene Attribute von 5 Radiosendern im Raum München auf wenige grundlegende Beurteilungsdimensionen zu verdichten, die das Image der Zielgruppe in hohem Maße determinieren. Folgende Matrix zeigt die Korrelationen zwischen den 12 Attributen:

	seriös	vertrauenswürdig	kompetent	freundlich	innovativ	zuverlässig	serviceorientiert	international	preiswert	regional
seriös	1,000	0,791	0,654	0,478	0,498	0,604	0,504	0,413	0,246	0,054
vertrauenswürdig	0,791	1,000	0,613	0,522	0,451	0,628	0,490	0,258	0,340	0,201
kompetent	0,654	0,613	1,000	0,581	0,604	0,627	0,588	0,431	0,291	0,035
freundlich	0,478	0,522	0,581	1,000	0,477	0,603	0,656	0,170	0,462	0,303
innovativ	0,498	0,451	0,604	0,477	1,000	0,542	0,559	0,517	0,282	-0,019
zuverlässig	0,604	0,628	0,627	0,603	0,542	1,000	0,642	0,235	0,385	0,250
serviceorientiert	0,504	0,490	0,588	0,656	0,559	0,642	1,000	0,286	0,405	0,155
international	0,413	0,258	0,431	0,170	0,517	0,235	0,286	1,000	-0,081	-0,431
preiswert	0,246	0,340	0,291	0,462	0,282	0,385	0,405	-0,081	1,000	0,374
regional	0,054	0,201	0,035	0,303	-0,019	0,250	0,155	-0,431	0,374	1,000

Die Items wurden auf einer 5-stufigen Skala von „trifft zu" bis „trifft nicht zu" bei 1000 zufällig ausgewählten Münchnern erhoben. Versuchen Sie eine 2-Faktorenlösung mit den Faktoren „Show" und „Content".

2) In jenen Wahlbezirken, in denen eine bestimmte Partei bei der letzten Wahl besonders schlecht abgeschnitten hat, wurden folgende demografische Variablen festgestellt: a) Pensionisten, b) in der Landwirtschaft Beschäftigte, c) selbständig Erwerbstätige, d) Katholiken und e) Arbeitslose. Folgende Matrix zeigt die Korrelationen zwischen den 5 demografischen Variablen:

Korrelationen	Pensionisten	Landwirtschaft	Selbständig	Katholiken	Arbeitslose
Pensionisten	1.000	0.610	0.971	0.740	-0.172
Landwirtschaft	0.610	1.000	0.494	0.095	0.186
Selbständig	0.971	0.494	1.000	0.848	-0.249
Katholiken	0.740	0.095	0.848	1.000	-0.358
Arbeitslose	-0.172	0.186	-0.249	-0.358	1.000

Versuchen Sie die 5 erhobenen Attribute auf 2 grundlegende Beurteilungsdimensionen zu verdichten.

3) Um den Wohlstand privater Haushalte zu messen, wurden bei 500 Haushalten eines Landes folgende Merkmale erhoben: a) Alter des Haushaltsvorstandes, b) monatliche Ratenzahlungen, c) eigener Festnetzanschluss, d) Farbfernseher, e) abgeschlossene Schulbildung des Haushaltsvorstandes, f) monatliches Einkommen pro Haushaltsmitglied g) Urlaubsausgaben pro Haushaltsmitglied und Jahr, h)Wohnfläche. Die Korrelationsmatrix für diese 8 Variablen ist:

Korrelationen	a)	b)	c)	d)	e)	f)	g)	h)
a)	1.00	-0.19	0.19	-0.07	0.36	-0.05	-0.04	0.22
b)		1.00	-0.57	-0.52	-0.25	0.14	-0.05	-0.27
c)			1.00	0.62	0.17	-0.10	-0.01	0.20
d)				1.00	0.04	0.03	-0.15	0.20
e)					1.00	-0.05	0.02	0.25
f)						1.00	0.48	0.36
g)							1.00	0.37
h)								1.00

Interpretieren Sie diese Ergebnisse mit Hilfe eines 3-Faktorenmodells.

4) 10 Käufer eine neuen Produktes wurden gebeten, diese Produkt an Hand eines semantischen Differentials (-3 bis +3) auf folgende Eigenschaften zu beurteilen: a) Preis, b) Nützlichkeit, c) Aussehen, d) Haltbarkeit, e) Prestigwert, f) Wartungskosten. Die Ergebnisse sind in folgender Tabelle zusammengestellt:

Eigenschaften	Käufer									
	1	2	3	4	5	6	7	8	9	10
Preis	-1	-2	1	1	1	2	1	1	1	0
Nützlichkeit	-2	-1	-2	-1	-1	-1	-3	3	-2	-2
Aussehen	2	-2	0	0	0	1	2	-3	-1	2
Haltbarkeit	1	-2	2	2	1	2	2	-3	2	-2
Prestigwert	2	-2	2	2	1	2	2	-3	1	-2
Wartungskosten	0	-2	2	3	2	3	1	0	3	1

Interpretieren Sie die Ergebnisse mit Hilfe eines 2-Faktorenmodells.

9_0 SONSTIGES

Vorschau

Bei metrisch skalierten Antworten muss man bei kleinen Stichproben ($n < 30$) voraussetzen, dass die Stichprobe aus einer normalverteilten Grundgesamtheit stammt. Im Abschnitt 9_1, Kolmogorov-Smirnov-Test, wird gezeigt, wie man die Prüfung auf Normalverteilung vornehmen kann.

Bei mehr als einer Frage und metrisch skalierten Antworten gilt dies analog. Hier wird vorausgesetzt, dass die Stichproben aus multivariat normalverteilten Grundgesamtheiten stammen. Eines der möglichen Verfahren, um diese Voraussetzung zu prüfen, wird in Abschnitt 9_2 vorgestellt.

Bei metrisch skalierten Antworten und zwei oder mehr Stichproben ist die Homogenität der Varianzen häufig eine zusätzliche Voraussetzung. Die Stichproben müssen aus Grundgesamtheiten mit gleicher Varianz stammen. Testverfahren für diese Voraussetzung findet man im Abschnitt 9_3.

Im Abschnitt 9_4 wird ein Test gezeigt, mit dem man die Varianzen- und Kovarianzenhomogenität bei multivariaten Fragestellungen prüfen kann. Der entsprechende Test heißt Box-M-Test.

Die Wahrscheinlichkeits- bzw. Dichtefunktion und Verteilungsfunktion mehrerer verwendeter Verteilungen sind im letzten Abschnitt 9_5 zusammengestellt.

9_1 Kolmogorov-Smirnov-Test

Wenn der Stichprobenumfang kleiner als 30 ist, dann muss man prüfen, ob die Stichprobe aus einer normalverteilten Grundgesamtheit stammt. Diese Voraussetzung kann man mit Hilfe des Kolmogorov-Smirnov-Tests überprüfen. Dazu bestimmt man als Testmaßzahl die maximale Differenz zwischen beobachteter (standardisierter) Stichprobenverteilung und Standardnormalverteilung:

$$D_{max} = \max\left(\left|F_{beob}(z) - F_{Normal}(z)\right|\right)$$

Die wöchentlichen Zeiten vor dem Computer von 5 Befragten sind

Computerzeit: 4.4, 12, 9, 9, 5.6

Diese Zeiten werden wie folgt standardisiert: Von jeder Zeit wird der Stichprobendurchschnitt $\bar{x} = 8$ Stunden abgezogen und durch die Standardabweichung $s = 2.71$ Stunden dividiert.

$$z = \frac{x_i - \bar{x}}{s}$$

Diese z-Werte findet man in der folgenden Tabelle in der 4. Spalte (= "z"-Spalte). In der 5. Spalte sind die entsprechenden Verteilungswerte der Standardnormalverteilung angegeben (= "F(z)"-Spalte). In dieser Spalte findet man als ersten Wert 0.117. D. h. in einer Normalverteilung würden 11,7% der wöchentlichen Zeiten vor dem Computer höchstens 4.4 Stunden betragen. Tatsächlich sind es 20% (siehe 3. Spalte "F(beob)"). Den entsprechenden Anteilswert von 0.20 erhält man durch die Division der Häufigkeit 1 (= 2. Spalte "hj") für diese Zeit vor dem Computer durch den Stichprobenumfang von 5. Die Differenz zwischen beobachtetem Verteilungswert 0.20 und dem der Normalverteilung von 0.117 ist absolut 0.083 (= 6. Spalte "D").

x_j	h_j	F_{beob}	z_j	F_{z_j}	D_j
4.4	1	0.2	-1.188	0.117	0.083
5.6	1	0.4	-0.792	0.214	0.186
9.0	1	0.6	0.330	0.629	0.029
9.0	1	0.8	0.330	0.629	0.171
12.0	1	1.0	1.320	0.907	0.093
SUMME	5			D_{max}	0.186

Analog werden die weiteren Differenzen berechnet. Die größte Differenz ist 0.186.

$$D_{max} = \max\left(\left|F_{beob}(z) - F_{Normal}(z)\right|\right) = 0.186$$

Die Verteilungsfunktion der Testmaßzahl D_{max} kann durch folgenden Ausdruck gut angenähert werden

$$KS(t) = 1 - 2 \cdot \sum_{j=1}^{10} (-1)^{j-1} \cdot \exp\left(-2 \cdot j^2 \cdot t^2\right)$$

Setzt man die Rechenergebnisse in diese Formel ein, mit

$$t = \sqrt{n} \cdot D_{max} = \sqrt{5} \cdot 0.186 = 0.414$$

dann erhält man die Wahrscheinlichkeit für das Auftreten einer so großen maximalen Differenz unter Gültigkeit der Nullhypothese:

$$KS(0.414) = 0.00448$$

Da diese Wahrscheinlichkeit von 1 abgezogen nicht kleiner gleich dem Signifikanzniveau von 0.05 ist, spricht die Stichprobe nicht gegen die Hypothese, dass die beobachtete Verteilung aus einer normalverteilten Grundgesamtheit stammt. Folgende Grafik zeigt die kumulierten Beobachtungen und die entsprechende Standardnormalverteilung.

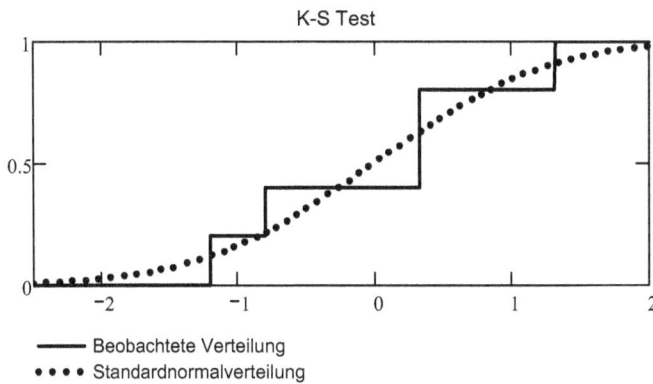

KS-beobachtet	p-Wahrscheinlichkeit
0.22932	0.95518

9_2 Multivariate Normalverteilung

Für die Durchführung verschiedener Tests ist Voraussetzung, dass die Grundgesamtheit multivariat normalverteilt ist. Dies kann z.B. an Hand der Stichprobenwölbung überprüft werden. Die Stichprobenwölbung wird mit Hilfe der Formel

$$b_{2t} = \frac{1}{n} \cdot \sum_{r=1}^{n} \left[\left(\mathbf{x}_r - \overline{\mathbf{x}} \right) \cdot \mathbf{S}^{-1} \cdot \left(\mathbf{x}_r - \overline{\mathbf{x}} \right) \right]^2$$

mit

$$\mathbf{S} = \frac{\mathbf{X}^T \cdot \mathbf{X} - \overline{\mathbf{x}} \cdot \overline{\mathbf{x}}^T}{n}$$

berechnet. Bei einer Werbeveranstaltung wurde das Alter und Einkommen von 10 Besuchern erhoben. In folgender Tabelle steht in der ersten Zeile das Alter und in der zweiten das Einkommen:

Alter:	17	25	18	22	30	18	23	35	61	56
Einkommen:	10	21	15	20	22	18	22	35	41	32

Wenn man feststellen will, ob das Alter und das Einkommen der 10 Besucher aus einer multivariat normalverteilten Grundgesamtheit stammt, berechnet man zuerst die beiden Mittelwerte:

$$\overline{x}_1 = \frac{1}{10} \cdot (17 + 25 + ... + 56) = 30.5$$

$$\overline{x}_2 = \frac{1}{10} \cdot (10 + 21 + ... + 32) = 23.6$$

Nun kann man die Varianz- Kovarianzmatrix **S** berechnen

$$\mathbf{S} = \frac{1}{10} \cdot \left[\begin{pmatrix} 17 & 10 \\ 25 & 21 \\ 18 & 15 \\ 22 & 20 \\ 30 & 22 \\ 18 & 18 \\ 23 & 22 \\ 35 & 35 \\ 61 & 41 \\ 56 & 32 \end{pmatrix}^T \cdot \begin{pmatrix} 17 & 10 \\ 25 & 21 \\ 18 & 15 \\ 22 & 20 \\ 30 & 22 \\ 18 & 18 \\ 23 & 22 \\ 35 & 35 \\ 61 & 41 \\ 56 & 32 \end{pmatrix} - \begin{pmatrix} 30.5 \\ 23.6 \end{pmatrix} \cdot \begin{pmatrix} 30.5 \\ 23.6 \end{pmatrix}^T \right] = \begin{pmatrix} 1062.675 & 769.320 \\ 769.320 & 583.104 \end{pmatrix}$$

und in die Formel für die Stichprobenwölbung einsetzen:

$$b_{2t} = \frac{1}{10} \cdot \sum_{r=1}^{n} \left[\left(\mathbf{x}_r - \binom{30.5}{23.6} \right) \cdot \binom{1062.675 \quad 769.32}{769.32 \quad 583.104}^{-1} \cdot \left(\mathbf{x}_r - \binom{30.5}{23.6} \right) \right]^2 = 7.66$$

Da die Maßzahl

$$z_{beob} = \frac{b_{2t} - t \cdot (t+2)}{\sqrt{8 \cdot t \cdot \dfrac{t+2}{n}}}$$

asymptotisch standardnormalverteilt ist, kann man an Hand dieser Maßzahl prüfen, ob für die beiden Fragen nach dem Alter und dem Einkommen die multivariate Normalverteilung abgelehnt werden muss. t ist die Anzahl der Fragen und z_{beob} ist daher

$$z_{beob} = \frac{7.66 - 2 \cdot (2+2)}{\sqrt{8 \cdot 2 \cdot \dfrac{2+2}{10}}} = -0.134$$

Da für ein 5%-iges Signifikanzniveau die kritischen Werte der Standardnormalverteilung gleich -1.96 und $+1.96$ sind, kann die Nullhypothese nicht abgelehnt werden.

9_3 Homogenitätstest für Varianzen

Beide Stichprobenumfänge größer 30

Wenn die Stichprobenumfänge größer als 30 sind, dann prüft man die Hypothesen

$$H_0 : \sigma_1^2 = \sigma_2^2$$

$$H_1 : \sigma_1^2 \neq \sigma_2^2$$

mit Hilfe folgender normalverteilten Testmaßzahl

$$z_{beob} = \frac{1.1513 \cdot \ln\left(\dfrac{\hat{s}_1^2}{\hat{s}_2^2}\right) + \dfrac{1}{2} \cdot \left(\dfrac{1}{n_1 - 1} + \dfrac{1}{n_2 - 1}\right)}{\sqrt{\dfrac{1}{2} \cdot \left(\dfrac{1}{n_1 - 1} + \dfrac{1}{n_2 - 1}\right)}}$$

mit

$$\hat{s}_1^2 = \frac{1}{n_1 - 1} \cdot \sum_{i=1}^{n_1}\left(x_{i1} - \overline{x}_1\right)^2$$

und

$$\hat{s}_2^2 = \frac{1}{n_2 - 1} \cdot \sum_{i=1}^{n_2}\left(x_{i2} - \overline{x}_2\right)^2$$

Bei einer Werbeveranstaltung wurden 50 Männer und Frauen befragt, wie viele Stunden sie täglich vor dem Computer verbringen. Aus den Befragungsdaten errechnet man folgende Schätzwerte für die Varianzen:

$$\hat{s}_1^2 = 6.796$$

$$\hat{s}_2^2 = 9.715$$

Wenn man diese Ergebnisse in z_{beob} einsetzt, dann ist die Testmaßzahl gleich

$$z_{beob} = \frac{1.1513 \cdot \ln\left(\dfrac{6.796}{9.715}\right) + \dfrac{1}{2} \cdot \left(\dfrac{1}{50 - 1} + \dfrac{1}{50 - 1}\right)}{\sqrt{\dfrac{1}{2} \cdot \left(\dfrac{1}{50 - 1} + \dfrac{1}{50 - 1}\right)}} = -2.737$$

Für ein Signifikanzniveau von $\alpha = 0.05$ sind die beiden kritischen Werte der Normalverteilung $c_u = -1.96$ und $c_o = 1.96$. Da -2.737 kleiner ist als c_u, muss die Nullhypothese abgelehnt werden. Die beiden Varianzen der Grundgesamtheiten sind verschieden.

Beide Stichprobenumfänge kleiner 30

Kann man voraussetzen, dass die beiden Stichproben aus normalverteilten Grundgesamtheiten stammen, dann verwendet man folgende Testmaßzahl, um zwischen den beiden oben angeführten Hypothesen zu entscheiden:

$$F_{beob} = \frac{\hat{s}_1^2}{\hat{s}_2^2}$$

mit

$$v_1 = n_1 - 1$$

$$v_2 = n_2 - 1$$

Wurden bei der Werbeveranstaltung nicht je 50 Männer und Frauen befragt, sondern nur 16 Männer und 9 Frauen, dann gilt

$$F_{beob} = \frac{6.796}{9.715} = 0.700$$

$$v_1 = 16 - 1 = 15$$

$$v_2 = 9 - 1 = 8$$

Für ein 5%-iges Signifikanzniveau und obige Freiheitsgrade ist der kritische Wert der F-Verteilung gleich

$$F_F(1 - \alpha, v_1, v_2) = F_F(0.95, 15, 8) = 3.218$$

Da der beobachtete F-Wert von 0.700 kleiner ist, als der kritische F-Wert von 3.218, kann die Nullhypothese gleicher Varianzen nicht abgelehnt werden.

Mehr als 2 Stichproben und n < 30

In diesem Fall kann man folgende Testmaßzahl verwenden, um die Gleichheit der Varianzen in der Grundgesamtheit zu überprüfen:

$$\chi^2_{beob} = \frac{2.3026}{\omega} \cdot \left[(n-k) \cdot \ln \left(\frac{\sum_{i=1}^{k}(n_i - 1) \cdot \hat{s}_i^2}{n-k} \right) - \sum_{i=1}^{k}(n_i - 1) \cdot \ln\left(\hat{s}_i^2\right) \right]$$

mit

$$\omega = 1 + \frac{1}{3 \cdot (k-1)} \cdot \left(\sum_{i=1}^{k} \frac{1}{n_i - 1} - \frac{1}{n-k} \right)$$

Diese Maßzahl ist chiquadratverteilt mit

$$\nu = k - 1$$

Freiheitsgraden. Bei einer Werbeveranstaltung wurden 6 Käufer der Spielkonsole Yoki, 6 Nichtkäufer und 5 Unentschlossene nach ihrem Alter befragt. Folgende Schätzwerte für die Varianzen wurden berechnet:

$$\hat{s}_1^2 = 21.555$$

$$\hat{s}_2^2 = 221.555$$

$$\hat{s}_3^2 = 146.160$$

Für die Testmaßzahl benötigt man noch ω:

$$\omega = 1 + \frac{1}{3 \cdot (3-1)} \cdot \left(\sum_{i=1}^{3} \frac{1}{n_i - 1} - \frac{1}{17-3} \right) = 1.096$$

Die beobachtete Testmaßzahl ist nun

$$\chi^2_{beob} = \frac{2.3026}{1.096} \cdot \left[(17-3) \cdot \ln \left(\frac{\sum_{i=1}^{3}(n_i - 1) \cdot \hat{s}_i^2}{17-3} \right) - \sum_{i=1}^{3}(n_i - 1) \cdot \ln\left(\hat{s}_i^2\right) \right] = 11.969$$

Für ein Signifikanzniveau von 5% ist der kritische Wert der Chiquadratverteilung für $\nu = 3 - 1 = 2$ Freiheitsgrade gleich 5.991. Dieser Wert ist kleiner als der beobachtete von 11.969. Man kann daher die Nullhypothese ablehnen. Die Varianzen sind in den Grundgesamtheiten nicht gleich.

9_4 Box-M-Test

Für die Durchführung verschiedener Tests ist Voraussetzung, dass die Varianzen und Kovarianzen in den Grundgesamtheiten nicht verschieden sind. Dies kann man an Hand des Box-M-Tests überprüfen. Die entsprechende Testmaßzahl lautet

$$\chi^2_{beob} = \gamma \cdot \left[\sum_{i=1}^{g} (n_i - g) \right] \cdot \ln(|\mathbf{S}|) - \sum_{i=1}^{g} (n_i - 1) \cdot \ln(|\mathbf{S}_i|)$$

mit

$$\gamma = 1 - \frac{2 \cdot p^2 + 3 \cdot p - 1}{6 \cdot (p+1) \cdot (g-1)} \cdot \left[\sum_{i=1}^{g} \frac{1}{n_i - 1} - \frac{1}{\sum_{i=1}^{g} n_i - 1} \right]$$

g ist die Anzahl an Stichproben und p die der Variablen. Bei einer Werbeveranstaltung wurde das Alter und Einkommen von Käufern der Spielkonsole Yoki und Nichtkäufern erhoben. In folgender Tabelle steht in der ersten Spalte die Kaufabsicht (1 = Käufer, 2 = Nichtkäufer), in der zweiten Spalte das Alter und in der dritten das Einkommen:

Käufer = 1 Nichtkäufer = 2	Alter	Einkommen
1	17	10
1	25	21
1	18	15
1	22	20
1	30	22
1	18	18
2	23	22
2	35	35
2	61	41
2	56	32

Wenn man feststellen will, ob die Varianz des Alters und des Einkommens sowie die Kovarianz von beiden für Käufer und Nichtkäufer in der Grundgesamtheit gleich sind, dann berechnet man zuerst die beiden Abweichungsquadrat- und -Produktmatrizen:

$$\mathbf{W}_1 = \mathbf{X}_1^T \cdot \mathbf{X}_1 - n_1 \cdot \overline{\mathbf{x}}_1 \cdot \overline{\mathbf{x}}_1^T =$$

$$= \begin{pmatrix} 17 & 10 \\ 25 & 21 \\ 18 & 15 \\ 22 & 20 \\ 30 & 22 \\ 18 & 18 \end{pmatrix}^T \cdot \begin{pmatrix} 17 & 10 \\ 25 & 21 \\ 18 & 15 \\ 22 & 20 \\ 30 & 22 \\ 18 & 18 \end{pmatrix} - 6 \cdot \begin{pmatrix} 21.667 \\ 17.667 \end{pmatrix} \cdot \begin{pmatrix} 21.667 \\ 17.667 \end{pmatrix}^T = \begin{pmatrix} 129.333 & 92.333 \\ 92.333 & 101.333 \end{pmatrix}$$

$$\mathbf{W}_2 = \begin{pmatrix} 954.75 & 336.50 \\ 336.50 & 189.00 \end{pmatrix}$$

Die beiden Varianz- Kovarianzmatrizen sind

$$\mathbf{S}_1 = \frac{\mathbf{W}_1}{n_1 - 1} = \begin{pmatrix} 25.867 & 18.467 \\ 18.467 & 20.267 \end{pmatrix}$$

$$\mathbf{S}_2 = \frac{\mathbf{W}_2}{n_2 - 1} = \begin{pmatrix} 318.250 & 112.167 \\ 112.167 & 63.000 \end{pmatrix}$$

Die Varianz- Kovarianzmatrix insgesamt ist

$$\mathbf{S} = \frac{\mathbf{W}_1 + \mathbf{W}_2}{(n_1 - 1) + (n_2 - 1)} = \begin{pmatrix} 135.510 & 53.604 \\ 53.604 & 36.292 \end{pmatrix}$$

χ^2_{beob} ist nun

$$\chi^2_{beob} = 0.295 \cdot \left[\sum_{i=1}^{2} (n_i - 2) \right] \cdot \ln \left(\left| \begin{pmatrix} 135.510 & 53.604 \\ 53.604 & 36.292 \end{pmatrix} \right| \right) - \sum_{i=1}^{2} (n_i - 1) \cdot \ln \left(|\mathbf{S}_i| \right) = 5.764$$

mit

$$\gamma = 1 - \frac{2 \cdot 2^2 + 3 \cdot 2 - 1}{6 \cdot (2+1) \cdot (2-1)} \cdot \left[\sum_{i=1}^{2} \frac{1}{n_i - 1} - \frac{1}{\sum_{i=1}^{2} n_i - 1} \right] = 0.295$$

Diese Testmaßzahl ist chiquadratverteilt mit

$$\nu = \frac{p \cdot (p+1) \cdot (k-1)}{2} = \frac{2 \cdot (2+1) \cdot (2-1)}{2} = 3$$

Freiheitsgraden. Der entsprechende kritische Wert für ein 5% Signifikanzniveau ist 7.815. Da die beobachtete Testmaßzahl mit 5.764 kleiner ist als dieser kritische Wert, kann die Nullhypothese nicht abgelehnt werden. Die Stichprobenergebnisse sprechen nicht für ungleiche Varianzen und Kovarianzen in der Grundgesamtheit.

9_5 Verteilungen

Standardnormalverteilung:

Die Standard-Normalverteilung hat die Dichtefunktion

$$f_N(z) = \frac{1}{\sqrt{2 \cdot \pi}} \cdot e^{-\frac{z^2}{2}}$$

mit der Euler'schen Zahl e = 2.718... und der Kreiszahl π = 3.142... Die Verteilungsfunktion ist

$$F_N(m) = \int_{-\infty}^{m} f_N(z)dz$$

Binomialverteilung:

Die Wahrscheinlichkeitsfunktion der Binomialverteilung ist

$$f_B(p,x,n) = \frac{n!}{x! \cdot (n-x)!} \cdot p^x \cdot (1-p)^{n-x} = \binom{n}{x} \cdot p^x \cdot (1-p)^{n-x}$$

und die Verteilungsfunktion ist

$$F_B(p,m,n) = \sum_{k=0}^{m} \frac{n!}{k! \cdot (n-k)!} \cdot p^k \cdot (1-p)^{n-k} = \sum_{k=0}^{m} \binom{n}{k} \cdot p^k \cdot (1-p)^{n-k}$$

für m = 0, 1, ..., n.

Hypergeometrische Verteilung:

Zieht man aus einer dichotomen Grundgesamtheit vom Umfang n mit n_1-Einheiten der 1. Ausprägung und n_2-Einheiten der 2. Ausprägung eine Zufallsstichprobe ohne Zurücklegen, dann ist die Zufallsvariable X, nämlich die Anzahl der Einheiten, die sowohl die Merkmalsausprägung 1 in der ersten und zweiten Verteilung besitzen, hypergeometrisch verteilt mit der Wahrscheinlichkeitsfunktion

$$W_{Hg}(X=x) = \frac{\binom{n_{.1}}{x} \cdot \binom{n-n_{.1}}{n_{1.}-x}}{\binom{n}{n_{.1}}} = \frac{n_{1.}! \cdot n_{.1}! \cdot n_{2.}! \cdot n_{.2}!}{n! \cdot h_{11}! \cdot h_{12}! \cdot h_{21}! \cdot h_{22}!}$$

und der Verteilungsfunktion

$$F_{Hg}(X=x) = \sum_{k=0}^{k} \frac{n_{1.}! \cdot n_{.1}! \cdot n_{2.}! \cdot n_{.2}!}{n! \cdot k! \cdot (n_{1.}-k)! \cdot (n_{.1}-k)! \cdot (n_{.2}-n_{1.}+k)!}$$

Student oder t-Verteilung:

Die Dichtefunktion der t-Verteilung ist

$$f_t(x,v) = \frac{\Gamma\left(\dfrac{v+1}{2}\right)}{\Gamma\left(\dfrac{v}{2}\right)\cdot\Gamma\left(\dfrac{1}{2}\right)\cdot\sqrt{v}}\cdot\left(1+\frac{x^2}{v}\right)^{-\frac{v+1}{2}}$$

mit der Eulersche Gammafunktion $\Gamma(n) = (n-1)!$.

Die Verteilungsfunktion ist

$$F_t(x,v) = \int_{-\infty}^{x} f_t(t,v)dt$$

Chiquadratverteilung:

Die Dichtefunktion der $\chi 2$-Verteilung ist gegeben durch

$$f_{\chi^2}(x,v) = \frac{e^{-\frac{x}{2}}}{2\cdot\Gamma\left(\dfrac{v}{2}\right)}\cdot\left(\frac{x}{2}\right)^{\frac{v}{2}-1}$$

mit der Euler'schen $e = 2.718$ und der Euler'sche Gammafunktion $\Gamma(n) = (n-1)!$ Die Verteilungsfunktion ist

$$F_{\chi^2}(x,v) = \int_{0}^{x} f(t,v)dt$$

F-Verteilung:

Die F-Verteilung hat die Dichtefunktion

$$f_F(x,v_1,v_2) = \frac{\Gamma\left(\dfrac{v_1+v_2}{2}\right)}{\Gamma\left(\dfrac{v_1}{2}\right)\cdot\Gamma\left(\dfrac{v_2}{2}\right)}\cdot\left(\frac{v_1}{v_2}\right)^{\frac{v_1}{2}}\cdot\frac{x^{\frac{v_1}{2}-1}}{\left(1+\dfrac{v_1}{v_2}\cdot x\right)^{\frac{v_1+v_2}{2}}}$$

Mit $\Gamma(n) = (n-1)!$ und den Freiheitsgraden v_1 und v_2. Die Verteilungsfunktion ist

$$F_F(m,v_1,v_2) = \int_{0}^{m} f_F(x,v_1,v_2)dx$$

Softwareprogramme für die dargestellten statistischen Verfahren

Die Beschreibung der einzelnen statistischen Auswertungsverfahren an Hand einfacher Beispiele zeigt, dass selbst für einfache Verfahren der Rechenaufwand groß ist. Mit Hilfe der von den Autoren entwickelten Software wird dem Anwender nicht nur die Berechnung abgenommen, sondern auch die Interpretation der Berechnungsergebnisse. Ob ein Unterschied zwischen 2 oder mehr Stichprobenergebnissen schon verallgemeinert werden kann oder ob ein Zusammenhang nicht nur in den Stichproben vorhanden ist, sondern auch für die Grundgesamtheiten gilt wird nicht nur an Hand von Testmaßzahlen berechnet, sondern auch wörtlich interpretiert.

Für die behandelten statistischen Verfahren werden im Folgenden die Software ein- und -ausgaben für die einzelnen Beispiele gezeigt. Um diese zu erhalten, ist es nur notwendig, die Rohdaten oder auch Häufigkeitstabellen, Kreuztabellen oder Korrelationsmatrizen einzugeben, sowie die gewünschte Auswertungsart.

Zuerst sind die Fragen und Antworten der auszuwertenden Erhebung unter der Bezeichnung

I) DATENEINGABE:

einzugeben. Die Eingabe selbst ist durch einen Türkis unterlegten Balken mit dem Titel "FRAGE UND ANTWORT" gekennzeichnet:

▶ FRAGE UND ANTWORTEN

Durch doppeltes Anklicken öffnet sich der Bereich. Er ist nun oben und unten durch einen türkis unterlegten Balken mit der Bezeichnung "FRAGE UND ANTWORT" begrenzt und erlaubt die Eingaben der auszuwertenden Frage und der entsprechenden Antworten. Im folgenden Beispiel wird der Teil der Eingabe für eine Frage gezeigt:

FRAGE UND ANTWORTEN

Frage:

Zuerst gibt man die auszuwertende Frage in eine neue Tabelle "FRAGEN" in der ersten Zeile und ersten Spalte ein, dann folgen in der gleichen Zeile die vorgesehenen Antworten jeweils in einer eigenen Spalte und schließlich als letzte Spalte dieser Zeile wird ein Stichwort für die Frage eingegeben. (Für eine neue Tabelle klicken Sie auf "Einfügen", "Daten" und "Tabelle")

FRAGEN :=					
		0	1	2	3
	0	"Konsole kaufen?"	"Nein"	"Ja"	"Kaufabsicht"

▲ FRAGE UND ANTWORTEN

Der obere Begrenzungsbalken eines Bereiches hat am Beginn vor der Beschriftung "FRAGE UND ANTWORT" ein kleines schwarzes Dreieck dessen Spitze nach unten zeigt und der untere Balken hat ein Dreieck, dessen Spitze nach oben zeigt. Durch doppeltes Anklicken kann jeder Bereich auch wieder geschlossen werden. Im geschlossenen Zustand zeigt das schwarze Dreieck mit seiner Spitze nach rechts.
Die zweite Eingabe betrifft die Auswertung:

II) AUSWERTUNG:

Hier wird z. B. eingegeben, ob ein einseitiges oder zweiseitiges Konfidenzintervalle oder ein einseitig oder zweiseitig Test zu berechnen ist. Die Eingabe ist wieder durch einen türkis unterlegten Balken gekennzeichnet wie z. B

▶ WELCHE ANTWORT, KONFIDENZINTERVALL?

Durch Doppelklicken kann dieser Bereich wieder geöffnet werden und die notwendigen Eingaben erfolgen. Voreinstellungen, die normalerweise ungeöffnet übernommen werden können, sind in einem zweiten Balken untergebracht. Im Folgenden ist ein Beispiel eines solchen Voreinstellungs-Bereichs gezeigt:

▾VOREINSTELLUNGEN

Voreinstellungen:

"Konfidenzniveau"	0.95
"Maximale Zeilenlänge"	80
"Fehlende Werte"	0

▲ VOREINSTELLUNGEN

Nach diesen Eingabebereichen folgen unter

III) AUSWERTUNGSERGEBNIS:

die gewünschten Auswertungsergebnisse. Diese sind im Folgenden für jedes berechnete Beispiel einzeln dargestellt. Im vierten Teil findet man noch jeweils Detailergebnisse zu den einzelnen Verfahren.

IV) DETAILERGEBNISSE:

Diese Detailergebnisse sind unter einem rosa unterlegten Balken verborgen und können bei Bedarf durch einen Doppelklick geöffnet werden.

▶ DETAILS

1 1 ANTEILSWERT, SCHÄTZVERFAHREN:
Ziel: Häufigkeitstabelle, Grafik, Anteilswerte, Punktschätzwert und Konfidenzintervall

I) DATENEINGABE:

II) AUSWERTUNG:

III) AUSWERTUNGSERGEBNIS:

AUSWERTUNG
der Antworten auf die
Frage = "Werden Sie die Spielkonsole Yoki kaufen?"

HÄUFIGKEITSVERTEILUNG (in %)

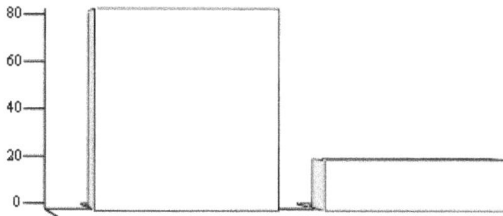

$$L^T = \begin{array}{lcc} \text{"Antworten:"} & \text{"Nein"} & \text{"Ja"} \\ \text{"in \%: "} & 80 & 20 \end{array}$$

Die_Antwort = "Ja" auf die Frage = "Werden Sie die Spielkonsole Yoki kaufen?" wurde von = 20 Prozent der Stichprobenbefragten gewählt.

$$T = \begin{array}{lcc} \text{"Kaufabsicht"} & \text{"Häufigkeit"} & \text{"in Prozent"} \\ \text{"Nein"} & 8 & 80 \\ \text{"Ja"} & 2 & 20 \\ \text{"Summe"} & 10 & 100 \end{array}$$

Man kann mit_ = 95 % Vertrauen annehmen, dass in der Grundgesamtheit der Prozentsatz für die_Antwort = "Ja" zwischen den Grenzen 3 % und 56 % liegt."

1 2 ANTEILSWERT, TEST, 1 STICHPROBE
Ziel: Häufigkeitstabelle, Grafik, Anteilswert, Unterschied zum Anteilswert der Grundgesamtheit

UNTERSCHIED
zwischen dem   Anteilswert_von = 0.2   der
Antworten = "Ja"   auf die
Frage = "Werden Sie die Spielkonsole Yoki kaufen?"
und = "dem Anteilswert der Grundgesamtheit von 0,4."

HÄUFIGKEITSVERTEILUNG (in %)

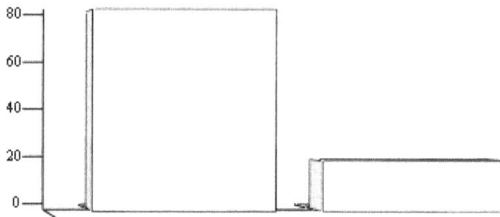

$$Le = \begin{array}{ccc} \text{"Nr.:"} & 1 & 2 \\ \text{"Kaufabsicht"} & \text{"Nein"} & \text{"Ja"} \end{array}$$

Auf die   Frage = "Werden Sie die Spielkonsole Yoki kaufen?"   haben = 20 % die Antwort_ = "Ja" gewählt.

$$T = \begin{array}{ccc} \text{"Kaufabsicht"} & \text{"Häufigkeit"} & \text{"in Prozent"} \\ \text{"Nein"} & 8 & 80 \\ \text{"Ja"} & 2 & 20 \\ \text{"Summe"} & 10 & 100 \end{array}$$

Kann man auf Grund dieses Stichprobenergebnisses behaupten, dass die Stichprobe aus einer Grundgesamtheit stammt mit einem Prozentsatz   von = "genau 40 % für die Antwort "Ja"? "

Man kann die   Behauptung = "nicht ablehnen, "   dass die Stichprobe aus einer Grundgesamtheit stammt mit einem Prozentsatz   von_ = "genau 40 % für die Antwort Ja. "   auf die
Frage = "Werden Sie die Spielkonsole Yoki kaufen?"

Das Risiko, dass diese Entscheidung falsch
ist = "hängt von der kronkreten Alternativhypothese ab (siehe Gütefunktion)."
(Die Wahrscheinlichkeit p = 0.121   )

1 3 ZENTRALWERT, SCHÄTZVERFAHREN
Ziel: Häufigkeitstabelle, Grafik, Anteilswerte, Punktschätzwert und Konfidenzintervall

AUSWERTUNG
der Antworten auf die
Frage = "Wie beurteilen Sie das Design des Produktes?"

HÄUFIGKEITSVERTEILUNG (in %)

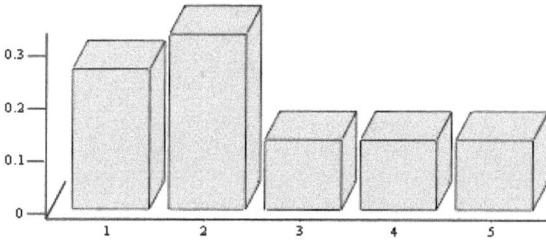

"Nr.:"	1	2	3	4	5
L^T = "Antworten:"	"sehr gut"	"gut"	"mittelmäßig"	"schlecht"	"sehr schlecht"
"in %: "	27	33	13	13	13

Die Hälfte der Befragten der Stichprobe haben auf die
Frage = "Wie beurteilen Sie das Design des Produktes?"   die Antwortmöglichkeit höchstens = "gut"
angegeben und die andere Hälfte der Befragten die Antwortmöglichkeit mindestens = "gut"   .

	"Designbeurteilung"	"Häufigkeit"	"Kum. Häuf."	"in Prozent"	"Kum. Proz."
	"sehr gut"	4.00	4.00	26.67	26.67
	"gut"	5.00	9.00	33.33	60.00
T =	"mittelmäßig"	2.00	11.00	13.33	73.33
	"schlecht"	2.00	13.00	13.33	86.67
	"sehr schlecht"	2.00	15.00	13.33	100.00
	"Summe"	15.00	"*"	100.00	"*"

In der Grundgesamtheit aller Personen, die die Stichprobe repräsentiert, kann man nicht erwarten, dass
der Zentralwert auch genau = "gut" ist. Man kann jedoch mit_ = 95 % Vertrauen erwarten, dass der
Zentralwert in der Grundgesamtheit_ = "zwischen "sehr gut" und "gut" liegt."

Auf die Frage = "Wie beurteilen Sie das Design des Produktes?"   wählten die meisten Befragten der
Stichprobe die Antwortmöglichkeit = "gut"   . Von allen Befragten der Stichprobe sind dies = 33 Prozent.
In der Grundgesamtheit, die die Stichprobe repräsentiert, kann man mit_ = 95 % Vertrauen erwarten,
dass der Prozentsatz für diese_Antwort = "zwischen den Grenzen 12 und 62 % liegt."

1 4 ZENTRALWERT, TEST, 1 STICHPROBE
Ziel: Häufigkeitstabelle, Grafik, Anteilswert, Unterschied zu Zentralwert der Grundgesamtheit

UNTERSCHIED
zwischen dem

Stichproben- Zentralwert = "gut"

der Antworten auf die

Frage = "Wie beurteilen Sie das Design des Produktes?"

und dem Zentralwert der Grundgesamtheit

Zentralwert_ = "mittelmäßig"

HÄUFIGKEITSVERTEILUNG (in %)

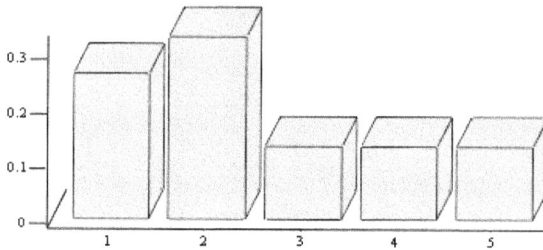

	"Nr.:"	1	2	3	4	5
$L^T =$	"Antworten:"	"sehr gut"	"gut"	"mittelmäßig"	"schlecht"	"sehr schlecht"
	"in %: "	27	33	13	13	13

Der Zentralwert der Antworten auf die Frage = "Wie beurteilen Sie das Design des Produktes?"
ist = "gut" .

	"Designbeurteilung"	"Häufigkeit"	"Kum. Häuf."	"in Prozent"	"Kum. Proz."
	"sehr gut"	4.00	4.00	26.67	26.67
	"gut"	5.00	9.00	33.33	60.00
T =	"mittelmäßig"	2.00	11.00	13.33	73.33
	"schlecht"	2.00	13.00	13.33	86.67
	"sehr schlecht"	2.00	15.00	13.33	100.00
	"Summe"	15.00	"*"	100.00	"*"

Kann man auf Grund dieses Stichprobenergebnisses behaupten, dass die Stichprobe aus einer Grundgesamtheit stammt, mit dem _Zentralwert = "mittelmäßig?"
Man kann die

        "nicht ablehnen, dass die Stichprobe aus einer Grundgesamtheit stammt, "

Behauptung =   "mit dem Zentralwert "mittelmäßig"

        " auf die Frage: Wie beurteilen Sie das Design des Produktes?"
Das Risiko, dass diese Entscheidung falsch ist_ = "kann nicht angegeben werden (Beta-Fehler). "

1 5 DURCHSCHNITT, SCHÄTZVERFAHREN
Ziel: Häufigkeitstabelle, Grafik, Durchschnitt, Punktschätzwert und Konfidenzintervall

AUSWERTUNG
der Antworten der
Frage = "Wie viele Stunden verbringen Sie pro Woche vor dem Computer?"

HÄUFIGKEITSVERTEILUNG (in %)

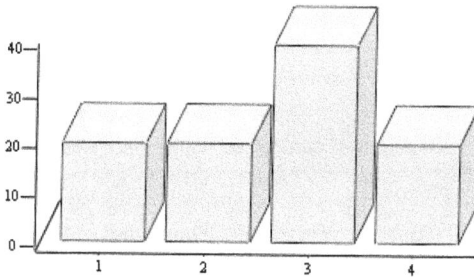

$$Le = \begin{array}{l} \text{"Nr."} \quad\quad 1 \; 2 \; 3 \; 4 \quad \text{"Intervall"} \\ \text{"Intervallmittelpunkte"} \quad 2 \; 6 \; 8 \; 15 \quad \text{"Zeit"} \end{array}$$

Auf die Frage = "Wie viele Stunden verbringen Sie pro Woche vor dem Computer?" antworteten die Befragten der Stichprobe im Schnitt mit = 8 . Im Mittel weichen die Antworten der Befragten um = 3.03 von diesem Durchschnitt = 8 ab.

	"Unter-"	"Ober-"	"Mittel-"	"Häufig-"	"Prozente"	"Kumulierte"
	"grenze"	"grenze"	"punkt"	"keiten"	"%"	"%"
	0	5	2	1	20	20
T =	5	7	6	1	20	40
	7	10	8	2	40	80
	10	20	15	1	20	100
	"Zeit"	"Zeit"	"Summe"	5	100	"*"

In der Grundgesamtheit aller Personen, die die Stichprobe repräsentiert, kann man nicht erwarten, dass der Durchschnitt ebenfalls = 8 ist. Man kann jedoch mit_ = 95 % Vertrauen annehmen, dass der Durchschnitt in der Grundgesamtheit = " zwischen den Grenzen 4,24 und 11,76 liegt."

1 6 DURCHSCHNITTSWERT, t-TEST, 1 STICHPROBE
Ziel: Häufigkeitstabelle, Grafik, Durchschnitt, Unterschied zu Durchschnitt der Grundgesamtheit

UNTERSCHIED
zwischen dem

Stichprobendurchschnitt = 8

der

Frage = "Wie viele Stunden verbringen Sie pro Woche vor dem Computer?"

und = "dem Durchschnitt der Grundgesamtheit von höchstens 3."

Der Durchschnitt aus den Antworten auf die
Frage = "Wie viele Stunden verbringen Sie pro Woche vor dem Computer?" ist = 8 in der Stichprobe mit
einer Standardabweichung_von= 3.03 und einem Umfang von n = 5 . .

	"Unter-"	"Ober-"	"Mittel-"	"Häufig-"	"Prozente"	"Kumulierte"
	"grenze"	"grenze"	"punkt"	"keiten"	"%"	"%"
	0	5	2	1	20	20
T =	5	7	6	1	20	40
	7	10	8	2	40	80
	10	20	15	1	20	100
	"Zeit"	"Zeit"	"Summe"	5	100	"*"

Kann man auf Grund dieses Stichprobenergebnisses behaupten, dass die Stichprobe aus einer Grundgesamtheit stammt, mit = "dem Durchschnitt von höchstens 3?"

Ergebnis:

    "Man kann nicht annehmen, dass die Stichprobe aus einer Grundgesamtheit stammt, "

Es =

                "mit dem Durchschnitt von höchstens 3"

Das Risiko, dass diese Entscheidung falsch ist_ = "ist höchstens 5 %." (Die Wahrscheinlichkeit
p = 0.01)

2 1 ANTEILSWERTDIFFERENZ, 2 UNABHÄNGIGE STICHPROBEN, z-TEST
Ziel: Kreuztabelle, Grafik, Anteilswerte, Unterschied zwischen den Anteilswerten

UNTERSCHIED
zwischen den Antworten der
Frage1 = "Geschlecht?"
und der
Frage2 = "Werden Sie die Spielkonsole kaufen?"

2-DIMENSIONALE VERTEILUNG (in %)

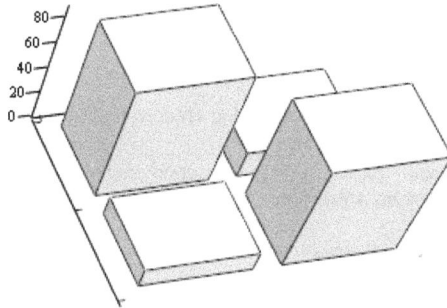

$$S = \begin{array}{cc} \text{"Geshclecht"} & \text{"Geshclecht"} \\ \text{"Männlich"} & \text{"Weiblich"} \end{array} \qquad L^T = \begin{array}{cc} \text{"Ja"} & 1 \\ \text{"Nein"} & 2 \end{array}$$

Zwischen den Stichproben = "Geshclecht - Männlich" und "Geshclecht - Weiblich"   , ausgezählt nach der
 _Antwort = "Ja" der Frage2 = "Werden Sie die Spielkonsole kaufen?" , bestehen offensichtlich Unter-
schiede in den jeweiligen Prozentsätzen für diese Antwort. Für die
 Stichprobe_1 = "Geshclecht - Männlich"   ist der Anteil der Befragten mit dem Merkmal = "Ja 85,7 %"
und in der Stichprobe_2_ = "Geshclecht - Weiblich 20 %"

	"Geshclecht"	"Männlich"	"Weiblich"
	"Kaufabsicht"	"in %"	"in %"
KT2 =	"Ja"	86	20
	"Nein"	14	80
	"SUMME RELATIV"	100	100

Auf Grund der Stichprobenergebnisse kann man = "behaupten, "
das in den beiden Grundgesamtheiten = "Geshclecht - Männlich" und "Geshclecht - Weiblich"
signifikante Anteilswertunterschiede im Hinblick auf die Antwort_ = "Ja" bestehen. Der Anteil der Personen mit dieser Antwort kann in der Grundgesamtheit_1 = "Geshclecht - Männlich" größer als der"   Anteil
in der Grundgesamtheit_2 = "Geshclecht - Weiblich"   angenommen werden.

Das Risiko, dass diese Entscheidung falsch ist_ = "ist höchstens 5 %."   (Die Wahrscheinlichkeit
 p = 0.011)

2 2 ANTEILSWERTDIFFERENZEN, 2 UND MEHR UNABHÄNGIGE STICHPROBEN, CHIQUADRAT-TEST

Ziel: Kreuztabelle, Grafik, Anteilswerte, Unterschied zwischen den Anteilswerten

UNTERSCHIEDE

zwischen den Antworten auf die

Frage1 = "Familienstand?"

und die

Frage2 = "Werden Sie die Spielkonsole Yoki kaufen?"

Zwischen den Stichproben

der_Frage1 = ("Familienstand - Verheiratet" "Familienstand - Nichtverheiratet") , ausgezählt nach

den_Antworten = ("Ja" "Nein" "Weiß nicht") der

Frage2 = "Werden Sie die Spielkonsole Yoki kaufen?" , bestehen offensichtlich Unterschiede in den jeweiligen Prozentsätzen für die einzelnen Antworten.

	"Familienstand"	"Verheiratet"	"Nichtverheiratet"
	"Kaufabsichr"	"in %"	"in %"
KT2 =	"Ja"	71	33
	"Nein"	5	33
	"Weiß nicht"	24	33
	"SUMME"	100	100

Kann man auf Grund dieser Stichprobenergebnisse behaupten, dass im Hinblick auf die Stichproben = ("Familienstand - Verheiratet" "Familienstand - Nichtverheiratet") signifikante Anteilswertunterschiede in den Ausprägungen = ("Ja" "Nein" "Weiß nicht") bestehen?

Testergebnis = "Ja, es bestehen signifikante Anteilswertunterschiede. "

2 3 VERTEILUNGSDIFFERENZ, 2 UNABHÄNGIGE STICHPROBEN, U-TEST, OR-DINAL

Ziel: Kreuztabelle, Grafik, Anteilswerte, Unterschied zwischen den beiden Verteilungen

UNTERSCHIEDE
zwischen den Antworten auf die
Frage1 = "Geschlecht?"
und die
Frage2 = "Wie beruteilen Sie das Design?"

$$FL = \begin{array}{l} \text{"Geschlecht"} \\ \text{"rot = weiblich"} \\ \text{"blau = männlich"} \end{array}$$

STICHPROBENVERGLEICH

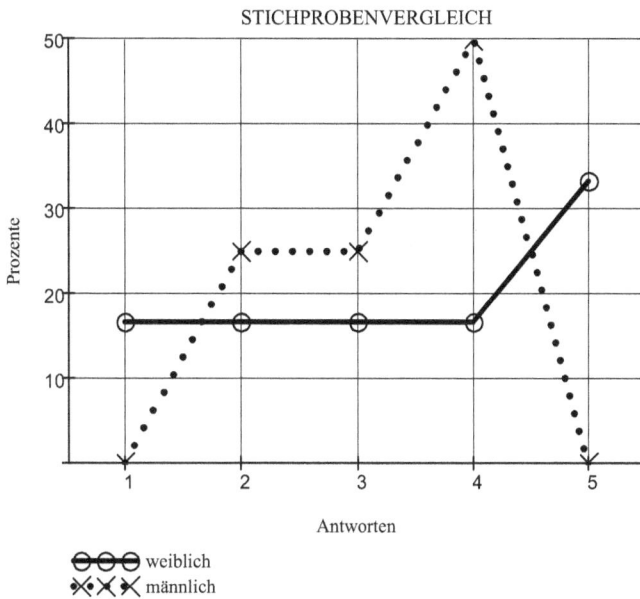

weiblich
männlich

"design"	1	2	3	4	5
Le = "Geschlecht"	"sehr gut"	"gut"	"mittelmäßig"	"schlecht"	"sehr schlecht"

Zwischen den Stichproben = "Geschlecht - "weiblich" und Geschlecht - "männlich" "   , ausgezählt nach den Ausprägungen = ("sehr gut"   "gut"   "mittelmäßig"   "schlecht"   "sehr schlecht") der Frage2 = "Wie beruteilen Sie das Design?"   , bestehen offensichtlich Unterschiede in den jeweiligen Prozentsätzen für die einzelnen Antworten in den Stichproben.

	"Geschlecht"	"weiblich"	"männlich"
	"design"	"absolut"	"absolut"
	"sehr gut"	1	0
	"gut"	1	1
KT1 =	"mittelmäßig"	1	1
	"schlecht"	1	2
	"sehr schlecht"	2	0
	"SUMME"	6	4

Auf Grund der Stichprobenergebnissen kann man = "nicht annehmen," dass diese Verteilungsunter-schiede in den Prozentsätzen der jeweiligen Antworten auch in der Grundgesamtheit aller Personen exis-tieren, aus der die Stichproben stammen. Die Unterschiede sind insgesamt = "nicht groß genug," um sie als signifikant zu bezeichnen.

Das Risiko, dass diese Entscheidung falsch
ist_ = "hängt von der kronkreten Alternativhypothese ab (siehe Gütefunktion)." (Die Wahrscheinlichkeit
$p = 0.586$)

2 4 DURCHSCHNITTSDIFFERENZ, 2 UNABHÄNGIGE STICHPROBEN, TEST
Ziel: Kreuztabellen, Grafik, Durchschnitte, Unterschiede zwischen Durchschnitten

UNTERSCHIED
zwischen den 2 Stichproben der
Frage1 = "Geschlecht - Männlich" und "Geschlecht - Weiblich"
und den Antworten der
Frage2 = "Wie lange sitzen Sie pro Tag vor dem Computer?"

MITTELWERTSVERGLEICHE

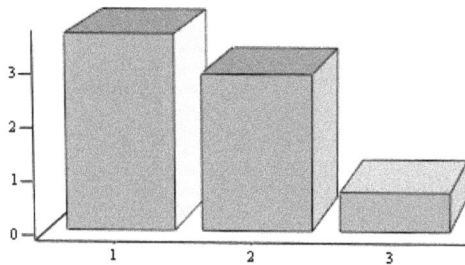

"+"	1	2	3
Le = "Geschlecht"	"Männlich"	"Weiblich"	"Differenz"
"Computerzeit"	3.688	2.944	0.743

Zwischen den Stichproben = "Geschlecht - Männlich" und "Geschlecht - Weiblich"   , ausgezählt nach den Antworten der Frage2 = "Wie lange sitzen Sie pro Tag vor dem Computer?"   , bestehen offensichtlich Unterschiede in den Durchschnitten. Für die Stichprobe_1 = "Geschlecht - Männlich"   ist der Durchschnitt für die Frage2 = "Wie lange sitzen Sie pro Tag vor dem Computer?"   gleich = 3.688   und für die Stichprobe_2 = "Geschlecht - Weiblich"   ist er = 2.944

	"Computerzeit"	"Computerzeit"	"Geschlecht"	"Geschlecht"
	"Untergrenze"	"Obergrenze"	"Männlich"	"Weiblich"
	0	2	4	4
	2	4	6	1
KT =	4	6	2	2
	6	8	2	1
	8	9	2	1
	"absolut"	"Summe"	16	9

Kann man behaupten, dass diese Unterschiede in den Durchschnitten auch in der Grundgesamtheit aller Personen existieren, aus der die beiden Stichproben stammen? Die Antwort ist = "Nein, man kann keine signifikanten Unterschiede nachweisen." .

Das Risiko, dass diese Entscheidung falsch
ist_ = "hängt von der kronkreten Alternativhypothese ab (siehe Gütefunktion)."
(Die Wahrscheinlichkeit p = 0.274)

3_1 ANTEILSWERTDIFFERENZ, 2 ABHÄNGIGE STICHPROBEN, McNEMAR TEST
Ziel: Kreuztabellen, Grafik, Anteilswerte, Unterschiede zwischen Anteilswerten

UNTERSCHIED
zwischen den Antworten der
Frage1 = "Einstellung zu Konsolenspielen?"
und der
Frage2 = "Wann war die Befragung?"

Zwischen den Stichproben = "Vor Werbeveranstaltung" und "Nach Werbeveranstaltung" , ausgezählt nach der Antwort_ = "positiv" , bestehen offensichtlich Unterschiede in den jeweiligen Prozentsätzen für diese Antwort. Für die Stichprobe_1 = "Vor Werbeveranstaltung" ist der Anteil der Befragten mit dem Merkmal_ = "positiv 62,5 %" und in der Stichprobe_2_ = "Nach Werbeveranstaltung - positiv 50 %"

	"Einstellung"	"Vor Werbeveranstaltung"	"Nach Werbeveranstaltung"
	"Befragung"	"absolut"	"absolut"
KT1 =	"positiv"	5	1
	"negativ"	3	1
"SUMME ABSOLUT"		8	2

Auf Grund dieser Stichprobenergebnisse kann man = "nicht behaupten," dass diese Unterschiede in den Prozentsätzen der jeweiligen Antworten auch in der Grundgesamtheit aller Personen existieren, aus der die Stichprobe stammt. Der Unterschied ist insgesamt = "nicht groß genug," um ihn als signifikant zu bezeichnen (McNemar Test).

Die Wahrscheinlichkeit, dass diese Schlussfolgerung falsch
ist_ = "hängt von der kronkreten Alternativhypothese ab (siehe Gütefunktion)." (Die Wahrscheinlichkeit
p = 0.655)

3 2 ANTEILSWERTDIFFERENZEN, 2 ABHÄNGIGE STICHPROBEN, WILCOXON-TEST, ORDINAL

Ziel: Kreuztabelle, Grafik, Anteilswerte, Unterschied zwischen den beiden Verteilungen

UNTERSCHIEDE
zwischen den Antworten auf die Fragen

FF =
"Beurteilung des Designs vor der Veranmstaltung?"

"Beurteilung des Designs nach der Veranmstaltung?"

FL =
"rot = Vor der Veranstaltung"

"blau = Nach der Veranstaltung"

STICHPROBENVERGLEICH

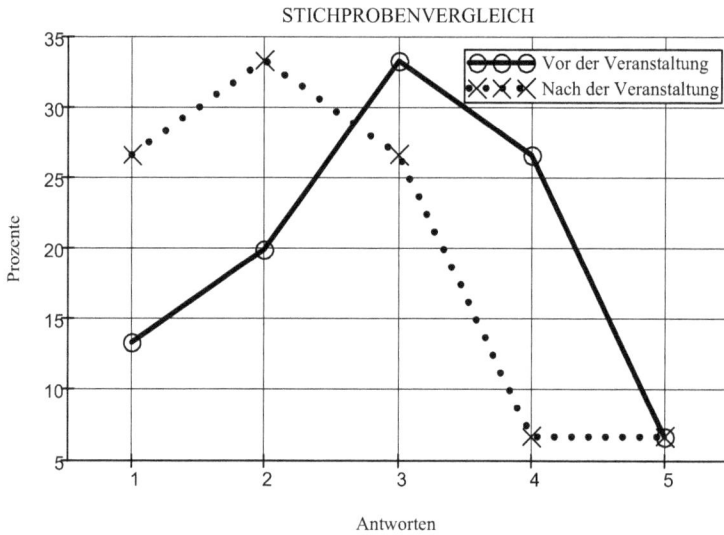

Antworten

LLL =
"sehr gut"	"gut"	"befriedigend"	"genügend"	"nicht genügend"
1	2	3	4	5

Zwischen den Antworten der Stichproben_ = "Vor der Veranstaltung und Nach der Veranstaltung" , bestehen offensichtlich Unterschiede in den beiden Stichproben.

"*"	"Vor der Veranstaltung"	"Nach der Veranstaltung"
"*"	"absolut"	"absolut"
"sehr gut"	2	4
"gut"	3	5
"befriedigend"	5	4
"genügend"	4	1
"nicht genügend"	1	1
"SUMME"	15	15

KT1 =

Auf Grund der Stichprobenergebnissen kann man = "nicht annehmen," dass diese Verteilungsunterschiede in den Prozentsätzen der jeweiligen Antworten auch in der Grundgesamtheit aller Personen existieren, aus der die Stichproben_ = "Vor der Veranstaltung und Nach der Veranstaltung" stammen. Die Unterschiede sind insgesamt = "nicht groß genug," um sie als signifikant zu bezeichnen.

Das Risiko, dass diese Entscheidung falsch
ist_ = "hängt von der kronkreten Alternativhypothese ab (siehe Gütefunktion)." (p = 0.018)

3 3 DURCHSCHNITTSDIFFERENZ, 2 ABHÄNGIGE STICHPROBEN, t-TEST

Ziel: Kreuztabellen, Grafik, Durchschnitte, Unterschiede zwischen Durchschnitten

UNTERSCHIED

zwischen den Antworten auf die verbundenen Fragen

$$F = \frac{\text{"Spielzeit für das Spiel Fantasy beim 1. Versuch"}}{\text{"Spielzeit für das Spiel Fantasy beim 3 Versuch"}}$$

MITTELWERTSVERGLEICHE

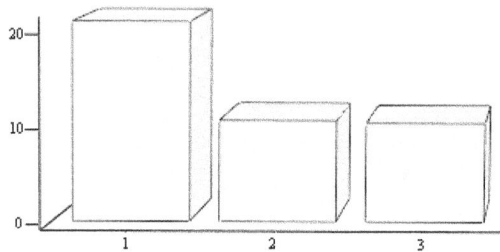

	1	2	3
Le =	"1. Versuch"	"2. Versuch"	"Differenz"
	21.2	10.733	10.467

Zwischen den Antworten = "1. Versuch" und "2. Versuch " , bestehen offensichtlich Unterschiede in den jeweiligen Mittelwerten.

	"Unter- "	"Obergrenze"	"Mitte"	"1. Versuch"	"2. Versuch"
	4	12	8	3	8
TT =	12	20	16	3	6
	20	36	28	9	1
	"ABSOLUT"	"*"	"Summe"	15	15

Auf Grund dieser Stichprobenergebnissen kann man = "annehmen, " dass diese Unterschiede in den Durchschnitten der jeweiligen Antworten auch in der Grundgesamtheit aller Personen existieren, aus der die Stichproben stammen. Die Unterschiede sind insgesamt = "groß genug," um sie als signifikant zu bezeichnen (t-Test).

Das Risiko, dass diese Entscheidung falsch ist_ = "ist höchstens 5 %."   (Die Wahrscheinlichkeit p = 0)

4 1 KONTINGENZKOEFFIZIENTEN, ZUSAMMENHANG, CHIQUADRAT-TEST
Ziel: Kreuztabelle, Grafik, Anteilswerte, Zusammenhang zwischen den Anteilswerten

ZUSAMMENHANG
zwischen den Antworten der
Frage1 = "Wie beurteilen Sie das Design?"
und der
Frage2 = "Wie beurteilen Sie die Veranstaltung"

KREUZTABELLE

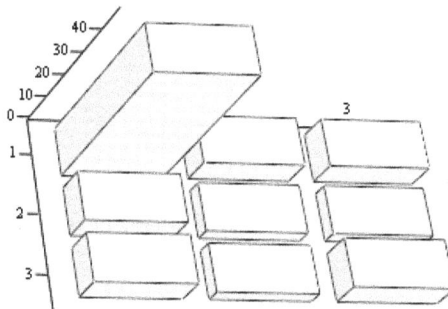

"Design"

L =   "gut"   "mittel"   "schlecht"

1   2   3

Zwischen der Frage1 = "Wie beurteilen Sie das Design?"   und der
Frage2 = "Wie beurteilen Sie die Veranstaltung"   bestehen offensichtlich ein Zusammenhang in den
Stichprobenergebnissen.

"Design"	"gut"	"mittel"	"schlecht"
"Veranstaltung"	"absolut"	"absolut"	"absolut"
"gut"	12	2	2
"mittel"	2	1	1
"schlecht"	2	1	2
"SUMME"	16	4	5

KT1 =

Auf Grund dieser Stichprobenergebnissen kann man = "nicht annehmen," dass diese Zusammenhänge
in den Prozentsätzen der jeweiligen Antworten auch in der Grundgesamtheit aller Personen existieren,
aus der die Stichprobe stammt. Der Zusammenhang in der Stichprobe ist
insgesamt = "nicht groß genug," um ihn als signifikant zu bezeichnen.

Die Wahrscheinlichkeit, dass diese Schlussfolgerung falsch
ist = "kann nicht angegeben werden (Beta-Fehler).," (Die Wahrscheinlichkeit p = 0.6)

4 2 RANGKORRELATIONSKOEFFIZIENT, ZUSAMMENHANG, z-TEST, ORDINAL
Ziel: Grafik, Rangkorrelationskoeffizient, Zusammenhang zwischen den Stichproben

ZUSAMMENHANG
zwischen den Antworten der
Frage1 = "Wie beurteilen Sie das Design?"
und der
Frage2 = "Wie beurteilen Sie die Veranstaltung?"

Zwischen der Frage1 = "Wie beurteilen Sie das Design?" und der
Frage2 = "Wie beurteilen Sie die Veranstaltung?" besteht offensichtlich ein Zusammenhang in den
Stichprobenergebnissen und zwar:

$Zz =$ "Je mehr "Design" desto mehr "Veranstaltung" und umgekehrt"
          "Positiver Zusammenhang: r = 0,667"

	"Design"	"sehr gut"	"gut"	"befriedigend"	"genügend"	"nicht genügend"
	"Veranstaltung"	"absolut"	"absolut"	"absolut"	"absolut"	"absolut"
	"sehr gut"	1	0	0	0	0
	"gut"	0	1	0	0	0
KT1 =	"mittelmäßig"	0	0	0	1	0
	"schlecht"	0	0	0	1	0
	"sehr schlecht"	0	0	1	0	0
	"SUMME"	1	1	1	2	0

Gilt dieser Zusammenhang auch für die beiden Grundgesamtheiten? Auf Grund dieser Stichprobenergebnisse kann man = "nicht annehmen," dass diese Zusammenhänge in den jeweiligen Antworten auch in den Grundgesamtheiten aller Personen existieren, aus der die Stichproben stammen. Der Zusammenhang in den
Stichproben ist insgesamt = "nicht groß genug," um ihn als signifikant zu bezeichnen.

Die Wahrscheinlichkeit, dass diese Schlussfolgerung falsch
ist_ = "hängt von der kronkreten Alternativhypothese ab (siehe Gütefunktion)." (Die Wahrschlichkeit
p = 0.109)

4 3 MASSKORRELATIONSKOEFFIZIENT, ZUSAMMENHANG, z-TEST
Ziel: Grafik, Korrelationskoeffizient, Zusammenhang zwischen den Stichproben

ZUSAMMENHANG
zwischen den Antworten der
Frage1 = "Wie alt sind Sie?"
und der
Frage2 = ""Wie hoch ist Ihr monatliches Einkommer

STREUUNGSDIAGRAMM

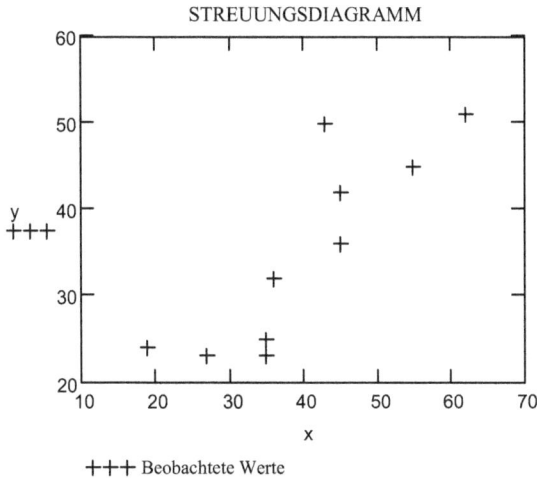

+++ Beobachtete Werte

Lx = "Alter"   Ly = "Einkommen"

Zwischen der Frage1 = "Wie alt sind Sie?" und der

Frage2 = ""Wie hoch ist Ihr monatliches Einkommer besteht offensichtlich ein Zusammenhang in den Stichprobenergebnissen und zwar.

$Zz =$ "Je mehr "Alter" desto mehr "Einkommen" und umgekehr

"Positiver Zusammenhang: r = 0,851"

Gilt dieser Zusammenhang auch für die beiden Grundgesamtheiten? Auf Grund der Stichprobenergebnissen kann man = "annehmen, "dass dieser lineare Zusammenhang in den jeweiligen Antworten auch in den Grundgesamtheiten aller Personen existieren, aus der die Stichproben stammen. Der Zusammenhang in den
Stichproben ist insgesamt = "groß genug," um ihn als signifikant zu bezeichnen.

Die Wahrscheinlichkeit, dass diese Schlussfolgerung falsch ist_ = "ist höchstens 5 %." (Die Wahrscheinlichkeit p = 0.0018)

4 4 REGRESSIONSKOEFFIZIENTEN, ZUSAMMENHANG, z-TEST
Ziel: Grafik, Test der Regressionskoeffizienten, Prognose

LINEARE ABHÄNGIGKEIT
zwischen den Antworten der unabhängigen
Frage1 = "Wie alt sind Sie?"
und den Antworten der abhängigen
Frage2 = ""Wie hoch ist Ihr monatliches Einkommen?"

LINEARE EINFACH REGRESSION

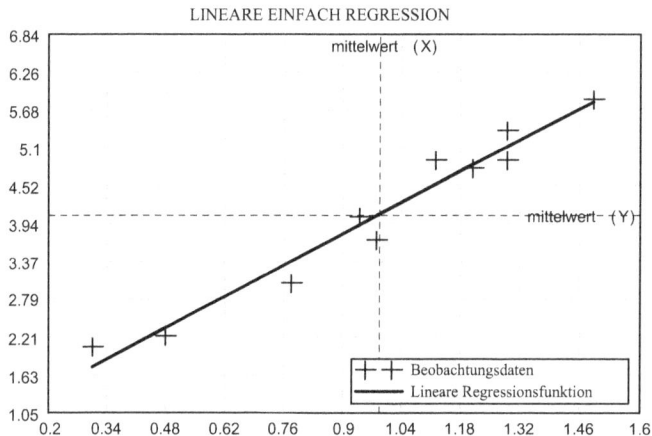

Zwischen der abhängigen Variable = "Einkommen" und der unabhängigen Variablen = "Alter" besteht offensichtlich in der Stichprobe ein Zusammenhang. Die aus der Stichprobe ermittelte Regressionsfunktion = " [Einkommen = 4,585 + (0,759) * Alter] " . Sie besagt, dass man mit Hilfe der unabhängigen Variablen = "Alter" und geeigneter Gewichtung einen Schätzwert für die abhängige Variable = "Einkommen" berechnen kann. Wenn sich der Wert der unabhängigen Variablen = "Alter" um eine Einheit erhöht, dann verändert sich der Wert der abhängigen Variable = "Einkommen" um = 0.166 Einheiten.

Auf Grund dieser Stichprobenergebnissen kann man = "annehmen, " dass dieser lineare Zusammenhang zwischen der abhängigen Variablen und der unabhängigen Variablen auch in der Grundgesamtheit aller Personen existiert, aus der die Stichprobe stammt. Der Anteil der erklärten Varianz der abhängigen Variablen ist insgesamt = "groß genug," um ihn als signifikant zu bezeichnen. Die Wahrscheinlichkeit, dass diese Schlussfolgerung falsch ist = ("ist höchstens" 5 "%") (Die Wahrscheinlichkeit sig = 0.0018)

Kann man auf Grund dieses Stichprobenergebnisses behaupten, dass die Stichprobe aus einer Grundgesamtheit stammt, mit = "dem Regressionskoffizienten beta_1 3?"
Ergebnis:
Es = "Man kann nicht annehmen, dass die Stichprobe aus einer Grundgesamtheit stammt, "
"mit dem Regressionskoeffizienten beta_1 = 3"
Das Risiko, dass diese Entscheidung falsch ist_ = "ist höchstens 5 %." (Die Wahrscheinlichkeit p = 0).

5 1 ANTEILSWERTDIFFERENZEN, 2 UND MEHR UNABHÄNGIGE STICHPROBEN, CHIQUADRAT-TEST

Ziel: Kreuztabelle, Grafik, Anteilswerte, Unterschied zwischen den Anteilswerten

UNTERSCHIEDE
zwischen den Antworten auf die
Frage1 = "Werden Sie die Spielkonsole Yoki kaufen?"
und die
Frage2 = "Wie beurteilen Sie die Handlichkeit der Spielkonsole?"

$$FL = \begin{array}{ccc} & \text{"Kaufabsicht"} & \\ (\text{"rot"} & \text{"="} & \text{"Ja"}) \\ (\text{"blau"} & \text{"="} & \text{"Nein"}) \\ (\text{"grün"} & \text{"="} & \text{"Weiß nicht"}) \end{array}$$

STICHPROBENVERGLEICH

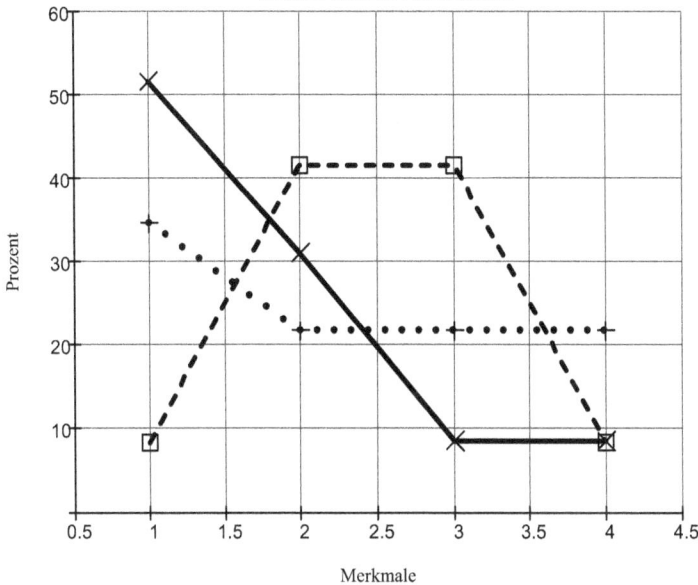

$$Le = \begin{array}{ccccc} \text{"Handlichkeit"} & 1 & 2 & 3 & 4 \\ \text{"Kaufabsicht"} & \text{"Sehr gut"} & \text{"Gut"} & \text{"Mittelmäßig"} & \text{"Schlecht"} \end{array}$$

Zwischen den Stichproben
der_Frage1 = ("Kaufabsicht - Ja" "Kaufabsicht - Nein" "Kaufabsicht - Weiß nicht") , ausgezählt nach
den_Antworten = ("Sehr gut" "Gut" "Mittelmäßig" "Schlecht") der
Frage2 = "Wie beurteilen Sie die Handlichkeit der Spielkonsole?" , bestehen offensichtlich Unterschiede
in den jeweiligen Prozentsätzen für die einzelnen Antworten.

	"Kaufabsicht"	"Ja"	"Nein"	"Weiß nicht"
	"Handlichkeit"	"absolut"	"absolut"	"absolut"
	"Sehr gut"	30	8	1
KT1 =	"Gut"	18	5	5
	"Mittelmäßig"	5	5	5
	"Schlecht"	5	5	1
	"SUMME"	58	23	12

Kann man auf Grund dieser Stichprobenergebnisse behaupten, dass im Hinblick auf die
Stichproben = ("Kaufabsicht - Ja" "Kaufabsicht - Nein" "Kaufabsicht - Weiß nicht") signifikante An-
teilswertunterschiede in den Ausprägungen = ("Sehr gut" "Gut" "Mittelmäßig" "Schlecht") bestehen?
Testergebnis = "Ja, es bestehen signifikante Anteilswertunterschiede. " (Die Wahrscheinlichkeit
$p = 0.015$)

Wenn die Unterschiede allgemein groß genug sind, um sie als signifikant zu bezeichnen, dann will man
wissen, zwischen welchen Stichprobenpaaren die Anteilswertunterschiede signifikant sind. Bei folgenden
Antworten sind die Abweichungen vom Durchschnitt signifikant:(Signifikanzniveau von = "5 %")

	"Befragte mit dem Merkmal "	"Ja"
	" geben überdurchschnittlich oft die Antworten"	("Sehr gut")
	"Befragte mit dem Merkmal "	"Ja"
	" geben unterdurchschnittlich oft die Antworten"	("Mittelmäßig")
	"Befragte mit dem Merkmal "	"Nein"
ss =	" geben überdurchschnittlich oft die Antworten"	("Schlecht")
	"Befragte mit dem Merkmal "	"Weiß nicht"
	" geben überdurchschnittlich oft die Antworten"	"Gut" "Mittelmäßig"
	"Befragte mit dem Merkmal "	"Weiß nicht"
	" geben unterdurchschnittlich oft die Antworten"	("Sehr gut")

5 2 VERTEILUNGSDIFFERENZEN, 3 UND MEHR UNABHÄNGIGE STICHPROBEN, H-TEST

Ziel: Kreuztabellen, Grafik, Anteilswerte, Unterschied zwischen den Verteilungen

UNTERSCHIEDE
zwischen den Antworten auf die
Frage1 = "Wie beurteilen Sie die Handlichkeit der Spielkonsole?"
und die
Frage2 = "Werden Sie die Spielkonsole Yoki kaufen?"

"Kaufabsicht"

$$FL = \begin{array}{lll} (\text{"rot"} & \text{"="} & \text{"Ja"}) \\ (\text{"blau"} & \text{"="} & \text{"Nein"}) \\ (\text{"grün"} & \text{"="} & \text{"Weiß nicht"}) \end{array}$$

STICHPROBENVERGLEICH

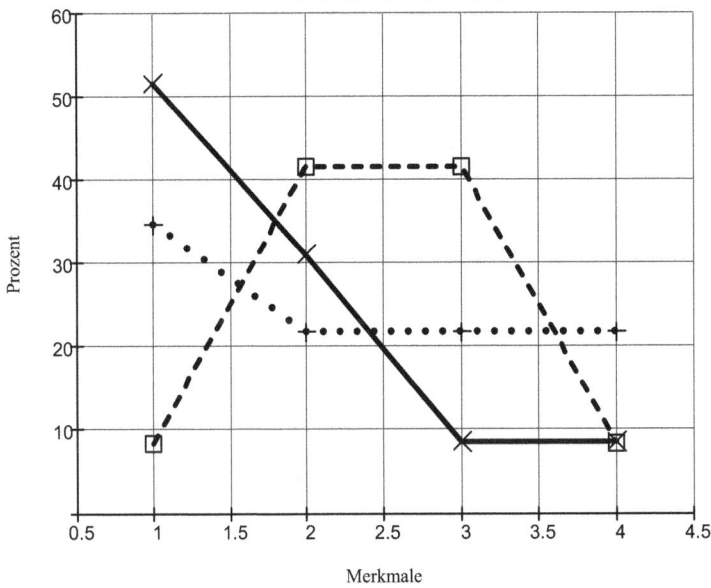

"Handlichkeit"	1	2	3	4
Le = "Kaufabsicht"	"Sehr gut"	"Gut"	"Mittelmäßig"	"Schlecht"

Zwischen den Stichproben
der_Frage1 = ("Kaufabsicht - Ja" "Kaufabsicht - Nein" "Kaufabsicht - Weiß nicht") , ausgezählt nach
den_Antworten = ("Sehr gut" "Gut" "Mittelmäßig" "Schlecht") der
Frage2 = "Werden Sie die Spielkonsole Yoki kaufen?"   , bestehen offensichtlich Unterschiede in den
jeweiligen Prozentsätzen für die einzelnen Antworten.

	"Kaufabsicht"	"Ja"	"Nein"	"Weiß nicht"
	"Handlichkeit"	"absolut"	"absolut"	"absolut"
	"Sehr gut"	30	8	1
KT1 =	"Gut"	18	5	5
	"Mittelmäßig"	5	5	5
	"Schlecht"	5	5	1
	"SUMME"	58	23	12

Kann man auf Grund dieser Stichprobenergebnisse behaupten, dass im Hinblick auf die
Stichproben = ("Kaufabsicht - Ja" "Kaufabsicht - Nein" "Kaufabsicht - Weiß nicht") signifikante An-
teilswertunterschiede in den Ausprägungen = ("Sehr gut" "Gut" "Mittelmäßig" "Schlecht") bestehen?
Testergebnis = "Ja, es bestehen signifikante Verteilungsunterschiede. "   (H-Test, Wahrscheinlichkeit
$p = 0.009$)

Wenn die Unterschiede allgemein groß genug sind, um sie als signifikant zu bezeichnen, dann will man
wissen, zwischen welchen Stichprobenpaaren die Anteilswertunterschiede signifikant sind. Bei folgenden
Antworten sind die Abweichungen vom Durchschnitt signifikant:(Signifikanzniveau von = "5 %"   , U-Test)

ss =   ("Kaufabsicht-Ja" "Kaufabsicht-Nein"   0.023)
          ("Kaufabsicht-Ja" "Kaufabsicht-Weiß nicht"   0.002)

5 3 DURCHSCHNITTSDIFFERENZEN, 3 UND MEHR UNABHÄNGIGE STICHPRO-BEN, F-TEST

Ziel: Kreuztabellen, Grafik, Anteilswerte, Unterschied zwischen den Durchschnitten

UNTERSCHIED
zwischen den Antworten der
Frage1 = "Werden Sie die Spielkonsole kaufen?"
und der
Frage2 = "Wie alt sind Sie?"

MITTELWERTSVERGLEICHE

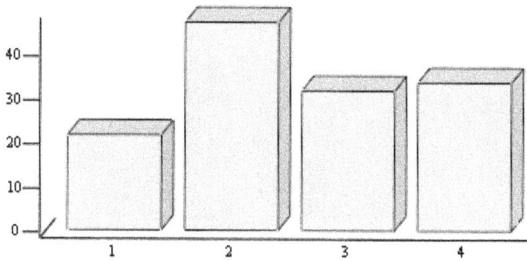

"Nr.:"	1	2	3	"*"
MITTELWERTE = "Kaufabsicht"	"Ja"	"Nein"	"Weiß nicht"	"Insgesamt"
"Alter"	21.667	47.333	31.8	33.706

Zwischen den Stichproben^T = ("Kaufabsicht - Ja"   "Kaufabsicht - Nein"   "Kaufabsicht - Weiß nicht") , ausgezählt nach den Antworten der Frage2 = "Wie alt sind Sie?"   , bestehen offensichtlich Unterschiede in den jeweiligen Durchschnitten der Stichproben.

Auf Grund der Stichprobenergebnissen kann man = "annehmen, " dass diese Unterschiede in den Durchschnitten der jeweiligen Antworten auch in der Grundgesamtheit aller Personen existieren, aus der die Stichproben stammen. Die Unterschiede sind insgesamt = "groß genug," um sie als signifikant zu bezeichnen. (Die Wahrscheinlichkeit p = 0.011)

Wenn die Unterschiede allgemein groß genug sind, um sie als signifikant zu bezeichnen, dann will man wissen, zwischen welchen Stichprobenpaaren die Durchschnittsunterschiede signifikant sind. Bei folgenden Stichprobenpaaren sind die Unterschiede der Durchschnitte signifikant:

ss = [("Kaufabsicht-Ja"   "Kaufabsicht-Nein"   –25.667)]

Signifikanzniveau von = "5 %" (Die Wahrscheinlichkeit p = 0.011)

6 1 ANTEILSWERTDIFFERENZEN, 3 UND MEHR ABHÄNGIGE STICHPROBEN, COCHRAN-TEST, NOMINAL

Ziel: Kreuztabelle, Grafik, Anteilswerte, Unterschied zwischen den Anteilswerten

UNTERSCHIED
zwischen den Antworten der
FRAGE = "Erreichten Sie die Sollzeit beim Computerspiel Fantasy?"
und den
Antworten = ("1. Versuch"   "2. Versuch"   "3. Versuch")

STICHPROBENVERGLEICH

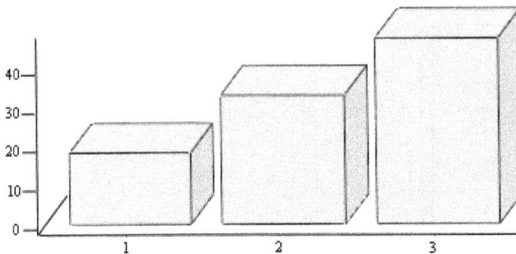

$$\text{Legende1}^T = \begin{array}{ccc} \text{"1. Versuch"} & \text{"2. Versuch"} & \text{"3. Versuch"} \\ 19 & 33 & 48 \end{array}$$

Zwischen den Antworten = ("1. Versuch"   "2. Versuch"   "3. Versuch") , bestehen in den Stichproben offensichtlich Unterschiede in den jeweiligen Prozentsätzen.

	"Sollzeit"	"Häufigkeit"	"in % "
	"1. Versuch"	5	19
T =	"2. Versuch"	9	33
	"3. Versuch"	13	48
	"Summe"	27	100

Auf Grund dieser Stichprobenergebnissen kann man = "annehmen, " dass diese Unterschiede in den Prozentsätzen der jeweiligen Antworten auch in der Grundgesamtheit aller Personen existieren, aus der die Stichproben stammen. Die Unterschiede sind insgesamt = "groß genug," um sie als signifikant zu bezeichnen (Cochran Test).

Wenn die Unterschiede allgemein groß genug sind, um sie als signifikant zu bezeichnen, dann will man wissen, zwischen welchen Stichprobenpaaren die Anteilswertunterschiede signifikant sind. Bei folgenden Antworten sind die Abweichungen signifikant: (Signifikanzniveau von = "5 %")

$$ss = \begin{array}{l} (\text{"1. Versuch und 2. Versuch"}\quad \text{"signifikant"}) \\ (\text{"1. Versuch und 3. Versuch"}\quad \text{"signifikant"}) \\ (\text{"2. Versuch und 3. Versuch"}\quad \text{"signifikant"}) \end{array}$$

6 2 VERTEILUNGSDIFFERENZEN, 3 UND MEHR UNABHÄNGIGE STICHPROBEN, FRIEDMAN-TEST, ORDINAL

Ziel: Kreuztabellen, Grafik, Anteilswerte, Unterschied zwischen den Verteilungen

UNTERSCHIED

zwischen den Antworten auf die verbundenen Fragen

"Wie beurteilen Sie das Produkt nach der 1. Werbesendung?"

F = "Wie beurteilen Sie das Produkt nach der 2. Werbesendung?"

"Wie beurteilen Sie das Produkt nach der 3. Werbesendung?"

"rot = 1. Werbesendung"

FL = "blau = 2. Werbesendung"

"grün = 3. Werbesendung"

STICHPROBENVERGLEICH

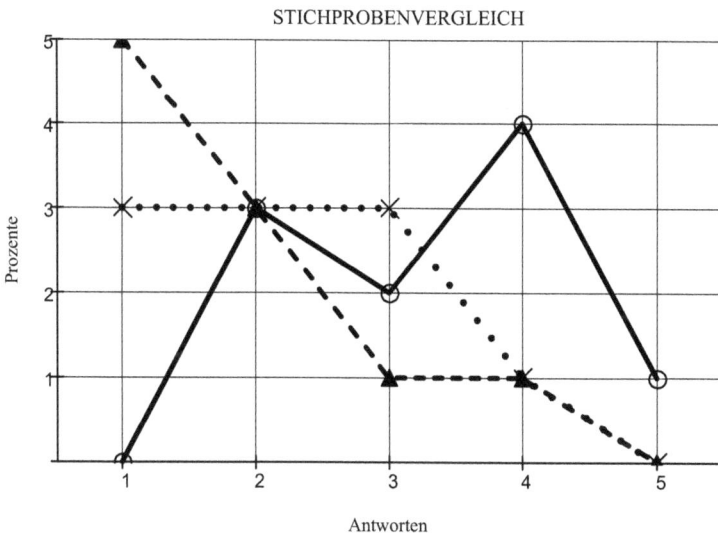

Prozente

Antworten

LLL =	"sehr gut"	"gut"	"neutral"	"schlecht"	"sehr schlecht"
	1	2	3	4	5

Zwischen den Stichproben^T = ("1. Werbesendung" "2. Werbesendung" "3. Werbesendung") , bestehen offensichtlich Unterschiede in den Verteilungen und Zentralwerten der Stichproben.

"*"	"*"	"1. Werbesendung" "absolut"	"2. Werbesendung" "absolut"	"3. Werbesendung" "absolut"
	"sehr gut"	0	3	5
KT1 =	"gut"	3	3	3
	"neutral"	2	3	1
	"schlecht"	4	1	1
	"sehr schlecht"	1	0	0
	"SUMME "	10	10	10

Auf Grund der Stichprobenergebnissen kann man = "annehmen, " dass diese Unterschiede auch in der Grundgesamtheit aller Personen existieren, aus der die Stichproben stammen. Die Unterschiede sind insgesamt = "groß genug," um sie als signifikant zu bezeichnen (Friedman Test).

Wenn die Unterschiede allgemein groß genug sind, um sie als signifikant zu bezeichnen, dann will man wissen, zwischen welchen Stichprobenpaaren die Anteilswertunterschiede signifikant sind. Bei folgenden Antworten sind die Abweichungen signifikant: (Signifikanzniveau von = "5 %"   )

ss = ("1. Werbesendung und 2. Werbesendung"   "signifikant")
      ("1. Werbesendung und 3. Werbesendung"   "signifikant")

6 3 DURCHSCHNITTSDIFFERENZEN, 3 UND MEHR ABHÄNGIGE STICHPROBEN, F-TEST

Ziel: Kreuztabellen, Grafik, Mittelwerte, Unterschied zwischen den Mittelwerten

UNTERSCHIED

zwischen den Antworten auf die Fragen

"Wie lang benötigten Sie für das Computerspiel Fantasy beim ersten Versuch?"

F = "Wie lang benötigten Sie für das Computerspiel Fantasy beim zweiten Versuch?"

"Wie lang benötigten Sie für das Computerspiel Fantasy beim dritten Versuch?"

MITTELWERTSVERGLEICHE

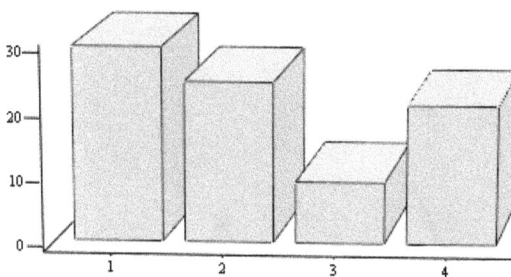

	1	2	3	4
Mittelwerte^T =	"1. Versuch"	"2. Versuch"	"3. Versuch"	"Insgesamt"
	30.3	25	9.6	21.633

Zwischen den Stichproben^T = ("1. Versuch" "2. Versuch" "3. Versuch") , bestehen offensichtlich Unterschiede in den jeweiligen Durchschnitten der Stichproben.

Kann man allgemein behaupten, dass im Hinblick auf die Fragen signifikante Mittelwertsunterschiede bestehen? Auf Grund der Stichprobenergebnissen kann man = "annehmen, " dass diese Unterschiede in den Durchschnitten der jeweiligen Antworten auch in der Grundgesamtheit aller Personen existieren, aus der die Stichproben stammen. Die Unterschiede sind insgesamt = "groß genug," um sie als signifikant zu bezeichnen.

Wenn die Unterschiede allgemein groß genug sind, um sie als signifikant zu bezeichnen, dann will man wissen, zwischen welchen Stichprobenpaaren die Durchschnittsunterschiede signifikant sind. Bei folgenden Stichprobenpaaren sind die Unterschiede der Durchschnitte signifikant:
ss = [("Mittelwert 1 - 1. Versuch" "Mittelwert 1 - 3. Versuch" 20.7)]

Signifikanzniveau von = "5 %"

7 1 LOGLINEARE MODELLE
Ziel: Kreuztabelle, Grafik, Anteilswerte, Abhängigkeiten zwischen 3 nominalen Variablen

Loglineares Modell
zwischen
"Geschlecht?"

den_Fragen = "Werden Sie die Spielkonsole Yoki kaufen?"

"Familienstand?"

Gewähltes Modell nr = 5

Kritische und beobachtete Modellwerte

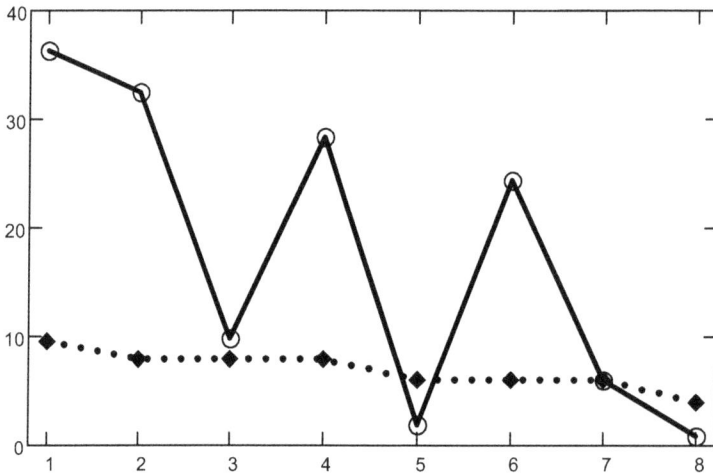

$$
L = \begin{array}{ll}
1 & \text{"[x1][x2][x3]"} \\
2 & \text{"[x1][x2,x3]"} \\
3 & \text{"[x2][x1,x3]"} \\
4 & \text{"[x3][x1,x2]"} \\
5 & \text{"[x1,x2][x1,x3]"} \\
6 & \text{"[x1,x2][x2,x3]"} \\
7 & \text{"[x1,x3][x2,x3]"} \\
8 & \text{"[x1,x2][x1,x3][x2,x3]"}
\end{array}
$$

5

Bestes_Modell =   "[x1,x2][x1,x3]"

                        ("Geschlecht - Kaufabsicht"   "Geschlecht - Familienstand")

Wie können die Abhängigkeiten zwischen den drei
Variablen = "Geschlecht-[x1]", "Kaufabsicht-[x2]" und "Familienstand-[x3]"
am besten erklärt werden?

Das gewählte Modell = "[x1,x2][x1,x3]"   (nr = 5) zur Erklärung der Abhängigkeiten zwischen diesen 3
Variablen hat nachstehende Eigenschaften: Folgende Variablen sind jeweils voneinander
abhängig = "Geschlecht - Kaufabsicht und Geschlecht - Familienstand" .

Die Abhängigkeit der Variablen zeigt sich in den Wechselwirkungen zwischen den Antworten der jeweiligen Fragen. Folgende Antworten treten signifikant überdurchschnittlich oft gemeinsam auf
(Signifikanzniveau von = "5 %"):

	"Geschlecht - Kaufabsicht"	"Geschlecht - Familienstand"
	"Männlich"	"Männlich"
ob =	"Ja"	"Ledig"
	"Weiblich"	"Weiblich"
	"Nein"	"Verheiratet"

Folgende Antworten treten signifikant unterdurchschnittlich oft gemeinsam auf
(Signifikanzniveau von = "5 %"):

	"Geschlecht - Kaufabsicht"	"Geschlecht - Familienstand"
	"Männlich"	"Männlich"
un =	"Nein"	"Verheiratet"
	"Weiblich"	"Weiblich"
	"Ja"	"Ledig"

Für das verwendete Modell
        "Die Annahme, daß das gewählte Modell die Abhängigkeitsstruktur zwischen den"

gilt =   "Fragen ausreichend beschreibt, kann nicht abgelehnt werden. Die Unterschiede "

        "zwischen beobachteten und geschätzten Daten sind nicht signifikant. "

7 2 LOGISTISCHE REGRESSION

Ziel: Regression zwischen einer abhängigen und mehrere unabhängigen nominalen Variablen

Logistische Regression

zwischen

der_Antwort = "Ja"

auf_die_Frage = "Werden Sie die Spielkonsole Yoki kaufen?"

und

"Geschlecht?"

den_Fragen =

"Familienstand?"

Über- und unterdurchschnittliche Antworten

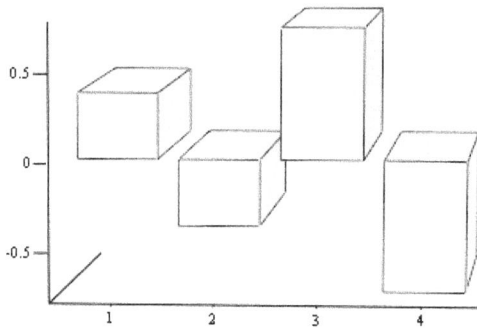

Le =	1	"Geschlecht - Männlich"	0.3744
	2	"Geschlecht - Weiblich"	−0.3744
	3	"Familienstand - Ledig"	0.7422
	4	"Familienstand - Verheiratet"	−0.7422

Wie gut können die unabhängigen Variablen = ("Geschlecht" "Familienstand")
den Anteilswert der _Antwort = "Ja" auf die Frage = "Werden Sie die Spielkonsole Yoki kaufen?" erklären? Für das gewählte Modell gilt = "Auf Grund der Stichprobenergebnisse kann man annehmen, "
dass zwischen beobachteten und geschätzten Anteilen signifikante Unterschiede bestehen. Das Modell
ist für die Anteilsschätzung = "nicht geeignet! "

Auf die Schätzung des Anteilswertes des Merkmals = "Ja" haben folgende unabhängige Variablen einen
signifikanten Einfluß = ("Geschlecht" "Familienstand") .

Die Anteilsschätzung der _Antwort = "Ja" auf die Frage = "Werden Sie die Spielkonsole Yoki kaufen?"
wird durch die folgenden Merkmale der unabhängigen Variablen signifikant über- bzw. unterdurchschnittlich stark beeinflusst:
(Signifikanzniveau von = "5 %"):

Über =

"Befragte mit den Merkmalen"

"Geschlecht - Männlich"

"Familienstand - Ledig"

"geben auf die Frage"

"Werden Sie die Spielkonsole Yoki kaufen?"

"signifikant überdurchschnittlich oft die Antwort"

"Ja"

Unter =

"Im Gegensatz dazu geben Befragte mit den Antworten"

"Geschlecht - Weiblich"

"Familienstand - Verheiratet"

"auf diese Frage"

"Werden Sie die Spielkonsole Yoki kaufen?"

"signifikant unterdurchschnittlich oft die Antwort"

"Ja"

7 3 KORRESPONDENZANALYSE
Ziel: Reduktion nominaler Merkmale auf 2 Dimensionen

KORRESPONDENZANALYSE
zwischen den Antworten der
Frage1 = "Werden Sie die Spielkonsole kaufen?"
und den Antworten auf die Fragen
"Geschlecht?"

F = "Wie alt sind Sie?"

"Familienstand?"

KORRESPONDENZANALYSE

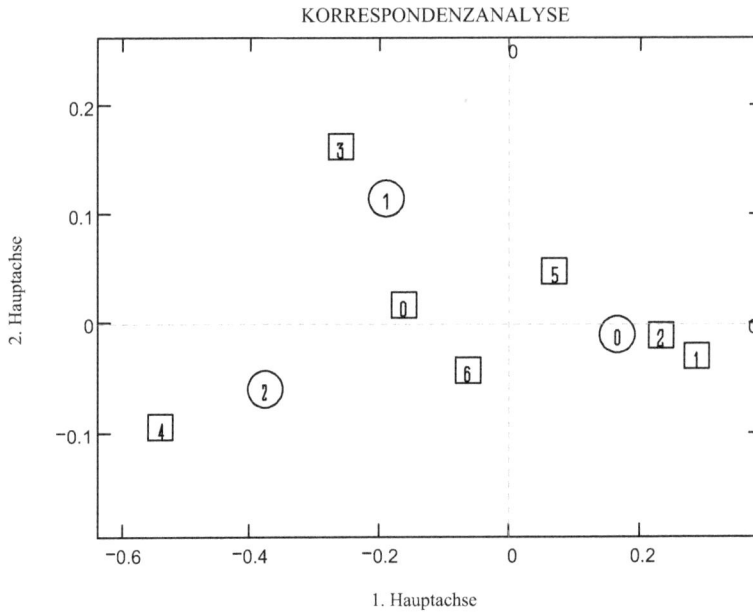

1. Hauptchse

Berücksichtigt man nur jene Merkmalsausprägungen, die mindestens $100 \cdot rr = 70$ Prozent der Variation der einzelnen Faktoren (Hauptachsen) erklären, dann weisen folgende Merkmalsausprägungen Gemeinsamkeiten auf d. h. sie liegen im gleichen Quadranten L1 bis L4:

L2 L1

L3 L4

(
Z = Zeilenmerkmal, S = Spaltenmerkmal, die Zahl am Ende verweist auf den Punkt in der Grafik)

L1 = "keine"

$$L2 = \begin{array}{l} \text{"Z - Geschlecht - Weiblich"} \\ \text{"Z - Alter - 25 bis 50 Jahre"} \\ \text{"S - Kaufabsicht - Nein"} \end{array}$$

$$L3 = \begin{array}{l} \text{"Z - Alter - 50 Jahre und mehr"} \\ \text{"S - Kaufabsicht - Weiss nicht"} \end{array}$$

$$L4 = \begin{array}{l} \text{"Z - Geschlecht - Männlich"} \\ \text{"Z - Alter - bis 25 Jahre"} \\ \text{"S - Kaufabsicht - Ja"} \end{array}$$

8 1 MULTIVARIATE VARIANZANALYSE (MANOVA):
Ziel: Grafik, Mittelwerte, Unterschied zwischen den Mittelwerten

UNTERSCHIED
zwischen den Antworten auf die
Frage1 = "Werden Sie die Spielkonsole Yoki kaufen?"
und den Fragen
"Wie alt sind Sie?"

F =

"Wie hoch ist Ihr monatliches Einkommen (in 100 €)?"

MITTELWERTSVERGLEICHE

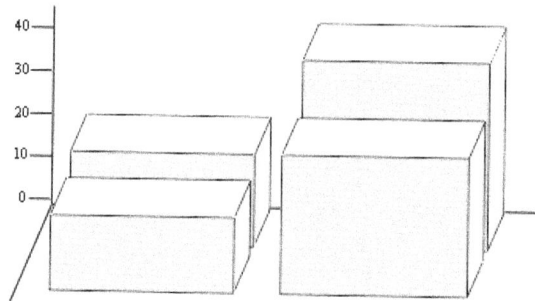

"Kaufabsicht"	"Ja"	"Nein"
Mittelwerte = "Alter"	21.67	43.75
"Einkommen"	17.67	32.5

Zwischen den Stichproben = ("Kaufabsicht - Ja"   "Kaufabsicht - Nein") , ausgezählt nach den Ausprägungen der_Fragen = ("Alter"   "Einkommen")   , bestehen offensichtlich Unterschiede in den jeweiligen
Durchschnitten.

Auf Grund der Stichprobenergebnissen kann man = "annehmen, " dass diese Unterschiede in den
Durchschnitten auch in der Grundgesamtheit aller Personen existieren, aus der die
 Stichproben = ("Kaufabsicht - Ja"   "Kaufabsicht - Nein") stammen. Die Unterschiede sind
insgesamt = "groß genug," um sie als signifikant zu bezeichnen. Die Wahrscheinlichkeit, dass diese
Schlussfolgerung falsch   ist = ("ist höchstens"   5   "%")

8 2 MULTIVARIATE REGRESSIONSANALYSE
Ziel: Linearer Zusammenhang zwischen einer abhängigen und mehreren unabhängigen Variablen

MULTIVARIATE REGRESSIONSANALYSE
zwischen den Antworten der unabhängigen Fragen

FF = "Wieviel Zeit verbringen Sie pro Tag mit Fernsehen (in Stunden)?"

"Wie alt sind Sie?"

und den Antworten der abhängigen

Frage_y = "Wie hoch ist Ihr monatliches Einkommen?"

Lineare Regression von Y auf X

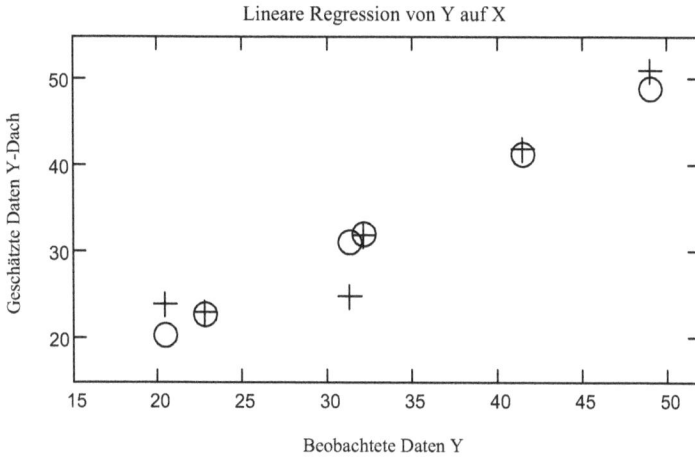

Zwischen der abhängigen Variable = "Einkommen"   und den unabhängigen
 Variablen = ("Fernsehen" "Alter")   besteht offensichtlich in der Stichprobe ein Zusammenhang. Die aus der Stichprobe ermittelte
 Regressionsfunktion = "Einkommen = 7,095 + (-2,044) * Fernsehen + (0,808) * Alter"
Sie besagt, dass man mit Hilfe der unabhängigen Variablen = ("Fernsehen" "Alter")   und geeigneter Gewichtung einen Schätzwert für die abhängige Variable = "Einkommen"   berechnen kann. Die Gewichte sind die Regressionskoeffizienten:

$$RK^T = \begin{array}{ccc} 7.095 & -2.044 & 0.808 \\ \text{"Konstante"} & \text{"Fernsehen"} & \text{"Alter"} \end{array}$$

Wenn sich z. B. das = "Fernsehen"   um eine Einheit erhöht, dann verändert sich der Wert der abhängigen Variable = "Einkommen"   um = –2.044   Einheiten. Die unabhängigen
 Variablen = ("Fernsehen" "Alter")   erklären = 91.271 Prozent der Varianz der abhängigen
 Variable = "Einkommen"   (Bestimmtheitsmaß = 0.913).
Auf Grund dieser Stichprobenergebnissen kann man = "annehmen, "   dass dieser lineare Zusammenhang zwischen der abhängigen Variablen und der unabhängigen Variablen auch in der Grundgesamtheit aller Personen existiert, aus der die Stichprobe stammt. Der Anteil der erklärten Varianz der abhängigen Variablen ist insgesamt = "groß genug,"   um ihn als signifikant zu bezeichnen.
Die Wahrscheinlichkeit, dass diese Schlussfolgerung falsch ist = ("ist höchstens"   5   "%")

8 3 FAKTORENANALYSE
Ziel: Reduktion vieler Variablen auf wenige Faktoren

FAKTORENANALYSE
für die Fragen
"Wie alt sind Sie?"

$F =$ "Wieviel Zeit verbringen Sie pro Tag mit Fernsehen (in Stunden)?"

"Wie hoch ist Ihr monatliches Einkommen?"

"Wieviel Zeit verbringen Sie pro Tag am Computer 8in Stun den)?"

Anzahl der Faktoren = 2

Rotierte Ladungen der Faktoren

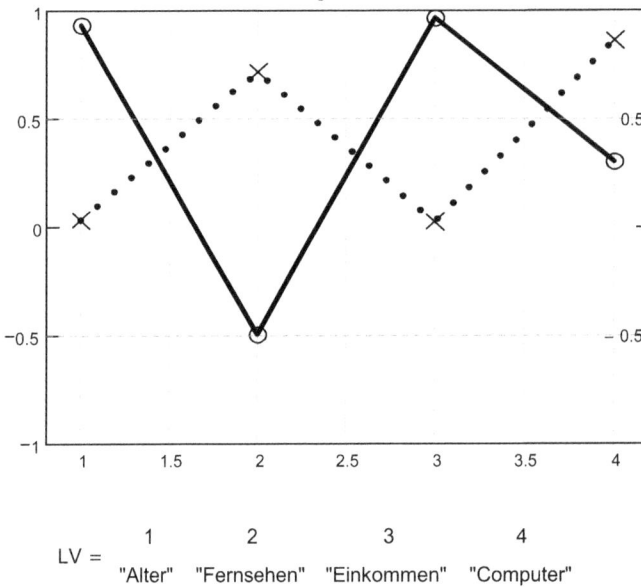

$LV =$
1	2	3	4
"Alter"	"Fernsehen"	"Einkommen"	"Computer"

Die = 2 Faktoren werden durch folgende Variablen hoch geladen, wobei Ladungen größer gleich = 0.7 berücksichtigt werden:

$H =$

("Faktor" 1)   ("Alter" 0.934)
("Einkommen" 0.961)

("Faktor" 2)   ("Fernsehen" 0.713)
("Computer" 0.855)

Auf Grund des Sphärentests von Bartlett ist es = "gerechtfertigt," zumindest einen Faktor zu extrahieren. Ein Modell mit = 2 Faktoren zur Erklärung der Beobachtungsdaten = "kann nicht abgelehnt werden."

Bamberg. G., Baur, F. (2002). Statistik. 12. Auflage. Odenbourg.

Bohley, P. (2000). Statistik. 7. Auflage. Oldenbourg.

Bortz, J. (2004). Statistik. 6. Auflage. Springer.

Bosch, K. (1999). Grundzüge der Statistik. Einführung mit Übungen. 2. Auflage. Oldenbourg.

Buttler, G., Fickel, N. (2002). Einführung in die Statistik. 2. Auflage. Rowohlt Tb.

Bühner, M. (2004). Einführung in die Test- und Fragebogenkonstruktion . Pearson Studium.

Dehling, H., Haupt, B. (2004). Einführung in die Wahrscheinlichkeitstheorie und Statistik. 2. Auflage. Springer.

Fahrmeir, L., u.a. (2007). Statistik, Der Weg zur Datenanalyse. 5. Auflage. Springer.

Fahrmeir, L., Kneib, T., Lang, S. (2007). Regression. Modelle, Methoden und Anwendungen. Springer.

Hackl, P., Katzenbeisser, W. (2000). Statistik für Sozial- und Wirtschaftswissenschaften. 11. Auflage. Oldenbourg.

Hippmann, H.-D. (2003). Statistik für Wirtschafts- und Sozialwissenschaftler. 3. Auflage. Schäffer-Poeschel.

Hartung, J., u.a. (2005). Statistik. Lehr- und Handbuch der angewandten Statistik . 14. Auflage. Oldenbourg.

Janssen, J., Laatz, W. (2005). Statistische Datenanalyse mit SPSS für Windows. 4. Auflage. Springer.

Kohn, W. (2004). Statistik. Datenanalysis und Wahrscheinlichkeitsrechnung . 11. Auflage. Springer.

Krämer, W. (2005). Statistik verstehen. Eine Gebrauchsanweisung. Piper.

Kühnel, S.-M., Krebs, D. (2006). Statistik für die Sozialwissenschsaften. Grundlagen, Methoden, Anwendungen. 3. Auflage. Rowohlt Tb.

Lehn, J., Wegmann, H. (2006). Einführung in die Statistik. 5. Auflage. Teubner.

Marinell, G., (1995). Multivariate Verfahren. 5. Auflage. Oldenbourg.

Marinell, G., (1987). Statistik. 2. Auflage. Oldenbourg.

Marinell, G., (1986). Statistische Auswertung. 3. Auflage. Oldenbourg.

Pospeschill, M. (2006). Statistische Methoden. Spektrum Akademischer Verlag.

Quatember, A. (2005). Statistik ohne Angst vor Formeln. Ein Lehrbuch für Wirtschafts- und Sozialwissenschaftler . Pearson Studium.

Rinne, H. (2003). Taschenbuch der Statistik. Für Wirtschafts- und Sozialwissenschaften. 3. Auflage. Deutsch (Harri).

Sachs, L., Hedderich, J. (2006). Angewandte Statistik. Anwendung statistischer Methoden. 12. Auflage. Springer.

Siegel, S. (2001). Nichtparametrische statistische Methoden . 5. Auflage. Klotz, Eschborn.

Storm, R. (2001). Wahrscheinlichkeitsrechnung, mathematische Statistik und statistische Qualitätskontrolle. Mit 120 Beispielen. 11. Auflage. Fachbuchverlag Leipzig.

Tutz, G. (2000). Die Analyse kategorialer Daten. Oldenbourg.

Verfahrensbibliothek auf 2000 Seiten

Rasch, Herrendörfer, Bock, Victor, Guiard (Hrsg.)
Verfahrensbibliothek
Versuchsplanung und -auswertung – mit CD-ROM
2., vollst. überarb. Aufl. 2008. XII, 140 S., gb.
CD-ROM mit über 2.000 S.
€ 54,80
ISBN 978-3-486-58330-4
Lehr- und Handbücher der Statistik

„Eine Bibel für Statistik"

Das Buch ist eine umfangreiche Sammlung von fast 500 modernen und klassischen statistischen Methoden auf rund 2000 Seiten an deren Erarbeitung über 60 Wissenschaftler aus drei Erdteilen mitgewirkt haben. Neben rein methodischen Verfahren, in denen Tests, Konfidenz- und Punktschätzungen bzw. Regressions- und Varianzanalysen beschrieben werden, findet man auch viele spezielle Anwendungen wie klinische und epidemiologische Studien, räumliche Statistik, Lebensdauerprobleme, Human- und Populationsgenetik und Feldversuchswesen. Ein Verfahren beginnt mit der Beschreibung der Problemstellung, die aus den Teilen Planung und Auswertung besteht. Darauf folgt der aus den gleichen Teilen bestehende Lösungsweg sowie ein durchgerechnetes Beispiel. Der Verzicht auf Beweise macht die Verfahren leicht lesbar, die Beispiele erleichtern das Verständnis auch für Leser mit geringen Vorkenntnissen. Die Daten des Beispiels und das SAS-Programm können im jeweiligen Verfahren aufgerufen werden.

Über 60 Wissenschaftler aus drei Erdteilen haben für dieses einzigartige Werk nahezu 500 moderne und klassische statistischen Methoden aufgearbeitet.

Das Werk wendet sich an Forscher aller Bereiche, die in ihrer Arbeit Versuche durchführen müssen.

Oldenbourg

Geballtes Wissen zum studentenfreundlichen Preis

Siegfried G. Häberle (Hrsg.)
Das neue Lexikon der Betriebswirtschaftslehre
Kompendium und Nachschlagewerk -
mit 200 Schwerpunktthemen, 6.000 Stichwörtern,
2.000 Literaturhinweisen sowie
1.300 Internetadressen
2008. XLIX, 1.408 S., Br., 3 Bände in Schuber
€ 39,80
ISBN 978-3-486-58305-2

Das neue Lexikon stellt den aktuellen Stand der Wissenschaft dar – gewährleistet durch die Kompetenz von mehr als 200 Wissenschaftlern an Universitäten, Hochschulen und Akademien in Deutschland, Österreich und der Schweiz. Dabei handelt es sich um mehr als ein Lexikon: Mit 200 mehrseitigen Übersichtsbeiträgen ist das neue Lexikon zugleich ein Lehrbuch, ein Kompendium der gesamten Betriebswirtschaftslehre. Das Werk umfasst sowohl die Wissensgebiete der klassischen Betriebswirtschaftslehre als auch – besonders ausgeprägt – die Erkenntnisse der internationalen Betriebswirtschaftslehre. Über 2.000 Literaturangaben und 1.300 Internetquellen eröffnen den gezielten Zugang zu weiterführenden Informationen. Letztlich zeichnet sich das Buch durch eine überzeugende Systematik, eine übersichtliche Präsentation sowie eine umfassende Vernetzung des Wissens aus.

Das Nachschlagewerk richtet sich an Studierende der Betriebswirtschaftslehre sowie an Dozenten und wissenschaftliche Mitarbeiter. Auch Praktiker finden hierin wichtige Definitionen und Inhalte.

Prof. Dr. Siegfried Häberle lehrt an der Hochschule Reutlingen.

Oldenbourg

Erfolg mit Excel

Karlheinz Zwerenz
Statistik verstehen mit Excel
Interaktiv lernen und anwenden
Buch mit Excel-Downloads
2., verbesserte Aufl. 2008. XIII, 311 S., Br.
€ 32,80
ISBN 978-3-486-58591-9
Managementwissen für Studium und Praxis

Das Buch (mit CD-ROM) verbindet das Verstehen und Anwenden der Statistik in Synergie: Die grundlegenden Methoden der deskriptiven und der induktiven Statistik werden als interaktive Anwendungen in Excel anschaulich dargestellt und erläutert.

Spezielle Excel-Kenntnisse sind nicht erforderlich! In jedem Kapitel des Buches werden die wichtigsten Begriffe und Formeln zu den einzelnen statistischen Methoden vorangestellt und im Zusammenhang mit den Excel-Anwendungen ausführlich besprochen. Das interaktive Lernen der Statistik ist mit den bereitgestellten Excel-Downloads möglich.
Kommentartexte am Bildschirm und der simultane Aufbau von Grafiken gewährleisten den Erfolg des interaktiven Lernens.

Das Buch richtet sich an Studierende und Praktiker, die Statistik mit Hilfe von Excel konkret anwenden wollen.

Prof. Dr. Karlheinz Zwerenz lehrt Statistik und Volkswirtschaftslehre an der Fachhochschule München.

Oldenbourg

Mathematik, die Spaß macht

Thomas Benesch
Mathematik im Alltag
2008. VIII, 120 S., Br.
€ 14,80
ISBN 978-3-486-58390-8

Die Verwendung von ursprünglichen, im europäischen Raum kaum bekannten Rechenmethoden fördern das Zahlenverständnis und zeigen die Systematik dahinter auf.

Das Buch beschreitet den spannenden Weg, zum Teil vergessene wie auch gänzlich neue Aspekte der Mathematik aufzugreifen. So zeigt die Geschichte von der Entstehung der Zahlen eine Möglichkeit, die Welt der Zahlen neu zu entdecken und Unbekanntes vertraut und für sich nützlich zu machen. Viele Beispiele und Umsetzungsvorschläge runden das Buch ab.

Die Mathematik wiederbeleben damit Sie die Mathematik neu erleben. Eine Mathematik für den Alltag, die Freude macht - das ist das Ziel dieses Buches.

Dipl.-Ing. Dr. Thomas Benesch lehrt am Institut für Publizistik- und Kommunikationswissenschaft der Universität Wien.

Oldenbourg

www.ingramcontent.com/pod-product-compliance
Lightning Source LLC
Chambersburg PA
CBHW081100220326
41598CB00038B/7172